가벼워진 핵개인,

각자의 비행을 시작합니다.

宋吉永

시대예보

FORECAST OF THE TIMES

시대예보:

경량문명의 탄생

FORECAST OF THE TIMES:

THE RISE OF LIGHTWEIGHT

CIVILIZATION

송길영

SONG GILYOUNG

차례

제3장 경량조직의 법칙

제4장 경량문명 코리아

제5장　무거운 세계의 끝, 가벼운 세계의 시작

일러두기

앞선 두 권의 《시대예보》에서는 인공지능을 AI로 통일해 표기했습니다. 다만 이 책에서는 맥락에 따라 '인공지능'과 'AI'를 모두 사용합니다. '인간의 지능'에 대비되는 의미로 '인공의 지능'을 뜻할 때는 '인공지능'으로 표기했습니다. 그 외 특정 기능을 수행하는 도구이자 애플리케이션으로서의 인공지능은 일상적으로 더 많이 쓰이는 표기인 AI를 사용했습니다. '인공지능'과 'AI'의 사전적 의미는 온전히 같지만, 독자들에게 글의 흐름을 효과적으로 전달하는 한편, 일상에서의 익숙한 표현도 살리고자 구분해 표기했음을 알려드립니다.

피할 수 없는 문명의 가벼움

지난 200년간 계속된

무거운 혁신 엔진의 전환점,

AI라는 거대한 상승기류와 함께

모두는 공중을 누빌 날개를 얻었습니다.

최근 창업가들 사이에 주목받는 사이트 중 린AI[Lean AI] 리더보드라는 대시보드가 있습니다.[1] AI로 무장하여 혁신을 거듭해 1인당 매출이 가장 큰 기업들의 순위를 소개하는 사이트입니다. 이 순위에 들기 위한 기준은 창업 5년 이내의 50인 이하 기업 중에 500만 달러 이상의 매출을 내고 있는 기업들입니다. 2025년 7월 기준으로 순위에 오른 43개의 기업들을 살펴보면, 기업당 평균 22명의 구성원이 종사하며, 1인당 249만 달러의 매출을 내고 있습니다. 한화로 환산하면 1인당 매출이 34억 원에 이르는 것입니다. 그러다 보니 1인당 환산 시가총액의 크기 역시 1,633억 원에 이를 정도로 인력의 수와 기업의 가치가 정비례하지 않는 디커플링이 일어나고 있습니다.

같은 날 삼성전자의 시가총액 446조 9,500억 원을 26만 명이 넘는 글로벌 구성원의 수로 나누면 1인당 17억 원 남짓이 나옵니다. 앞의 기업들과 비교했을 때 96배가 넘는 차이가 발생합니다. 여기서 주의해야 할 점은, 이 배수의 의미가 구성원의 수가 많은 기업이 비효율적이라는 뜻이 아니라는 점입니다. 그것보다 조직의 성장에 비례해서 인력이 증가해야 하는 기존 성장의 유일한 법칙이 이제 종언을 고하고 있음에 주목해야 합니다.

불과 수십 명의 개발 운영진이 수백억 원에서 수천억 원에 이르는 엄청난 규모의 연 매출을 내는 기업들이 속속 늘어나고 있습니다. 그 이유는 단순히 연결된 사회에서 플랫폼화되는 업종이 늘고 있는 것에만 기인하지 않습니다. 생산 요소에서 설비와 인력뿐 아니라 인간 이외의 지능인 AI가 참여하는 범주가 늘어나며, 인력 추가 없이도 규모가 빠르게 확장하는 기업이 폭증하기 시작한 것임을 쉽게 유추할 수 있습니다.

챗GPT^{ChatGPT}로 세상에 AI의 충격을 던진 오픈AI^{OpenAI}의 CEO가 2023년 11월 이사회에 의해 해고를 당한 후, 곧바로 직원들의 전폭적인 지지로 다시 CEO로 복귀할 때 세상을 놀라게 한 것은 그 사건만이 아니었습니다. 1,570억 달러의 시가총액을 인정받은 회사의 직원이 770명에 불과했다는 사실을 알게 된 사람들이 큰 충격에 빠진 것입니다. 클라우드 환경에서 개발해왔기에, 부동산이나 설비 같은 자산도 없는 회사가 220조 원이 넘는 기업가치를 인정받아 신규 투자를 유치했기 때문입니다. 1인당 가치로 환산해보면 한화로 3,300억 원이 넘는 금액이 나옵니다.

AI 시대의 이런 급격한 변화는 지금까지 구성원의 숫자로 세를 과시하던 산업의 관행을 무력화합니다. 예전 신문

광고에는 '10만 ○○인이 함께 뛰고 있습니다'와 같이, 큰 기업일수록 조직 내에서 일하는 사람이 많다는 것이 자랑이자 보장처럼 느껴졌습니다. 이제 린AI 대시보드에 이름을 올린 1인당 가치가 더 큰 기업의 도래에, AI 없이 성장해온 기업은 생산성의 새로운 격차를 두렵게 바라봅니다. 예전 육체노동을 하던 시절에는 힘이 센 사람과 약한 사람의 생산성과 부가가치의 차이가 커봐야 몇 배였다면 지식정보 사회에서는 수십 배까지 커졌다 할 수 있습니다. 이제 새로운 지능의 시대가 오자 능력의 증폭기로 작동한 AI는 한 명이 낼 수 있는 부가가치를 천 배, 만 배까지 확대합니다. 양적 팽창을 위해 추가적인 조직의 확장이 필수 불가결하지 않은 조직은 더욱 적극적으로 AI를 적용하게 될 것입니다. 그러면 고용 활성화를 통해 부의 재분배와 국가의 세수에 도움을 주는 기업의 사회적 효용에는 자연스레 물음표가 더해지게 됩니다.

그 적응은 생산에만 한정되지 않고 투자 영역에서도 일어납니다. 성장을 위해 추가적인 고용이 필요하지 않게 되자 새로운 혁신 기업들 사이에 추가 투자를 받지 않으려는 움직임마저 포착되고 있습니다. 몇 명의 창업자가 차고에서 시작해 엔젤 투자를 받고 수십 명으로 성장한 후 다시 시리즈

A, B 투자를 거치며 수백, 수천 명의 조직으로 확장하는 방식이 그간 주류 테크 스타트업의 성장 공식이었습니다. 양적 팽창과 적기에 투여되는 자본이 선순환의 확장을 만들어내는 방식입니다. 그런데 챗GPT의 공개 이후 설립된 스타트업 중에는 불과 수십 명 안쪽의 뛰어난 인재들이 만들어낸 서비스와 제품들이 다시 AI의 도움으로 무한 확장하는 모습이 눈에 띕니다. 더 이상 투자 유치도, 추가 고용도 필요 없게 된 것입니다. 그러다 보니 AI 개발 이전에 투자받은 기업은 고용 인원 대비 낮은 매출을 보여주는 데 반해, 상대적으로 최근에 설립된 기업들이 인력 충원 없이 더 빠르게 성장하는 시간의 역전 현상까지 벌어지고 있습니다.

AI 기반의 빠른 성장을 목도한 투자자들의 눈높이도 올라가며 AI 시대 이전에 투자받은 기업이 추가 투자 유치를 하기는 점점 더 어려워집니다. 한편 AI를 적극 활용하는 신생 기업의 경우 이미 이익을 내고 있을 뿐 아니라, 새로 고용할 사람도 없기에 자금 소요의 필요가 없으므로 투자 유치 없이도 생존하고 성장하는 모습을 보여줍니다. 투자를 받고 싶은 기업에는 투자하기 꺼려지고, 투자하고 싶은 기업은 자금을 원치 않으니 벤처 캐피털 산업에 당혹감을 선사하고 있는 상황입니다.

이처럼 소수의 인력이 거대한 일을 하게 된 동인은 무엇일까요? AI의 갑작스러운 발견, 로봇의 발명으로 이 거대한 물결이 방향을 바꾸게 된 것일까요?

AI의 도입 이전에도 빈약한 우리의 근육이 지닌 한계를 돕는 기구들은 무시하지 못할 혁신의 요소로 작동했습니다. 논과 밭을 손으로 갈던 시기, 기구의 발명은 능률을 높였습니다. 말과 소의 힘은 쟁기질과 방앗간의 효율을 몇 배 증가시켰습니다. 증기기관에서 태양광에 이르는 에너지의 축적과 사용은 더욱 큰 자동화와 결합했습니다. 1차 산업혁명으로 불리는 내연기관의 발명은 그 자체가 스스로의 이름처럼 혁명의 엔진으로 작동했습니다.

쿠푸왕의 대피라미드를 세운 고대 이집트의 노동자들은 2.5톤이 넘는 거대한 석재를 200만 개 이상 쌓아 올렸다고 합니다. 헤로도토스는 10만 명의 노동자가 20년간 지었다고 했지만, 그 역시 2,000년 후의 기록일 뿐으로 현대의 고고학자들은 2만에서 3만 명의 노동자가 20년간 연인원 200만 명에서 600만 명 사이의 노력으로 완성했을 것이라고 추정합니다. 우리가 살고 있는 지금은 수백 명의 인력이 힘써야 할 일들을 크레인 한 대가 해주니, 기술의 발전은 협력의 점성이 옅어지도록 돕습니다. 대피라미드를 현대의 기술로 건축한다면 3년 이내에 1,000명의 인원으로 가능하리라 예상할 만큼, 현대의 우리는 훨씬 적은 인력으로 더 많은 일을 해낼 수 있게 되었습니다.

토목과 건축, 과학과 공학은 이러한 기술의 발전을 추동했습니다. 양방향에서 시추해 정확히 만나는 터널 굴착 기술의 발명처럼, 정밀 기계의 개발과 운용은 수많은 전문가들의 양성과 헌신 위에 가능했습니다. 이들은 문명의 정밀성과 규모를 함께 확장해왔습니다. 이 모든 흐름은 '전문화'의 강화로 설명할 수 있습니다. 구조학, 유체역학, 항공공학과 같이 어려운 수학과 전문적 공학지식으로 무장한 인력이 요소요소의 발전 단계마다 필요하게 되어 과학, 기술, 공학, 수학을 뜻하는 STEM이라는 약자로 기술되는 기초과학 학문이 사회와 국가의 경쟁력으로 작용해왔습니다. 하지만 배우기 어렵고 계속 갈고 닦아야 하며, 자신의 일에 꾸준한 헌신을 요구하는 직업을 선택하는 이들은 상대적으로 적습니다. 과학기술 분야의 인재는 높은 전문성과 재능이 요구되기 때문에, 애초에 인력 공급이 제한적일 수밖에 없습니다. 뿐만 아니라 큰 규모의 프로젝트에 투입되어 대규모 협업을 하는 일에 주로 종사하다 보니 상대적으로 거대한 조직에 정규직으로 일하는 방식이 이들의 일반적인 패턴이었습니다.

하지만 이러한 과학기술 전문 인력의 영입과 협업 방식에도 변화의 조짐이 나타나고 있습니다. 경직된 고용이 유연화되는 일이 발생한 것입니다. 조직을 넘어선 협업의 시스템이 오픈 이노베이션open innovation이라는 이름으로 많은 곳에서 시도됩니다. 1990년대 미국의 실리콘밸리에서 기술창업 붐이 일어나며 기존 대기업과 스타트업 사이의 협력으로 시작한 흐름은 UC 버클리의 헨리 체스브로Henry Chesbrough 교수가 《오픈 이노베이션》이라는 책을 출간하며 명문화했습니다. 2000년대 중반부터 IBM, GE 등이 외부 아이디어 공모, 공동 R&D, 기술 라이선싱 등을 통해 오픈 이노베이션을 적극 채택했습니다. 2010년대에 접어들며 대기업은 물론 스타트업, 연구기관, 일반 소비자까지 참여하는 플랫폼형 오픈 이노베이션을 활성화했습니다. 2020년대에 들어서며 기업의 전략은 AI, 빅데이터 등과 결합해 데이터 기반의 개방형 혁신 생태계를 향해 진화합니다. 그 경계가 넓어지고 다국적 프로젝트와 정부-민간 협력이 증가하면서 한정된 기술 인력이 담당하는 프로젝트의 범주와 개수가 확연히 늘어나고 있습니다.

개인의 관점에서 보자면 이제 많은 기업의 구성원들은, 자신만의 '사이드 프로젝트'를 실행하며 조직 내외부의 새로운 정보와 기술 협력을 내재화하고 있습니다. 마치 바둑의 다면기를 두는 것과 같이 한 명의 전문가가 맡는 프로젝트 숫자가 늘어난 것입니다. 한 명의 전문가가 기여하는 프로젝트가 다양화되고 산업과 분야를 넘어 참여 기회가 확대된다는 것은, 혁신의 경험이 확산되어 문명의 고도화가 고루 퍼져나가게 된다는 것과 같습니다. 이전까지 거대한 자본을 지닌 주체들만 인력을 모으고 혁신을 추구할 수 있었던 시대와는 다릅니다. 오픈 이노베이션 플랫폼을 넘어 긱 이코노미gig economy로 진화하는 재능 공유 플랫폼의 일상화는 한 사람이 한 가지 일로 평생을 보내던 예전의 고용 관계를 해체하고, 재능 있는 전문가의 사회적 기여를 다면화하는 새로운 기회를 제공하고 있습니다.

이러한 변화의 장점은 재능 있는 이가 더 많은 분야에서 영향력과 실효적 능력을 보여준다는 것입니다. 단점은 상대적으로 열위의 환경에 있는 일부 산업 분야에서 근원적으로 고용이 사라질 수 있다는 점입니다. 작은 기업에도 마케팅과 디자인 인력이 상주하던 시절이 있었습니다. 이제 재능 공유 플랫폼을 통해 이러한 인력이 프로젝트 단위로 외주화되며 작은 기업의 고용 수요가 사라지고 있습니다.《시대예보: 호명사회》에서는 이러한 현상을 '유동화'라고 정의했습니다.

유동적 협업은 물론 모든 분야에 고르게 적용되기 쉽지 않습니다. 예컨대 부가가치의 크기가 작아 실제 사람이 투입되기 어렵거나, 적합한 기예를 가진 자의 모집단이 매우 작기에 유동적 협업 안에서도 그 수요에 비해 공급이 부족한 경우도 있습니다. 사람은 잠을 자고, 밥을 먹고, 휴가를 가야 하므로 24시간 365일의 생리적 한계가 내재적으로 존재하는지라 아무리 인력을 공유하려 해도 물리적인 총합은 제한됩니다. 다시 말해 협업을 원하는 대상 업무는 무한히 증식할 터이지만 오랜 기간의 학습과 수련으로 만들어진 전문가의 총량이 이미 한정되어 있기에, 유동적 협업의 한계가 문명의 혁신 속도에 병목으로 작동하게 된 것입니다.

이 구조적 어려움을 인공지능이 파고들고 있습니다. 인간 전문가는 목표가 전문화될수록 협업의 조합 자체가 난제와 같아집니다. 인공관절 수술을 위해서는 영상의학과, 마취과, 외과 의사가 협진해야 합니다. 뿐만 아니라 환자가 가진 기저질환이 있는 경우 내분비외과와 신경외과 의사가 대기해야 할 수도 있습니다. 이 모든 전문가들은 의과대학에서 시작해 수련의와 전문의 과정을 거쳐 실제 임상에서 오랜 기간을 수련해야 비로소 완성됩니다. 그 인원 역시 의과대학 입학생의 숫자에 한정되므로 원활한 협진의 체계를 가진 곳은 큰 종합병원을 포함해도 그 수가 많을 수 없습니다. 뿐만 아니라 의료진의 연구와 휴식에도 시간을 보장해야 하기에 그 조합의 역량이 실효적으로 제공되는 기간은 매우 한정적입니다. 이러다 보니 큰 병원에서도 진료를 위한 대기는 1년을 넘어가고 협진의 효율성은 기대하기 쉽지 않은 것이 현실의 모습입니다.

정리해보면 우리는 지난 200년간 전문화의 심화를 만들었지만, 그 전문화를 위한 깊이가 깊어질수록 전문가의 양성이 어려워지는 딜레마에 봉착한 것입니다. 처음부터 전문화를 포기했다면 민간요법을 숙지해서 안색을 살피고 약초를 으깨 무릎에 바르게 했을 터인데, 이제 관절을 인공물로 교체할 만큼 기술이 발전하며 문명 이전의 삶은 선택할 수 없는 지경에 처하게 된 것입니다. 문명의 혜택을 보았기에 이전의 원시적 사회로 돌아갈 수 없는 상태, 하지만 그 문명의 고도화가 이루어질수록 수혜자가 줄어들고 양극화가 커지는 상태에 빠진 것이 현대인의 어려움입니다.

그 조합의 성긴 고리를 인공지능이 파고드는 것입니다. 단계별 전문가의 영역마다 점진적으로 전문가를 모사한 기능과 지능화된 업무 단계가 조금씩 접착제처럼 작동하는 것입니다. 영상의학과 전문의를 학습한 판정 모듈과 마취과 의

사가 이해하는 바이털 시그널을 분석하는 시스템이 조합되면 협업의 단계가 축약됩니다. 로봇 기반의 수술이 일반화되면 외과 의사가 상주하기 어려운 지역에서도 수술이 가능해질 수 있습니다. 수술 이후에 환자의 예후를 보는 것도 생체 데이터가 실시간으로 측정되는 시스템을 통해 환자가 심각한 상황에 이르기 전에 관리될 수 있습니다.

각 전문가가 가진 정보는 인간의 두뇌와 근육 속에 내재되어 있기에 개인의 시간과 장소라는 물리적 한계에 종속되어 왔습니다. 하지만 물리적 한계가 없는 분야별 인공지능이 상시 협업하며, 새로운 협업은 시공간의 제한을 넘어서기 시작합니다. 그리고 이러한 혁신은 모든 분야의 변화를 가속화합니다. 뿐만 아니라 인공지능이 전문성의 파편을 재조합함으로써 새로운 분야에 적응하는 유연성을 확보할 수도 있습니다. 전문적 지식과 숙련된 지능은 지금까지 소수의 전문가 집단에 귀속된 것이었지만, 이제 시스템과 함께 널리 확산됩니다.

이 책에서는 협력의 방식이 바뀌게 된 패러다임의 변화에 주목합니다. 그것이 바로 '지능의 범용화'와 '협력의 경량화'입니다. 두 축의 패러다임 변화는 서로 호응하며 증폭하는 한 쌍이 되어 세상을 빠르게 변화시킵니다. 지금까지의 문명은 과학적 사고와 분야별 전문화를 통해 더 심도 있는 문제 해결을 추구했고, 전문성의 중첩과 생산의 대규모화 속에 문명은 계속 무거워져만 갔습니다. 이제 AI가 더 가벼운 몸놀림으로 각 개인을 도와 일상의 혁신을 만들어가기 시작했습니다.

모든 이가 일상을 함께하고 공동체 중심으로 생산하던, 무거운 문명이 이제 저물고 있습니다. 저마다의 지혜가 각자의 인공의 지능과 결합하고, 작은 규모의 모둠으로도 커다란 진보를 만들어나가는, 새로운 문명의 시대가 이제 시작합니다. 무엇보다 그 문명의 혜택을 함께 나누려는 수많은 조직의 밑그림이 이제 막 그려지고 있습니다. 이러한 가볍고 빠른, 그렇지만 더욱 깊어지는 문명, '경량문명'의 탄생을 선언합니다.

거대한 변화의 시기, 가장 잊지 말아야 할 덕목은 '가벼운 존재'만이 생존할 것이라는 새로운 진리입니다.

21세기, 로봇은 고대 문명에서 노예 노동이
차지했던 자리를 대신하게 될 것이다.
이 모든 변화가 채 한 세기도 지나지 않아 현실이 되어,
마침내 인류는 속박에서 해방되어
더욱 숭고한 이상을 향해 나아갈 수 있게 될 것이다.

— 니콜라 테슬라Nikola Tesla, 1935년

제1장

경량문명의 출현

기업은 이제

거대해질수록 위험해집니다.

부가가치와 생산성의 근원은

'지능'의 집합으로 옮겨갑니다.

모두 다 나름의 계획은 있었다

"우리는 더 이상 신규 채용은 하지 않을 것이다. AI가 그 일을 못하는 걸로 증명한 경우를 제외하고서는."[1]

2025년 쇼피파이Shopify CEO의 선언이 화제가 되었습니다. 쇼피파이는 작은 IT 기업으로 시작했지만 매출이 10조 원에 육박하며, 온라인 쇼핑 플랫폼으로 세계의 유통과 판매를 변화시키고 있는 기업입니다. 꾸준히 혁신해온 회사의 경영진이 던진 도발적인 이야기에 대해, 시장에서는 하나의 예외적 사례가 아니라 거대한 변혁의 신호탄으로 보는 이들이 많습니다.

AI가 생활과 산업 깊숙이 들어온 현재, 거대한 지각 변동은 지금까지 우리가 의지해서 살아온 나침반의 방향을 바꾸는 듯합니다. 그런데 단지 새로운 지능의 출현만으로 그 변화를 모두 이해할 수는 없습니다. AI는 특정 직업을 위협하는 것만이 아니라 모든 산업과 조직을 변화시키고 있고,

그 변화의 이면에는 새로운 세대가 직업과 공동체를 대하는 태도가 밀접하게 연관되어 있기 때문입니다.

앞선 두 권의 《시대예보》에서 '핵개인의 시대'와 '호명 사회'를 언급하며 지능화와 고령화가 만들어내는 핵개인의 삶의 태도 변화, 평생직장의 몰락, 그리고 조직의 극소화와 유동화가 탄생시킨 새로운 경량조직을 예견했습니다. 즉 우리가 직면하고 이해해야 할 시대 변화는 그 이유를 단지 AI의 출현에 국한하지 않고, 더 오랜 시간 축적되어 온 인간과 문명의 맥락에서 이해해봐야 합니다.

이제 대담한 소수가 등장합니다. 수많은 개인들이 더 강한 연결 속에 더 강한 지능을 갖게 되었기 때문입니다. 이들이 겨냥하는 것은 기존의 중후장대한 기업들이 일삼던 거대한 착취입니다. 독립적인 개인들과 작은 조직들이 새롭게 협력하는 네트워크가 AI를 중심으로 새로운 문명을 만들어내고 있습니다.

잠시 눈을 돌려 생활 속 AI와의 대화로 들어가보겠습니다. 이 글을 쓰고 있는 곳은 1970년대에 지어진 양옥을 개조한 카페입니다. 유럽 양식의 벽돌조 외관은 비와 바람을 견디며 얻은 세월의 모습을 의젓하게 전해줍니다. 무엇보다 멋들어진 정취를 더욱 돋보이게 하는 것은 50평 남짓의 잘 가꾼 마당입니다. 5월의 햇살이 비추는 정원에는 갖가지 나무와 화초가 가득합니다. 스마트폰을 꺼내 AI 앱을 누르고 동영상 모드로 전환한 다음 하나씩 질문을 던져봅니다.

"이 작은 꽃은 뭐야?"

"이 작은 흰 꽃은 '스위트 알리숨'이라고 불리는 식물이야. 달콤한 향기가 나고, 작은 꽃들이 모여서 마치 구름처럼 보이는 게 특징이지. 화단 가장자리에 심으면 정말 예쁘게 자리 잡아서 정원에 생기를 더해줘."

"이건?"

"이건 '골든 프린세스 스파이라에'라고 불리는 관목이야. 밝은 황록색 잎에 분홍빛 꽃망울이 맺히는 게 특징인데, 이 관목은 계절마다 잎의 색이 변해서 정원에 화려한 포인트를 줘. 관리도 비교적 쉽고, 작은 정원이나 화단 경계용으로 인기 있는 식물이야. 정말 눈에 띄네!"

장면을 보여주자마자 실시간으로 꽃의 이름과 특징, 사계절의 변하는 모습과 관리의 난이도, 그리고 화단에서의 쓰임새까지 줄줄 설명해줍니다.

나무들을 살피다 보니 가느다란 거미줄이 보여 다음 질문을 이어나갑니다.

"가지에 거미줄이 있는데 제거해줘야 해?"

"꼭 거미를 모두 없앨 필요는 없어. 거미는 해충을 잡아주는 유용한 곤충이라 정원 생태계에 도움이 되거든. 다만 거미줄이 너무 많거나 미관상 신경 쓰일 때는 적당히 정리하는 게 좋아. 거미 자체는 정원에 해를 끼치지 않고 오히려 식물에 유익하거든."

정원을 가꾸는 일에 무지한 사람의 터무니없는 질문 공세에도 AI는 지치지 않고 친절하게 답을 이어나갑니다.

한편 여전히 '숲 해설사'라는 직업을 지닌 분들이 있습니다. 2024년 남도의 수목원에서 만난 초로의 신사는 얼마 전까지 고위직 공무원으로 평생 살아왔다고 했습니다. 은퇴 즈음 장년층을 대상으로 한 교육 과정에서 그가 선택한 것은 숲 해설사였고, 이를 위해 산림청이 발행한 국가자격증을 발급받았다고 합니다. 수목과 화초에 대해 이론수업과 실습 과정을 거치고 평균 70점 이상으로 시험을 통과하면 받을 수 있는 자격증이었습니다. 그 후 공공기관이나 교육기관에서 관람객들에게 설명해주는 가이드의 역할을 시작한 그는 매우 행복한 모습이었습니다. 숲 해설사라는 일은 숲을 거닐며 건강을 돌볼 수 있고, 사람들을 만나며 사회생활을 이어나갈 수 있기에, 그리고 무엇보다 은퇴 후에도 수입을 유지할 수 있어 만족스럽다고 설명했습니다. 도시에서 공직 생활을 했지만 숲이 있는 지방 도시로 와서 생활비도 적게 든다며 자랑하던 그는 무엇보다 함께 은퇴한 예전 동료들이 무척 부러워한다고 전했습니다.

하지만 AI 숲 해설사와 경쟁이 벌어진다면 그 역시 직업을 지키는 것이 쉽지만은 않을 수 있습니다. '스위트 알리숨'의 학명이 *Lobularia maritima*라는 것과 지중해 연안 지역이 원산지라는 사실, 특히 남유럽, 북아프리카, 카나리아 제도, 아조레스 제도 등에 자생한다는 것을 알기는 어렵습니다. 속명 *Lobularia*는 '작은 꼬투리(little pod)'를 뜻하는 라틴어 lobulus에서 유래했으며, 종명 *maritima*는 '바다 근처의'라는 뜻으로, 원래 해안 가까운 지역에서 자생하던 특성을 나타낸다는 것도 알 수 없습니다. 숲 해설사 자격증을 취득하기 위해 이수한 170시간의 교육과 30시간의 실습만으로 모든 것을 익힐 수 없기에, 많은 분들은 계속해서 학습을 이어가지만 상대적으로 AI의 지식 습득 속도를 따라가기는 어렵기 때문입니다. 무엇보다 AI 숲 해설사는 저렴합니다. 한 달에 몇만 원 남짓의 비용만 지불하면 숲 이야기뿐 아니라 예술 작품이나 기계공학에 대해서도 언제든 도움을 얻을 수 있습니다.

사람이 사람을 안내하고 설명하던 대부분의 일은 이렇

듯 큰 변화 앞에 놓여 있습니다. 유튜브Youtube에는 해외 단체 관광으로 초저가 여행을 떠났던 후기들이 올라옵니다. 중국 3박 4일 19만 9,000원의 여행은 직관적으로도 원가에 미치지 못하는 가격입니다.[2] 공항을 나와 버스에 타자마자 들려오는 현지 가이드의 옵션 투어 가격은 1인당 40만 원에 육박합니다. 실랑이가 오가다 험악한 분위기 끝에 절충해 선택한 20만 원의 현지 관광상품은 부실하기 짝이 없습니다. 가이드가 4만 원이라고 이야기한 관광지의 입장료는 사실 무료였고, 밤에 가야 할 장소는 낮에 데려다주고 쇼핑을 강요했습니다. 이 모든 정보는 AI 통역 시스템을 통해 현지인에게 직접 얻어냈고, 계속해서 달리는 댓글에서 제보가 속속 올라왔습니다. 현지의 풍습도 모르고 언어도 통하지 않기에 중개를 대행하던 여행 가이드라는 직업이 위태로워지는 현장이 중계되고 있었습니다. 어두웠던 관행, 정보의 음영이 만들어냈던 음지의 부가가치가 투명성의 햇볕 아래 녹아내리고 있는 것입니다.

통역은 어떨까요? 팬데믹이 끝나며 온라인으로만 열렸던 국제 행사들이 다채롭게 펼쳐지고 있습니다. 다양한 문화권에서 온 연사들이 함께 모여 토의를 하면, 통상적으로 의사소통을 중개하는 통역의 비용이 전체 행사의 예산 중

적지 않은 비중을 차지합니다. 최근 실시간 통역에서도 AI 시스템을 사용하는 시도가 늘어나며, 새로운 시스템을 시도해본 이들은 다양한 경험을 서로 공유하고 있습니다. AI 통역 시스템이 가진 장점의 첫 번째는 당연히 전체 예산이 줄어든다는 것입니다. 집중력의 한계로 인간 통역사는 20분 정도의 업무 후, 다른 통역사와 교대해야 하기에 한 사람이 전체를 수행할 수 없습니다. 당연히 여러 명을 써야 하는 이유로 그 비용이 적지 않습니다. 뿐만 아니라 참여자의 사용 언어 종류가 많을수록 적절한 통역사를 구하는 것이 어렵지만, AI 시스템은 그러한 제한이 근원적으로 존재하지 않다는 것이 중요한 장점으로 꼽혔습니다. 마지막으로 인간 통역사는 통역 결과 스크립트를 요구하면 저작권의 이슈로 추가적인 비용을 청구하는 데 반해, AI 통역사는 모두 기본으로 제공하기에 비용 절감이 더욱 크다는 후기들이 온라인에 올라오고 있습니다.

은퇴 후의 숲 해설사도, 해외에서의 여행 가이드도, 국제회의의 통역사도 사람들이 나름의 준비를 치열히 하며 꿈꾸는 직업입니다. 그 꿈에 어두운 그림자를 드리운 복병은 인간인 우리가 상대하기 어렵습니다. 십만양병설의 준비도 무력화할 만큼 새로운 AI 군단은 밥을 먹지도, 잠을 자지도,

노조에 가입하지도 않습니다. 그저 전기만 공급하면 3교대를 마다치 않는 군대와 같습니다. 홀연히 나타났다 연기처럼 사라지는 신출귀몰한 군대와 싸우는 것은 영화 〈반지의 제왕〉에서도 이기기 어려운 전투였습니다. '망자의 군대'와 대치한 육신을 가진 인류는 이제 일전을 피하는 방식으로 생존을 도모해나갈 것입니다.

이러한 변화는 AI로 완성되지만 AI로 시작된 것은 아닙니다. 《시대예보: 핵개인의 시대》에서 짚어본 지능화와 고령화는 이러한 변화의 출발점으로 작동했습니다. 초연결로 집적된 인류는 집단 지성의 인자들을 전체 인구로 확장했습니다. 각자 경험하고 이해한 의사결정의 과정과 결과들을 낱낱이 기록하며 두뇌라는 자신만의 슈퍼컴퓨터를 거대한 지구 위의 그리드에 접속해 연동한 것입니다. 고양이를 키우는 방법에서 핵폭탄의 제조 기법에 이르기까지, 80억 노드가 만들어낸 지식의 집합은 언제든 검색하고 공유할 수 있는 시스템과 결합하며 그 효용을 다시 각자에게 돌려주었습니다. 그리고 AI 시스템은 이러한 정보를 학습해서 새로운 문명의 탄생을 준비했습니다.

여기에 장수의 혜택이 고르게 퍼지며 초저출생의 경향성과 결합되자 초고령화 사회의 도래가 앞당겨졌습니다. 유럽과 아시아의 국가들에서 더욱 두드러지는 이러한 현상 속, 가족이나 사회 공동체의 다른 구성원이 누군가를 돌보는 것이 어려워지자, 각자가 자신의 삶을 준비하고 살아나가야 하는 문화가 급속히 확산되고 있습니다. 결국 인류 구성원이 저마다의 지식을 모아 전체의 집단적 지혜를 구성하고, 각자는 그 지식을 발판으로 스스로 살아가야 하는 시대가 열린 것입니다. 앞선 책에서 이러한 시대를 '핵개인의 시대'로 정의했습니다. 《시대예보: 핵개인의 시대》는 자기 삶의 주체적 의사결정권을 가진 이가 새로운 시대에서 어떻게 살아가는가를 관찰하고 설명한 것입니다.

그다음 변화의 기반은 유동화와 극소화에서 꽃을 피웠습니다. 유동화는 고용과 피고용의 수직적 관계가 협업이라는 수평적 관계로 변화하고, 협업의 기간이 24시간, 주 7일, 365일에서 업무 단위로 줄어드는 현상을 의미합니다. 모든 것을 할 수 있는 직원에서 필요한 업무를 처리해주는 전문가로 인재상이 바뀌는 것은 휴먼 클라우드라고 불리는 협업 중개 플랫폼의 부상과 궤를 같이합니다. 또한 실시간 협업의 규칙과 방법이 슬랙Slack이나 노션Notion 같은 협업 툴을 통해 구조화되며, 같은 장소에서 같은 시간에 모든 것을 함께 하던 기존 사무실의 출퇴근 시스템만이 유일한 협업 방안이 아님을 이해하게 되었습니다. 이러한 변화는 업무의 재정의 과정이 선행되며 구조화의 단계를 거칩니다. "이것 좀 알아서 지금 해줘"라는 모호한 언어로 업무가 즉흥적으로 배정되고, "뭐 새로운 게 없군, 더 고민해서 나은 걸 들고 와봐"와 같이 수시로 업무가 정성적으로 평가되던 방식은 유동화 시스템에서는 원활히 작동할 수 없습니다. 단계와 결과를 명확히 규정하고 그 평가를 정량화한 후 발견하게 된 것은, 분절되어 잘 정의된 업무는 자동화할 수 있다는 사실이었습니다. 이처럼 작게 쪼개어 잘 정의된 일의 모듈들을 차례로 자동화해나가며 극소화된 일을 하나씩 없애가는 과정에서 사람이라는 인자를 전체 프로세스에서 덜어내게 됩니다. 유동화와 극소화는 조직을 줄이고 개인을 키우는 새로운 변화를 추동하게 됩니다. 다시 말해 단계별 업무는 모두 자동화하고 전체를 지휘하며 스스로의 존재를 세상에 천명하는 사회를 '호명사회'라고 정의했습니다. 결국 호명사회는 인간이 현재 하는 일을 없애고, 그 위에 자신의 뜻과 의지를 고양하는 위치로 스스로를 세우는 사회입니다.

초연결, 초고령화, 일의 유동화, 그리고 자동화가 쌓여 만들어지는 새로운 문명은 협업의 대상을 지역에서 인류로 넓히고, 협업의 동료를 인간에서 시스템으로 확장했습니다.

이렇게 만들어진 토대 위에 이제 인공의 지능이 결합되기 시작하며 새로운 문명, '경량문명'이 열리기 시작합니다.

경량문명에서 AI로 무장한 개인들은 극단적으로 증강됩니다. 모빌 수트를 입은 조종사와 같이 힘이 세진 개인들이 각자 예전 집단의 규모로 성취를 보여주기 시작하며 조직의 위상은 더욱 작아집니다. 조직은 생산 과정을 함께 해나간다는 전제 아래 모인 집단입니다. 자기완결성을 가진 증강된 개인이 성취의 많은 부분을 이뤄나가면 그들은 조직이 부과하는 비용에 대해 의문을 제기합니다. 대 피라미드를 쌓기 위해 10만 명의 인원이 20년간의 시간을 보내던 시기가 아니라, 혼자서 우주의 비밀을 풀어내려는 담대한 시도를 거대한 컴퓨팅 시스템과 함께 도모할 수 있는 새로운 세상이 열리게 된 것입니다. 과거에는 10만 명의 인원을 매일 먹이고, 재우고, 가르치고, 관리하는 비용을 경상비라고 부르며 개인에게 분배되기 전에 조직이 선취했습니다. 이제 그 몫이 온전히 개인에게 돌아가는 흐름이 나타나며, 기존과 같은 거대 조직일수록 구성원의 호응을 얻기 어려워지게 됩니다.

문명의 한계는 자원의 크기에 반비례합니다. 그리고 자원의 제한은 그 분배의 우선순위를 언제나 고민하게 만듭니다. 연말마다 그토록 토론하는 국가 예산에 대한 논쟁은 그 제한의 단면을 시사합니다. 이처럼 우리 사회의 문제는 답을 구하기 어렵기 때문에 남아 있는 것이 아니라, 그 답을 알더라도 자원의 한계 때문에 풀지 못하고 남아 있는 것이 더욱 많습니다. 예를 들어, 동네에서 주민들이 제때에 올바른 장소에 재활용 쓰레기를 버리지 않는 문제를 해결하기 위해서 소통 및 모니터링 시스템을 만들 수 있지만, 그 동네 사람들만을 위한 스마트폰 앱이나 별도의 IT 시스템을 구축하는 것은 무리인 것과 같습니다. 만약 각자가 무한대의 자원을 가지고 있다면, 사회의 문제를 풀어내기 위한 시도와 효용은 무한대의 영역으로 확장될 수 있습니다.

지난 200년간 계속된 무거운 혁신의 엔진이 이제 공중으로 떠오르기 시작합니다. 기술의 발전이 중첩되고 쌓인 지적 자산의 무게가 가중되면서 조직은 계속 커지고 그 투자의 규모는 기하급수적으로 증가했습니다. 기존의 것을 기반으로 새로운 무게가 얹어지며 예전 문명의 바닥은 견디지 못하고 싱크홀을 만들어내고 있습니다. 과감한 앞선 투자가 너무나 큰 위험을 걸게 하기에 한 번의 실수에도 기업이 무너지는 위태로운 도박판이 만들어지게 된 것입니다. 팹리스 (fabrication+less의 합성어로 반도체 제품을 직접 생산하지 않고 설계만 전문적으로 하는 회사)와 OEM이라는 위험의 분산 시스템도 더 이상 버틸 수 없을 만큼, 중력을 기반으로 한 중량문명은 이제 우리의 시대에서 그 종언을 고하고 있습니다.

경량문명의 시작은 지능을 가지고 있지만 육체를 가지지 않은, 인간을 모사한 새로운 지적 개체에서 시작합니다. 그 개체를 만든 것은 인간일지 몰라도 그 개체와 역할을 나누는 것은 인간의 몫이 아닐 수 있습니다. 누구나 계획은 있지만 언제나 그 계획대로 되는 것은 아닌 것처럼 말입니다.

대마필사 - 거대하면 죽는다

'규모의 경제'를 내세우는 것은 지난 수십 년 사이 너무
나 익숙한 논법입니다. 같은 물건을 만들고 다른 이도 같은
속도로 응수하면서 경쟁이 심화될 수밖에 없고, 각 구성원
이 나눠 가질 파이는 작아집니다. 이때 경쟁에서 이기기 위
해 더 빠른 속도로 더 많은 물건을 만들어낼 수 있다면 물
량을 앞세워 더 낮은 가격으로 경쟁할 수 있습니다. 목표는
이윤의 추구가 아니라 상대를 압도하는 것입니다.

선점자들의 주요한 전략은 투자 규모를 늘려 경쟁사의
추격 의지를 무력화하는 방법입니다. 토지, 자본, 설비의 모
든 생산 요소들에 대해 천문학적인 투자를 선행해 '규모의
경제'를 이룰 수 있습니다. 이를 통해 극단적 효율화에 도달
한다면, 같은 규모의 투자를 할 수 없는 대다수 잠재 경쟁자
를 막아낼 수 있습니다. 이러한 방법으로 성장을 경험한 이
들은 대규모의 투자와 운영 경험을 기반으로 더 큰 투자에

나서려 합니다.

하지만 기술 혁신을 무한정 지속하기는 어렵기에 '규모의 경제'를 추구하던 생산자도 언젠가 벽을 만나게 됩니다. 반도체의 회로 집적도가 24개월마다 2배로 증가한다는 무어의 법칙이 한계에 오기 시작했다는 기사들이 올라옵니다.[3] 제품의 제조에 쓰이는 물질들의 물성이 가진 한계는 무한대의 증가에 제약이 됩니다. 뿐만 아니라 자유롭게 이동하는 인력들은 쌓인 노하우를 여러 곳으로 전파하기 마련이라 한 조직이 가진 기술적 역량을 항구적으로 독점하는 것은 매우 어려운 일입니다.

그에 대한 반동으로, 신산업과 혁신을 강조하는 수많은 '스타트업'들이 등장했습니다. 피터 틸Peter Thiel의 책 《제로 투 원》은 독점하지 않으면 죽는다는 강한 어조로 시장 지배를 통한 생존 전략에 대해서 설파합니다. 시작은 스타트업이었던 수많은 기업들이 현재는 미국 증시 성장을 이끄는 대표 기술 기업이 되어 있습니다. 시가총액 상위 기업들의 창업 연도가 대부분 수십 년 전인 한국 등과는 조금 다른 모습입니다.

이제 우리는 중량문명 위에 건설된 중량기업들의 한계를 냉정하게 직면해야 하는 시점에 왔습니다. 거대한 투자에는 거대한 위험이 뒤따르기도 합니다. 그리고 비가역적인 대단위 투자는 회수할 수 없는 비용으로 남기도 합니다. 생산설비와 운영의 집적화는 생각보다 까다로운 제약 조건을 다수 포함하고 있습니다. 토지의 경우 단순히 나대지가 아니라 산업단지로써 필요한 요소를 충족해야 합니다. 생산 단계에서 필요한 충분한 공업용수의 확보와 생산 후 오폐수를 처리하기 위한 수처리시설이 갖추어져야 합니다. 자동화된 생산 과정에서 필수적인 고압전력이 안정적으로 제공되어야 하며 원료의 공급과 완제품의 이송에 필요한 물류시설이 완비되어야 합니다. 다양한 부품들을 협력 회사들에서 실시간으로 공급받을 수 있어야 하므로 산업단지 외부의 인프라도 필요합니다. 설비의 복잡도가 증가할수록 유지보수와 고장 수리를 할 수 있는 엔지니어링 협력 회사들이 주변에 상주하고 있어야 합니다. 생산에 투입되는 인력이 많은 산업 분야인 경우, 출퇴근이 가능한 배후지가 택지로 개발되어 있어야 하며 의료·교육·상업시설과 같은 도시기반시설이 준비되어야 합니다. 뿐만 아니라 지역의 주요 대학에서 과학적 생산이나 엔지니어링 업무에 필수적인 인력을 양성해나가는 체계도 확보되어야 합니다.

이처럼 생산시설을 짓고 물건을 만들어내는 일 하나에

도 고려해야 할 요소와 투자해야 할 대상이 무수히 나타납니다. 그리고 그 요소는 단순히 기업 내부 역량으로만 해결할 수 없습니다. 용수와 물류, 전력은 사회기반시설이므로 국가적 투자가 필요합니다. 협력회사들의 지원 시스템은 중소기업 역시 튼실히 존재하는 국가에서만 원활히 운영됩니다. 근로자가 출퇴근과 생활을 영위하는 도시기반시설은 지방 정부의 재정 투입과 행정 지원으로 이루어집니다. 무엇보다 부가가치가 높은 생산 과정에 투입되는 근로자들을 양성하는 교육 시스템에는 많은 문화적, 제도적 기반이 필요합니다. 교육을 우선시하는 가치와 높은 교육열이라는 문화적 배경, 그리고 교육 정책 및 예산이라는 구체적인 실행이 먼저 있어야 하는 것입니다. 다시 말해 좋은 환경이란 국가, 지방 정부와 시민이 각각의 요건을 갖춘 곳이라 할 수 있습니다. 이러한 환경에 속한 기업이 규모의 경제 수혜자로 자리잡을 수 있습니다.

규모가 커질수록 복잡도는 훨씬 가파르게 증가합니다. 교통 정체와 피크를 고려한 물류 시스템의 설계, 그리고 공급망의 안정적인 관리를 위한 정보 교환 시스템에 이르기까지, 네트워크 이론에 따르면 참여자가 늘면 연결 가능성은 제곱으로 비례하고 복잡도는 그만큼 증가합니다.

문제는 먼저 투자하여 시장의 우위를 점하고 경제적 이득을 취하기 시작하면, 곧 추격자가 생긴다는 것입니다. 이때 기존의 선도 업체가 더 큰 규모로 후속 투자를 진행해 경쟁력을 만들어나간다면, 종국에는 그 투자 규모가 천문학적으로 커진다는 것입니다. 반도체 산업에서 미세화로 선폭을 10나노미터에서 5나노미터로, 다시 3나노미터로 줄여나가며 투자의 규모는 10조 원을 넘겼습니다. 삼성전자의 평택캠퍼스 P3 3나노 파운드리 공정에만 20조 원이 넘는 예산이 추산된 만큼 규모의 단위가 급증하고 있습니다.4 뿐만 아니라 2차 전지를 비롯한 차세대 에너지원에 대한 투자 역시 이제 기본적인 단위가 조 단위로 증가했습니다. LG에너지솔루션, 삼성SDI, SK온 등 국내외 주요 2차 전지 업체들은 미국·유럽 현지에서 각각 수조 원 규모로 공장을 지으며, 이제 투자 실패는 기업의 존립을 흔들 만큼 규모의 경제 전쟁에서 승패의 위험성이 커지고 있습니다.

투자 규모가 커지는 만큼 그 성공과 실패는 회사의 흥망성쇠를 넘어 존립에 영향을 주게 됩니다. 라인 하나를 넣고 그 이익을 단기간에 가져가는 예전 방식이 아니라, 한 건의 투자가 실패하면 회사 자체가 위험해질 만큼 판돈이 큰 도박과 같이, 경쟁의 칼날이 날카로워진 것입니다. 그리고 늘 그렇듯이 승자가 있으면 패자가 있기에, 결과는 극단적으로 다가옵니다. 물량이 커질수록 시장은 합쳐지기 마련이라, 이제 지역의 강자가 설 자리가 줄어들고 있습니다.

전 세계가 실시간으로 연동되는 초연결의 사회는 로봇으로 강화되는 물류 시스템과 결합하며 상품의 배송을 지역에서 세계로 확장하고 있습니다. 이전에는 배송에 한 달이 넘게 걸리는 바람에 주문했다는 사실조차 잊은 후에 물건을 받아 마치 선물 같았다는 농담이 회자될 만큼, 가까운 중국과 한국의 교류조차도 매우 제한적이었습니다. 이제는 익일 배송을 넘볼 만큼 모두의 창고는 실시간으로 채워지고 공유되고 있습니다. 심지어 창고를 거치지 않고 움직이는 수많은 교류의 흐름들은 전 세계를 하나의 시장으로 만들어내고 있습니다. 그 결과는 모두가 경쟁자로 부각될 수 있기에, 더 많은 패배자들이 양산될 수밖에 없다는 불편한 사실입니다.

무거운 기업이 가진 매몰비용의 구성 요소는 크게 세 가지로 나눌 수 있습니다.

첫째, 지은 것은 부술 수 없습니다. 거대 산업의 규모는 나날이 커져 삼성전자 평택 캠퍼스의 크기는 87만 제곱미터에 이릅니다. 축구장 400개 크기로 이야기되는 그 규모의 방대함은 기초공사에만 1년이 걸리며, 총투자금액은 20

조 원이 넘는 거대한 구조물입니다.[5] 이미 지어진 이 건물과 설비를 모두 해체하고 다시 시작하는 것은 웬만한 용기로는 불가능한 일입니다.

둘째, 뽑은 이는 자를 수 없습니다. 삼성전자 평택캠퍼스에는 상시 1만여 명의 구성원이 근무한다고 합니다. 2차 전지 대형 공장들도 수천 명 단위의 인력과 연구개발, 지원 인력이 함께 일합니다. 인생에 주요한 의사결정을 통해 함께 해온 소중한 사람들을 모두 해고하는 일은 법률에 의해서도, 사회적 정서를 고려해도 불가능에 가까운 일입니다. 실제로 대기업의 경우 사업 종료 시 사내 전보나 직무 전환을 통해 담당 인력을 내부에서 흡수해온 것이 관례일 만큼 우리 사회의 고용탄력성은 경직된 경향을 보여줍니다.

셋째, 투자를 받으면 바꿀 수 없습니다. 날이 갈수록 투자의 규모가 커지며 내부 유보금만으로 이러한 재원을 마련하는 것은 쉽지 않게 되었습니다. 수조 원 규모의 설비 투자는 회사채, 은행 대출, 유상증자 등 외부 자금 조달 없이는 불가능에 가깝습니다. 특히 외부 투자자나 대주주의 합의를 받지 못하면 사업 목적을 쉽게 변경할 수 없으며, 사업 전환 시 신의성실 원칙 논란과 주주권 침해 문제가 발생할 수 있습니다. 따라서 신규 사업을 모색하고자 하는 경우, 기존 주주로부터의 합의와 동의를 얻지 못해서 사업의 지속성이 훼손될 수 있습니다.

거대한 항공모함은 키를 돌려도 선미가 움직이기까지의 시간이 한참 걸리는 것처럼, 변화의 필요성을 인지해도 그 결과를 기민하게 반영하는 것은 어렵습니다. 그 항공모함의 크기가 나날이 커지며, 양적 팽창의 위험성은 무한대로 부풀릴 수 없는 풍선의 위태로움과 같이 다가오고 있습니다.

이미 국내에서는 울산, 거제, 포항 등 산업단지를 보유한 지역에서 인력 및 설비 투자 중심의 산업들에 위기 징후가 다가오고 있습니다. 규모의 경제라는 논리 위에 싸우는 조선, 화학 같은 산업 분야는 그만큼 경쟁에서 한번 밀리면 큰 위기를 감수할 수밖에 없다는 것을 우리는 실시간으로 목도하고 있습니다.

한편 그 반대편에 있는 혁신 기업들의 양태를 살펴보면, 그들이 얼마나 적은 인원으로 큰 영향력을 발휘하는지 놀랍습니다. 챗GPT의 등장 이후, 1억 명의 사용자를 얻기까지의 시간을 그래프로 그린 것이 화제가 되었습니다. 불과 2개월만에 1억 명 사용자를 확보한 챗GPT를 만든 오픈AI는 불과 수백 명의 구성원들만으로 그러한 성과를 이룬 것입니다.

부가가치의 근원이 생산 효율과 단가가 아니라, 데이터

와 컴퓨팅 파워, 그리고 그로부터 비롯된 지능화로 옮겨왔기 때문에 가능한 성과입니다. 한편 이러한 기술 혁신 기업들은 '무거운' 기업이 지니는 페널티, 즉 인적 자본이 많은 큰 기업이 감수해야 했던 비용들로부터 자유롭기에 생존과 성장에 더욱 유리한 입장입니다.

아이폰 생산 협력 업체로 알려진 폭스콘Foxconn에서 볼 수 있었던 것은 35만 명이 일하고 있는 거대한 도시 같은 공장이었습니다. 산업의 경쟁이 치열해지며 기업의 생멸 주기가 짧아지는 지금 시대에 그렇게 많은 인력을 고용할 수도, 관리할 수도 없는 기업들은 대안을 찾던 중 인공지능의 효율성과 자율성에 주목하기 시작했습니다. 무엇보다 고용이라는 계약이 심리적, 사회적 관계를 수반하기에 이러한 인력의 관리에 지친 이들은 인간이 아닌 지능의 존재에 큰 관심을 보이게 된 것입니다. 그토록 노동 집약과 생산 효율로 성장해온 폭스콘 역시, 2025년 엔비디아Nvidia 콘퍼런스에서 휴머노이드와 자동화 공정을 전체 공장 단위에서 도입하고자 한다는 로드맵을 발표했습니다.

지금도 많은 국가가 임금의 격차 때문에 오프쇼어링을 도모하지만 현실적으로 좋은 성과를 낼 수 있는 고급 인력을 얻기는 쉽지 않은 일입니다. 임금이 너무 낮은 지역은 경제적 효용이 있지만 충분한 교육을 받은 인력을 구하기 어려울 수 있고, 충분한 교육을 받은 인력을 구할 수 있는 지역은 이미 높아진 임금으로 오프쇼어링의 경제성이 나오지 않을 수 있습니다. 무엇보다 인적 노동에 의존하는 기업 구조에서는 수요에 맞는 탄력적 고용이 어렵습니다. 고용을 편의적으로 늘리고 줄이면 정치, 사회적 문제로 비화될 수 있기에 인간이 관여된 생산은 근원적으로 그 한계를 가지고 있습니다. 1만 명의 직원을 3만 명으로 늘리는 것도 어렵지만, 거꾸로 3만 명을 1만 명으로 줄이는 경우 엄청난 사회적 압력을 받게 되는 것과 같습니다.

인공지능 기반의 생산 시스템을 갖추게 된다면 필요할 때 용량을 추가하는 클라우드 서비스와 같이 생산량의 유동적 조절이 가능해집니다. 100명의 인력을 활용하다가 갑자기 1,000명의 인력으로 확장하여 정해진 기간에만 사용할 수 있게 되는 것입니다.

산업계는 이미 클라우드 서버를 통해 필요한 수요에 따라 인프라를 늘리고 줄이는 구조를 실행해온 경험을 가지고 있습니다. 과거에는 갑자기 시스템 접속자가 늘어 서버를 증설해야 한다면 물리적으로 서버실을 추가하고 시스템 대역폭을 늘리는 방법밖에 없었습니다. 시스템을 수요에 맞도록 유연하고 확장 가능하게 운영하는 일은 무척 어려웠습니다. 현재의 클라우드 시스템 위에서는 다섯 대의 서버를 운영하다가 갑자기 5,000대의 서버로 확장하는 일이 가능합니다.

그렇다면 적은 인원이 AI 및 자동화 설비와 함께 일하는 산업 현장에서 새롭게 떠오를 것은 인적 관리 부서가 아니라 태스크 관리 부서가 됩니다. 지금까지 많은 중량문명 기업에서는 일할 사람을 배치하기 위해 복잡다단한 절차가 필요했습니다. 먼저 직무를 정의하고 이를 수행할 적합한 인력을 시장에서 찾아야 합니다. 그리고 인사 정책에 따라 채용하고 보상을 협의하고 인사 발령이라는 절차 후에야 일을 시작할 수 있었습니다. 이 모든 절차가 자연스럽게 간소화될 것입니다. 사람이 아닌 태스크, 즉 과업 자체를 잘 정의하고 이를 수행하기 위한 전략이 중요해집니다.

CHRO(Chief Human Resource Officer)가 하던 일이 CTO(Chief Task Officer)로 이전하는 것입니다. 태스크 관리 부서는 인공지능 혹은 인간지능, 때에 따라서는 인간과 인공지능이 결합된 혼합지능으로 업무를 처리하도록 설계하고 지원하는 부서가 될 것입니다. 이 부서는 '인간'을 관리하는 것이 아니라 '일'을 관리하는 일을 맡게 됩니다.

스케일업이 AI로 가능한 조직과 기관이 생성되는 부가

가치를 과점하는 양상이 관측되기 시작했습니다. 엔비디아에서 오픈AI에 이르는, 그리고 그와 관련된 새로운 인공지능 산업의 수혜주들은 지금 매출과 이익이 폭증하고 있습니다.

바둑에서 유래한 용어 '대마불사'는 크게 자리 잡은 말은 쉽게 죽지 않는다는 것이자, 바둑 기사가 그 대마를 쉽게 죽도록 내버려두지도 않는다는 의미로 쓰입니다. 이 단어는 경제 위기마다 큰 기업의 생존 방향을 읽고 또 해석하는 표현으로 시사 경제 분야에서 많이 쓰여왔습니다.

이제는 오히려 '대마필사'의 시대가 오지는 않을지 경계하고 돌아봐야 할 때입니다. 작고 기민하게 움직일 수 있는 조직은 생존과 성장에 유리하고, 거대해질수록 위험해질 수 있는 산업구조 양상, 이것은 거듭 부가가치와 생산성의 근원이 '지능'의 집합으로 옮겨간다는 큰 전제 변화 위에 있습니다. 또한 다시금 이는 전 세계적으로 출생률이 감소하는 현상과 젊은 세대의 삶의 태도와 가치관 변화와도 맞물려 있습니다. 이제 신규 인력을 채용, 교육, 투입, 관리, 배려하는 것에 과거의 관습과 문화를 적용하는 것이 근원적으로 불가능할 수도 있습니다.

이제 폭스콘 같은 인적 자원 중심의 기업도 휴머노이드

와 자동화 설비를 고민하고, 산업 경쟁이 치열해지며 기업의 생멸 주기가 그 어느 때보다 짧아진 시대입니다. 많은 인력을 고용할 수도, 관리할 수도 없는 기업들의 활로는 근본을 쇄신하는 지능화와 자동화밖에 없을 수도 있습니다. 대마불사가 아닌 대마필사, '거대하면 죽는다'는 새로운 전제 위에 수십 년을 돌아보는 반성과 경량화 전환을 위한 뼈를 깎는 숙고가 수많은 중량기업에 필요한 시점입니다.

부지런한 지능과 초월적 지능

　일에는 '하기 힘든 일'과 '할 수 없는 일'이 있습니다. 먼저 '하기 힘든 일'을 생각해봅니다. 시험기간이 되었는데 누군가가 시킨 심부름은 하기 힘든 일에 해당합니다. 집 근처 슈퍼마켓에서 식료품을 고르고 은행에 다녀오는 일에 내일까지 해야 할 업무도 있는 바쁜 이에게 할당하는 것은 합리적이지 않습니다. 이에 반해 '할 수 없는 일'은 내일이 수학 시험인데 하루 만에 한 학기 내의 모든 공부를 이해하고 이를 넘어 올림피아드 수준의 문제를 풀어내는 것입니다. 물론 수학에 재능이 있는 사람이라면 이미 가능할 터이지만, 간신히 정규 과정을 따라가고 있는 사람에게 이러한 도전적인 과제는 시도하기조차 어렵습니다.

　이 책에서는 앞에서 설명한 '하기 힘든 일'을 도와주는 것을 '부지런한 지능'으로, '할 수 없는 일'을 도와주는 것은 '거대한 지능'으로 정의합니다. 이러한 지능의 속성을 이해하는 것은 우리가 속한 삶과 산업에서 중요한 문제를 정의하고 해결해나가는 데에 꼭 필요한 과정입니다. 로알드 달Roald Dahl의 소설을 영화화한 〈찰리와 초콜릿 공장〉에서 윌리 웡카가 공장을 지키기 위해 고용한 이들은 움파룸파들이었습니다. 작은 키에 익살스러운 춤과 노래를 부르며 초콜릿을 만드는 그들은 공장의 여러 일들을 나누어 쓱쓱 해치웠습니다. 한 사람의 힘은 약할지 몰라도 여럿이 함께 모여 큰일을 해내는 장면은, 쌀밥을 좋아해 벼를 함께 키우던 우리네 사람들에게 익숙하게 다가왔습니다. 모기와 피 뽑기, 가을걷이에 이르는 땡볕 아래 고달픈 노동 역시 막걸리와 노동요로 모두 함께 해치웠기에 고단해도 웃으며 버텨왔습니다. 벼농사는 공동 노동으로 이루어집니다. 혼자서 오래 하는 것이 아니라, 모두 함께 단박에 해내는 일은 때로 불가능한 일을 가능케 합니다. 서리가 내리기 전 너른 들판의 곡식을 추수하는 것처럼, 단기간에 큰일을 해내는 이들에게 협동은 필수적인 생존의 요건입니다.

협력 노동의 시스템이 체계적으로 강화된 것이 근대의 대량생산 시스템입니다. 자동차 회사 포드Ford에서 비롯된 포디즘Fordism이라고 불리는 집단적 협업 시스템은 프레더릭 테일러Frederick Taylor의 과학적 관리론에서 더 분화되고 산업에 맞게 최적화되었습니다. 하지만 이러한 분업 시스템 역시 세끼를 먹고 잠을 자야 하는 인간의 한계에 의해 규모의 확장이 어렵습니다. 3교대를 하기 위해 인원을 몇 배 늘려야 하고, 그들의 주거, 이동, 급식의 자원을 투여해야 합니다. 가장 큰 문제는 수요가 갑자기 늘거나 줄어도 생산량 조절을 위해 인력을 급격히 늘리거나 줄이기 어렵기에 시장의 요구에 능동적으로 대응할 수 없습니다. 결과적으로 많은 기업들은 생산 설비와 인력의 증가에 소극적인 태도를 가지게 됩니다.

인공지능이 이 분야를 적극적으로 파고듭니다. 일반지능(AGI)이라는 단어는 인공지능이 평균적 인간과 같은 인지 능력을 갖게 되는 상태를 말합니다. 이 단어를 합의하기 위해서는 먼저 일반지능에 대한 합의가 필요하지만, 이 책에서는 협의의 정의로 특정 업무를 수행하기 위한 인공지능에 대해서 고민해봅니다. 즉 '직업에서의 일반지능'이라는 범주로 논의의 대상을 한정합니다.

그리고 누군가의 업무를 상세히 정의할 수 있고 그 행위가 충분히 인공지능 시스템에 의해 수행될 수 있다면, 직업적 범주에서 일반지능이 성취된 것으로 간주합니다. 앞에서 이야기한 협업의 시스템이 그 직업 중 하나에 적용 가능하다면 이것은 병렬적 업무 처리가 가능하므로 비약적 생산성 향상을 이룰 수 있습니다.

이러한 사례는 이미 과학혁명 시기 이후에 무수히 반복되고 있습니다. 땅을 파는 굴착기나 벼를 심는 이앙기와 같이 인간의 노동을 돕는 기계들은 인류 사회의 생산성을 지속적으로 향상해왔습니다. 최근 맞이한 인공지능과 과거의 혁신 경험이 가장 크게 다른 점은 '지적 노동' 분야에서 비약적 혁신을 가능하게 했다는 점입니다. 기기를 조작하는 것과 다르게 대화하고 소통할 수 있는 '지능'이라는 점이 중요합니다. 그렇기에 활용과 적용의 난이도가 기존의 어떤 방식보다 수월해 더 많은 분야에서 빠르게 효과를 볼 수 있다는 점이 각별합니다.

미국 일리노이대학교 어바나-샴페인 캠퍼스 천문학과의 대형 관측 프로젝트인 '우주와 시간의 유산 탐사(Legacy Survey of Space and Time, LSST)'가 이러한 담대한 사례입니다. 향후 10년에 걸쳐 남반구 하늘 전체에 해당하는 하루 20테라바이트에 달하는 데이터를 수집해 분석하는 프로젝트입니다. 매일 채록되는 영상은 수천 편의 고화질 영화에 해당하는 용량이기 때문에 이를 사람이 검토하는 것은 불가능합니다. 이 프로젝트에서는 AI 기반 분석 도구인

'RESSPECT(분광추적추천 시스템, Recommendation System for Spectroscopic Follow-up)'를 활용해, 방대한 데이터 중에서 추가 관측이 필요한 초신성 후보를 자동으로 선별합니다. 연구자들은 반복적인 데이터 선별 과정에 투입하는 시간을 획기적으로 줄였습니다.

특수한 목적으로 운용되는 이앙기나 굴착기는 큰 비용에 비해 용처가 제한됩니다. 그리고 이를 운용하기 위해 기술을 습득한 인력을 투입해야 합니다. 반면 인공지능의 범용성은 사용자에게 폭넓은 활용 가능성을 선사합니다. 언어와 이미지, 동영상과 같은 멀티 모달 정보를 처리하기 시작한 인공지능은 사용법을 특별히 배우지 않아도 업무에 적용할 수 있을 만큼 지능적이고 유연합니다. 그 비용 역시 기존의 규칙 기반 지식관리 운용 시스템과는 비교할 수 없이 낮아 이전의 대규모 투자에 따른 큰 이익이 담보되었던 산업 분야가 아니더라도 누구나 적용할 수 있습니다. 동네 주민들 사이의 게시판이나 초등학교의 학급 신문을 만드는 일처럼, 투자하더라도 이익을 내기 어려운 곳에서도 인공지능은 충분히 사용할 수 있습니다. 적용과 사용의 품이 들지 않는 저렴한 고지능은 기존에 사람에게 부탁하던 수많은 작은 일들을 빠르게 대체해나갈 것입니다. 고지능의 범용화는 첨단과 오래된 산업을 가리지 않고 지능화의 수혜를 가져다줄 것입니다. 달리 말한다면 혁신의 압력은 삶의 모든 분야로 퍼져나간다는 의미와 같습니다.

동화 속 구둣방 요정은 작은 몸집으로도 분주히 움직이며 잠든 주인아저씨 몰래 멋진 구두를 만들어주었습니다. 이제 수십, 수만, 수천만의 인공 요정들이 밤낮으로 무수한 무엇인가를 만들어낼 것입니다. 당신이 잠든 동안 인공지능은 '하기 힘든 일'을 조용히 처리해둡니다. 그들의 병렬 노동은 더 많이 만들기 위해 더 많은 이들을 모아야 했던 이전 무거운 문명과의 선명한 단절을 만들어갈 것입니다.

그다음은 '인간이 할 수 없는 일'에 대한 도전입니다. 바로 '거대한 지능'의 활용입니다.

2024년 노벨 화학상 수상자는 구글Google이 인수한 딥마인드DeepMind의 창립자 데미스 허사비스Demis Hassabis와 그의 동료였습니다. IT 기업에 다니고 있는, 화학을 전공한 사람도 아닌 이들이 수상자로 선정되었지만, 학계와 산업계의 많은 이들은 놀라지 않았습니다. 그들의 업적이 인류의 미래를 바꿀 정도로 인정받았기 때문입니다. 인간의 몸을 이루는 단백질의 구조를 알아내기 위해 지난 50년의 기간 동안 수많은 연구자들이 온 힘을 다했지만 전체의 17%밖에 밝혀낼 수 없었습니다. 하지만 딥마인드 팀의 연구로 불과 몇 년 만에 전체 중 90% 이상의 단백질 구조를 예측할 수 있었습니다.[6] '고르디우스의 매듭'을 단칼에 잘라버린 알렉산드로스 대왕은 문제 해결의 방법을 순차적인 것이 아니라 다른 차원에서 해결했습니다. 그가 가진 초월적 힘과 관점이 그 누구도 풀지 못했던 문제를 손쉽게 해결하게 만든 것처럼, 거대한 일꾼은 운명처럼 받아들인 우리의 난제를 파해할 것입니다.

이처럼 인공지능은 사람이 할 수 있는 것을 부지런히 하는 것뿐 아니라, 사람이 처리하기에는 너무나 방대하고 복잡한 일도 해낼 수 있습니다. 일본의 애니메이션 중 거대 로봇으로 큰 괴수를 물리치는 장르가 있습니다. 영화 트랜스포머의 서사 역시 외계에서 지구로 찾아온 침략자를 선한 기계문명의 수호자가 처치해나간다는 이야기입니다. 이 경우의 공통점은 부지런한 힘이 아니라 압도적인 힘의 존재입니다.

인공지능 시스템의 탄생에 가장 큰 하드웨어적 기여를 한 엔비디아의 창립자는 젠슨 황Jensen Huang입니다. 그의 일생을 다룬 전기 《엔비디아 젠슨 황, 생각하는 기계》에는 개인용 컴퓨터의 고해상도 화상 처리를 위해 병렬 처리 GPU

를 개발한 후, GPU의 더 확장된 사용처를 찾으려 노력한 오랜 여정이 들어 있습니다. 현실감 있는 게임 플레이를 위해 사용자들이 비용을 지불한 GPU 속에는, 그 이상의 잠재력이 있음을 그는 알고 있었던 것입니다. 지구의 기원을 찾거나 우주의 이해를 위해 다양한 시도를 거듭하던 중 그가 만난 것은 지금 우리가 만나고 있는 생성형 인공지능의 엔진, 거대언어모델(LLM)이었습니다.

부지런한 지능은 인간이 할 수 있는 분야에서 인간에 대한 의존도를 줄여나가는 방편으로 채택됩니다. 하지만 이와 같은 거대한 일은 인간이 해낼 수 없는 분야에 사용됩니다. 우주를 탐사하거나, 난치병의 치료제를 개발하거나, 온난화로 인한 기상이변을 대처하는 것과 같은 인류의 난제들에 이러한 거대한 일꾼이 투입될 수 있습니다. 최근에는 초지능(ASI)이라는 언어로 인류를 넘어선 지능의 출현을 조심스레 예견하고 있습니다. 부지런한 지능이 같은 일을 여럿이서 나누는 병렬적 협력을 말한다면, 거대한 지능은 힘을 모아 일시에 더 큰 출력을 내는 것과 같은 직렬적 협력이라고 할 수 있습니다.

두 협력 모두 소중합니다. 그리고 두 협력 모두 시간의 압축을 실현합니다. 혼자서는 한참의 시간이 필요한, 혹은 엄두를 낼 수 없을 만큼 복잡한 문제들을 놀라지 않고 금세 해내는 새로운 지능은 인간에게 유한하게 배정된 시간이라는 자원을 효율적으로 쓸 수 있게 해준 것입니다. 마치 먼 거리를 한달음에 내걷는 무공의 달인과 같이 우리의 문제를 순식간에 해결해줍니다.

다만 그 해결의 원리는 서로 상이합니다. 병렬 지능은 경공술과 같고, 직렬 지능은 축지법과 같습니다. 몸을 가볍게 하여 빠르게 달린다는 뜻의 경공술은 무술가의 몸이 가벼워져야 합니다. 땅을 접어서 달린다는 뜻의 축지법은 수행하고자 하는 도인이 도를 깨달아야 합니다. 두 사람 모두 이전에는 수행할 수 없었던 속도로 현생의 문제를 풀어내기에 큰 기여와 보상을 얻게 될 것입니다. 그러나 그 결과가 문명에 끼칠 영향은 후자가 더욱 클 것을 쉽게 유추할 수 있습니다. 부지런한 지능보다 깊은 깨달음으로 얻게 된 초월적 지능은 우리 문명을 새로운 단계로 순식간에 상승시킬 것이기 때문입니다.

대부분의 기업에 필요한 것은 '부지런한 지능'이지만, 더 큰 꿈을 지닌 이들이라면 '거대한 지능'을 알고 그 힘에 접근하는 일에 관심을 가져야 합니다. 구글의 데미스 허사비스와 같이 직접 '거대한 지능'을 개발하는 일을 모두가 꼭 해내야 하는 것은 아닙니다. '거대한 지능'을 고객으로서 이용하고, 또 '거대한 지능'과 협력하는 것으로 혁신을 꾀할 수 있습니다. 중요한 것은 개인의 삶에서든 기업의 운영에서든 각자가 처한 문제를 잘 정의하고 그것을 가장 효과적으로 해결할 수 있는 지능적 수단을 찾는 일입니다. 인류가 이전까지 감히 엄두도 내지 못했거나 거대한 벽으로 여겼던 거대한 문제, 또 자신이 속한 삶과 산업 속에서 그 거대한 문제를 찾을 수 있는 이들만이, '거대한 지능'으로 초월적 가치를 발견할 수 있습니다.

인공지능의 힘을 빌리기 전에는 '되는 일'과 '할 수 있는 일'을 찾는 데 더 많은 에너지를 쓰는 것이 현실적이고 또 성과를 위해 중요한 일이었을 수도 있습니다. 이제는 '하기 힘든 일'과 '할 수 없는 일'을 잘 고민하고 찾는 이들에게 더 많은 기회가 오는 시대가 열리고 있습니다.

앞에서 설명한 두 가지 지능의 근원적 차이는 부지런한 지능은 행위를 병렬화해 시간을 단축하고, 초월적 지능은 무수한 데이터 속 패턴을 찾아 우리가 모르던 깨달음을 전한다는 것입니다. 그리고 두 지능이 결합되며 만들어지는 수많은 발견들은, 우리가 지금껏 시도조차 못 했던 자연과 삶의 원리들의 연유와 단초들을 하나씩 건네주게 될 것입니다.

수십억 년의 시간 동안 자연에 의해 정교하게 엔지니어링된 생태계의 원리를 탐색하려 지난 수천 년간 인간은 노력을 경주해왔습니다. 평생을 한 주제에 천착하고, 실험에만 몇 년이 걸려 전인미답의 발견을 해낸 천재들에게 동료이자 실험 도구인 인공지능을 제공한다면 인류의 발전이 얼마나 빨라질지 우리는 상상하기 어려울 것입니다. 근대 이후 불과 몇백 년의 기간 동안 과학적 관측기계로 측정하고, 현대에 와서 만들어진 컴퓨터 시스템의 도래로 분석해온 과거의 인류는, 비유하자면 진리를 모종삽으로 조금씩 캐내 온 것과 같습니다. 이 시대의 인류는 갑자기 거대한 채굴기를 손에 쥐게 되었습니다. 새로운 기계로 우주가 숨긴 보물을 캐낼 때마다 경탄의 눈빛을 보내는 사람은 이전의 실험실에서 오래된 실험기구로 밤을 새우던 중량문명의 연구자들일 것입니다.

　　과학사의 진보가 급격히 이루어지는 세상에서 인류는 난치병과 에너지의 부족, 환경의 파괴에 따른 생태의 위기에 이르기까지 많은 분야의 해결책을 도모할 것이고, 어쩌면 많은 문제가 해결될지도 모릅니다. 하지만 인류 차원의 축복이 개인에게 참여의 여지를 줄 수 있을까 고민해보아야 합니다. 앞으로 10여 년 후에는 노벨상의 수상자가 인공지능일 것이고, 수상의 주기는 매 5분마다일 것이라는 농담이 회자됩니다. 지금의 풍요를 만든 것이 인간의 지능이기에, 새로운 풍요에 인간이 아닌 지능이 기여하는 것에 대해 인간은 생리적 불안감을 느낄 수밖에 없습니다. 우리 인간이 고민해보아야 할 지점은 '현명한 분업'의 방법입니다. AI에 일을 '시키는' 것이 아니라 '나눈다'는 점이 중요합니다. AI와 일을 현명하게 나누려면 오랜 기간 천천히 똑똑해진 인류의 입장이 아닌, 실시간으로 진화하는 지능에 적응해야 함은 물론입니다.

경량문명을 담는 그릇, 클러스터

　　서울의 가로수길에 한 제화점이 있습니다. 글로벌 브랜드의 플래그십 스토어가 즐비한 거리의 한 귀퉁이, 소박한 간판과 단출한 오브제로 언뜻 지나치기 십상인 외관이지만, 쇼윈도에 진열된 구두들의 품질 수준은 해외 명품 브랜드와 견줄 수 있을 정도의 완성도를 보입니다.

　　20년 넘게 신발을 만들어온 장인의 사연은 한국 소상공인의 흥망성쇠와 같습니다. 성수동에서 오래전부터 경력을 쌓아온 김상수 대표님은 최고의 자재와 자체 디자인으로 신발에 자부심을 가지고 업을 만들어왔습니다. 품질에 맞춘 가격은 기성품에 비해 낮지 않지만, 이들도 이커머스 플랫폼이라는 새로운 도구에 적응하기도 합니다. 이제는 몇 개의 작은 점포에서뿐만 아니라, 플랫폼의 스마트스토어에서, 자체 온라인 몰을 통해서 장인의 물건은 고객들을 만나고 있습니다.

자신의 이름을 딴 작은 브랜드의 제작은 성수동에서 직접 하지만, 그 협력의 네트워크는 전 세계를 가리지 않습니다. 마침 매장을 지키고 있던 김상수 대표님은 구두를 만드는 가죽을 연결하는 실 역시 가장 튼튼한 실을 구해서 가져온다고 설명했습니다. 바닥창은 이탈리아산 실, 옆면을 꿰맨 실은 국산 실입니다. 바닥창 또한 이탈리아 가죽창이라고 합니다. 가죽은 최고급이고 원래 바닥 가죽이 너무 단단하기에 제조 과정에서 좀 더 부드럽게 하는 공정을 추가해서 수입한다고 합니다. 인솔에도 천연 라텍스 쿠션이 들어갑니다. 김 대표님의 설명에 의하면 이탈리아에서 가죽 공방을 '테너리'라고 부른다고 합니다. 럭셔리 브랜드에 주로 납품한다는 이탈리아 테너리로부터 동일한 소재를 공급받는다고 자랑합니다. 신발을 고르고 신어보는 시간은 10분도 안 걸렸지만, 수제화에 대한 자신의 철학을 설명하는 시간은 30분을 훌쩍 넘겼습니다.

작은 공방들이 모여 있는 소상공인들의 협력 네트워크를 산업 클러스터라고 부릅니다. 거대한 산업단지와는 조금 다른 경량기업들의 연대인 클러스터는 경량문명의 형성과 발전을 이해할 수 있는 중요한 키워드입니다. 성수동에서 수제화를 만드는 장인이 설명하는 해외의 거래처들 역시 수십 년 넘은 인연으로 이어지고 있다고 하니, 가히 '글로벌 클러스터'의 산물을 성수동 수제화로 만날 수 있는 것입니다.

　제품 생산의 모든 단계를 스스로 밟아나가던 예전 장인의 삶에서, 그 손길을 통한 전수에는 숙련에 이르기까지 인생을 걸고 해야 한다는 비장함이 필요했습니다. 그 모든 과정은 토박이처럼 한 지역에 오래 귀속되는 것이 대부분이었습니다. 하지만 이제는 장인이 다루는 재료와 그 작품의 판매 역시 새로운 네트워크를 통해 확장되는 것입니다.

　장인들만 물건을 만들던 과거와 달리, 이제 세계에서 생산되는 물건의 재료 수급과 생산, 유통은 경계 없는 네트워크를 통해 오갑니다. 기술의 발달로 인해 제품의 복잡도가 높아지며 물건 하나를 한곳에서 온전히 만드는 것이 어려워진 탓도 있습니다. 예를 들어 예전 1만 개 남짓의 부품으로 만들어지던 자동차에는, 자율 주행이나 내비게이션 기능 등이 포함되며 이제 4만 개가 넘는 부품들이 필요하게 되었습니다. 그렇다면 수많은 부품을 만들어 적기에 충분히 경쟁력 있는 금액으로 안정적으로 공급할 수 있는 생태계가 존재해야만 산업이 원활히 발전할 수 있게 됩니다.

　여기서 중요한 점은 단 하나뿐인 원청에 부품과 자재를 공급하는 것을 중심으로 형성된 체계는 클러스터라 부르기 어렵다는 것입니다. 경량문명의 클러스터는 작지만 고유한 기능을 지닌 주체들의 연합인데, 이에 반해 대기업을 중심으로 이루어진 부품 공급망은 원청 기업이 위기를 겪으면 모두가 위태로워지는 입장에 처하기 때문입니다. 한 곳의 고객사를 위해 존재하는 부품 업체라면 그것은 공급망의 관리 차원에서 비용 절감의 목적으로 원청의 사업을 외주화한 것에 불과합니다. 클러스터는 복수의 고객이 존재하고 수많은 파트너들이 유기적으로 거래하는 자생적 네트워크로 정의할 수 있습니다.

꿀벌의 벌집과 같이 서로 협동하고 공생하는 물리적, 논리적 네트워크를 이미 구현한 이탈리아 패션 클러스터의 사례를 주목해볼 수 있습니다. 수제화 대표님의 거래처들이 자리 잡은 이탈리아는 오랜 기간 패션을 위한 클러스터를 자생적으로 만들어왔습니다. 가방과 신발, 그리고 멋진 옷을 만들어내기 위한 소재와 자재들을 만드는 작은 공방들이 한 마을에 모여 그들만의 유기적인 생산모둠을 형성한 것입니다. 각각은 규모가 작은 가족기업이지만 때로는 경쟁하고 때로는 협력하며 능동적으로 시장의 변화에 적응해왔습니다.

그간 성장의 공식은 큰 자본으로 규모의 투자를 실현해 생산의 단가를 낮추는 방식이었습니다. 하지만 명품의 특성

밀도가 낮아 높이 날 수 있는 새처럼

필요에 따라 빠르게 뭉치고

흩어질 수 있는

변화에 즉각 반응하는 힘,

경량문명 조직의 가장 큰 특징입니다.

상 섬세하고 세밀한 공정과 장인 정신이 더욱 큰 부가가치를 만들기 때문에 질을 포기하고 양을 늘리는 투자는 적합하지 않았습니다. 그보다 유기적으로 결합하는 작은 강소기업들의 연합을 통해 수요의 변화에 탄력적으로 대응할 수 있는 체계를 만들어낸 것입니다. 이러한 산업 클러스터에는 한 제품의 부품 생산을 여러 업체가 분담하기도 하기에 수요의 변화에 따른 무리한 투자를 지양할 수 있는 탄력성을 내재화했습니다. 따라서 소품종으로 대량생산 하는 중량문명의 방식이 아닌, 다품종 소량생산의 창의적 디자인을 무기로 한 경량문명의 모습이 먼저 구현되었습니다.

물리적 네트워크를 기반으로 한 이러한 클러스터는 지역사회로 이들의 기예와 감각이 전수되는 행운을 얻을 수 있었습니다. 새로운 세대가 태어나고 자라면서 자연스레 그 이전 세대의 직업을 경험해나갈 수 있습니다. 암묵지와 손맛으로 전해지는 생산의 깊은 노하우를 놀며 생활하며 배우는 새로운 세대는 다시 그 오랜 역사를 이어나갈 수 있는 경험을 체득합니다. AI와 로봇이 오더라도 설명할 수 없는 생산의 노하우는 문화적 배경과 축적된 시간에 의해 고스란히 세대를 이어 전수됩니다.

이러한 적응력과 유연성을 통해, 이탈리아 등 유럽 지역에서는 적은 자본과 인력으로도 전문적인 니치마켓에서 세계적 브랜드를 보유한 기업들이 다수 탄생했습니다. 다만 유럽의 클러스터들 역시 2000년대에 들어 중국과 같은 새로운 제조업 강국들의 도전으로 어려움에 빠지기도 했습니다. 상대적으로 낮은 인건비와 대규모 설비로 무장한 뒤, 저가로 시장에 침투하는 새로운 기업과 경쟁해야 했기 때문입니다. 이처럼 지금의 전통적 산업 클러스터 역시 새로운 지능화를 접목한 효율화를 동시에 고민해야 합니다.

최근 기존의 클러스터에도 가상 협업 체계와 지능화로 고도화된 물류가 선물처럼 다가오고 있습니다. 중국의 선전은 전자 산업에 필요한 거의 모든 물건을 구할 수 있는 곳으로 유명합니다. 예전의 세운전자상가와 같이 무언가 만들기 위해 필요한 부품들이 빼곡하게 채워진 매장이, 그 수에 있어서 비교할 수 없을 정도의 크기로 자리 잡고 있습니다. 무엇보다 이들이 상대하는 것은 단순히 선전의 수요만이 아닙니다.

중국 선전의 힘은 전 세계 어디에서도 아주 적은 수량의 프로토타입 생산을 의뢰할 수 있는 가벼운 협력 시스템의 구현입니다. 이 시스템의 구성에는 지능을 누구나 사용할 수 있고 전체적인 시간은 극히 단축된다는 경량문명의 조건이 집약되어 있습니다. 최소 주문 수량이 100만 개로 제한되거나, 만들기 위해 최소 3개월의 납기가 필요했던 이전 문명의 협력 시스템은 이제 고려될 수조차 없습니다.

선전이라는 도시에 집약되어 있지만, 무엇보다 디지털로 연결되어 움직이는 이 클러스터는 경량문명의 앞선 실험장이 되고 있습니다. 대륙의 남쪽, 홍콩의 위에 자리 잡은, 과거 어촌이던 이 도시가 이제 전자·디지털 제조에 혈류를 공급하는 심장이 된 것입니다. 스마트폰, 통신 장비, 신재생 에너지 부품, 드론, 로봇 등 선전에 들어선 칩 공장과 AI 스타트업, 로봇 제조회사들은 그 집적도로 위상을 설명해주고 있습니다. 선전의 화창베이에서는 필요한 부품을 하루 만에 구해서, 회로를 그다음 날 만들고, 제품은 사흘 만에 만드는 것이 가능하다는 말이 회자됩니다.

18세기에 시작한 산업혁명은 분업화를 통해 대량생산의 기틀을 닦았습니다. 그 이후 꾸준히 집적되며 거대해진 생산 시스템은, 군집 생물인 인간의 특성에 맞추어 진화해 나갑니다. 그 진화의 흐름은 물리적 거리를 넘어선 생각의 네트워크로 확장됩니다. 새로운 문명에서 생산이란, 한 도시의 일이 아니라, 하나의 생태계가 협업하는 일이 되었음을 이해합니다. 무겁게 모으는 것이 아니라, 가볍게 흩어져 연결되는 것이 새로운 경쟁력이자 새로운 문명에서의 생존 조건이 되었다는 것을 자연스레 깨닫게 됩니다.

이 흐름은 서울의 작은 수제화 공방에도, 지구 반대편의 목공 스튜디오에도, 공유 플랫폼에서 디자인 툴을 만드는 인디 개발자에게도 동일한 파장을 만들어내고 있습니다. 경량문명의 클러스터에서는 지리적 위치보다 시스템적 연결성을 얼마나 지닐 수 있는지가 훨씬 중요합니다. 경제학자 호미 카라스Homi Kharas는 그의 책《중산층 연대기》에서 "19세기에 성장을 촉진한 가장 중요한 혁신 14가지 가운데 10가지가 연결성과 관련되었다"고 말합니다.

해외에서 한국에 온 관광객들의 구매가 눈에 띄게 많다는 앞선 수제화 대표님의 설명에, 세계적 수준의 제품을 만들고 인정받는 행복한 장인의 모습을 확인할 수 있었습니다. 그의 브랜드에는 이름 뒤에 그의 주민등록번호 뒷자리가 붙어 있습니다. 자기 이름을 걸고 만든다는 신념이 고스란히 담긴 브랜드의 연유를 설명하며 그가 덧붙인 이야기가 가슴에 남았습니다. 브랜드를 만든다는 것은 시간이 필요한 일이라, 만든 이의 자녀가 물려받는다면 그때서야 빛이 날 듯하다는 것이었습니다. 자신의 이름을 걸고 하는 일은 그 자체로 의미를 갖습니다. 100년 넘은 유럽의 명품 브랜드들은 대부분 만든 이의 이름으로 지금도 간판에 남아 있습니다.

그 낭만이 이름과 연혁으로만 지켜지는 것이 아님을 우리는 잘 알고 있습니다. 이제 클러스터는 골목 어귀에 둥지를 튼 수제화점의 온기만으로 버틸 수 있는 것이 아니기 때문입니다. 만드는 물건의 개수는 더 적게, 물건을 만드는 속도는 더 빠르게, 물건을 만들기 위한 연결은 더 멀리 할 수 있어야 생존이 가능합니다. 가볍다면 빨리 날 수 있기에, 그 경쟁의 대상도 전 지구 위가 되기 마련입니다. 내가 공급한 물건의 수량보다 그 물건을 원하는 이들의 반응이 더욱 중요하고, 적정 수의 재고보다 공급의 적시성이 더 가치 있고, 대규모보다 정밀한 협력이 더 먼 곳까지 날 수 있는 비법이 됩니다.

한 클러스터에서 협력한 경험은 다른 산업으로도 곧바로 전파되어, 이제 우리는 해외에 주문한 물건이 다음 날 도착하는 새로운 세상의 기준에 익숙해지고 있습니다. 성수동의 구두공방과 선전의 AI 팹 공장이 동시에 각자의 방식으로 동기화되며, '나'의 손끝에서 시작된 생산이 '우리'의 네트워크를 타고 세계로 이어집니다. 그 자리에 다시 새로운 경량문명 클러스터가 싹을 틔울 수 있습니다. 그 조건에 가장 중요한 협업의 전제는 플랫폼과 프로토콜이라는 새로운 일하는 방식의 도입입니다.

경량문명의 대표적인 디지털 클러스터의 사례로 깃허브 GitHub의 오픈소스 프로젝트를 들 수 있습니다. 깃허브는 단순히 개발자들이 자신이 작성한 코드를 공유하는 코드 저장소가 아닙니다. 지금도 수천만 명이 넘는 개발자와 기여자들이 전 세계에서 접속해서 프로젝트를 수행하는 플랫폼입니다. 하나의 리포지토리에 수백 개의 기여가 동시에 쌓이고, 오류에 대한 의견이 수백 개 남겨집니다. 코드는 실시간으로 고쳐지며, 누군가는 테스트하고 누군가는 문서를 다듬습니다. 공장이 없지만 제품이 만들어지고, 조직이 없지만 리더가 등장합니다.

AI 분야에는 이와 같은 플랫폼이자 클러스터로 허깅 페이스Hugging Face가 있습니다. 전 세계 연구자와 개발자가 자연어 처리(NLP), 음성 합성, 컴퓨터 비전 등 각 분야의 AI 모델을 공유하고, 훈련하고, 고도화하고 있습니다.

클러스터가 발전할수록 그 네트워크에 참여하는 구성원은 사람에만 머무르지 않을 것입니다. 사람과 에이전트가 팀을 이루어 문서를 정리하고, 코드를 생성하고, 데이터를 수집하며, 문제를 해결해나가도록 진화하는 것입니다. 예를 들어 한 사용자가 "이 보고서를 요약해줘"라고 말하면 문서

분석 에이전트가 내용을 요약하고, 스타일 편집 에이전트가 문체를 조정하며, 최종 결과물을 저장하는 에이전트가 클라우드에 업로드하는 식으로 프로젝트 협업이 진행될 것입니다.

이러한 시스템은 태스크포스팀Task Force Team의 개념을 완전히 상시화하게 만들어, 물리적 사무실, 회의실, 프로젝트 관리자 없이도 진행되는 '자율 실행형 업무 프로젝트 시스템'으로까지 나아갈 것입니다. 무엇보다 중요한 점은, 이 네트워크가 특정한 조직의 리더십이 아니라 프로토콜에 의해 운영된다는 것입니다. 같은 조직을 구성하고 있는 사이 좋은 소수의 사람들이 눈과 몸으로 이야기하며 서로 돕는 것이 아니라, 한 번도 본 적 없는 수많은 이들이 일정한 규칙과 미리 정의된 행동 양식으로 서로가 잘 때에도 협력하는 거대한 하이브를 만들어낸 것입니다.

우리는 지금까지 클러스터를 공장 지대, 산업단지, 벤처 밸리로 보아왔지만, 이제는 생산의 클러스터가 하나의 디지털 프로토콜로 변모함을 이해해야 합니다. 이 경량 클러스터 안에서는 고정된 일자리도, 소속도, 영구적인 파트너십도 없습니다. 대신 MCPModel Context Protocol와 같이 기능적으로 언제든 서로 코드와 데이터, 전문 지식을 호출할 수 있는 프로토콜과, A2A^Agent to Agent와 같이 자율 에이전트들이 서로 소통하고 연결될 수 있는 프로토콜이 생산성의 기반이 될 것입니다. 인간은 에이전트와 함께 작업하고, 에이전트는 다른 에이전트를 호출합니다. 기계를 만들던 시대에는 대량생산이 중심이었다면, 기계와 함께 문제를 풀어가는 이 시대에는 잘 정의된 태스크^task가 새로운 협업의 중심이 됩니다. 시대는 무거운 조직에서 벗어나, 가벼운 연결을 향해 진화하고 있습니다.

협력의 경량화

경량문명의 세계에서는 기업만 가벼워지는 것이 아니라 '협력'도 가벼워집니다. 그 성긴 구조와 네트워크를 이해하고, 그 안에 AI와의 협력이라는 새로운 현상이 깊이 자리 잡는다는 것을 배워볼 필요가 있습니다. 그렇다면 '무거운 협력'은 어떤 형태였을까요? 신문 경제면에서 우리가 숱하게 보아왔던 지분 투자, 계열 흡수, 혹은 그와 같이 상호 큰 경제적 조건을 담보로 하는 계약들이 바로 무거운 협력입니다. 하나의 조직이 가진 무게도 그것을 유지하고 감당하기 위해서는 많은 에너지가 들어가는데, 복수의 조직이 힘을 합쳐야 하는 단계가 되면 더 엄두가 나지 않는 일이 됩니다. 숱한 법률 검토, 이해관계 조정, 협상, 그리고 계약과 책임에 이르기까지 이것이 큰 기업들의 상호 협력에서 엿볼 수 있는 피로감입니다. 경량문명에서의 협력은 이 구조를 송두리째 바꿉니다. 예전에는 사업을 시작하려면 막대한 자본이 필요했습니다. 사무실과 설비, 직원의 급여와 복지, 재고와 창고, 심지어 정보 시스템까지, 모든 것이 무거운 투자를 쌓아 올려야 이룰 수 있었습니다.

이제는 상황이 달라졌습니다. 그리고 이에 따라 기업이 자사에 필요한 자원을 취하는 방식 역시 빠른 만남과 이별을 전제로 합니다. 무엇보다 소프트웨어와 인프라의 대중화로 인해 필요한 자원 대부분을 가볍고 손쉽게 빌릴 수 있게 되었다는 것이 한몫합니다. 경량기업들은 로펌과 계약하기 위해 전문가를 찾고 검토하는 것이 아니라, 플랫폼을 통해 법률 서비스를 이용합니다. 디자인 에이전시의 경쟁 PT를 받는 것이 아니라 디자인 구독 서비스를 이용합니다. 리서치 회사에 제안요청서를 보내고 제안을 받는 것이 아니라 딥 리서치 AI에 비용을 씁니다. 분석 결과가 나오기까지 시간이 하루밖에 걸리지 않는다는 점도 중요하지만, 그전에는 애초에 리서치 회사와 계약하기까지도 몇 주가 걸렸다는 점이 더 중요합니다. '관계의 경량화'와 '협업의 거리 단축'이, 바로 협력이 가벼워지는 세계의 핵심입니다.

특정 목적의 시스템을 빌려서 사용하는 기법인 SaaS(Software as a Service)라는 개념은 이미 지난 수십 년간 꾸준히 사회에서 저변을 넓혀왔습니다. 음식점의 POS(Point Of

Sales) 시스템이나 헬스클럽의 회원 관리 시스템에 이르기까지, 사업에 필요한 업무들을 구조화한 SaaS는 대규모의 투자 없이도 투명하고 과학적인 영업 활동을 지원하고 있습니다. 공공기관의 행정 업무 또한 전자정부 시스템을 비롯한 IT 시스템을 통해 체계화되었습니다. 복잡한 연말정산의 업무까지도 국세청의 홈택스 시스템을 통해 서류 제출 없이 처리할 수 있게 된 것이 대표적인 예입니다.

하지만 이외의 많은 업무가 '사람들'에 의해 운영되어 온 것이 사실입니다. 그리고 그 '사람들'이 필요할 때 부탁하는 대상도 역시 '사람들'이었습니다. 지능과 판단력을 필요로 하기에 반드시 사람을 고용해야 했던 이전 문명의 대가 산정 기본값은 기간을 기준으로 하는 정액제 방식입니다. 하루의 일당이나 한 달의 급여, 혹은 1년의 연봉을 기준으로 사람을 고용하고 그에게 업무의 진행을 위탁하는 방식입니다. 전문성의 부재나 자원의 한계로 조직 밖의 기관에 외주를 주는 경우에도, 투입 인력의 인원수와 시간에 따른 가치 산정을 하는 방식이 그간의 관례였습니다.

새로운 문명에서는 업무 처리의 복잡한 규칙을 알고 있는 사람에게 반드시 부탁해야 하는 단계가 제거되거나 축소되기에, '사람'이라는 요소별 병목 현상이 빠르게 사라지게 됩니다. 신용카드를 사용하다가 의문이 생기거나 문제가 발생하면 도움을 얻기 위해 콜센터를 찾는 것과 같이, 사람이 반드시 필요한 영역은 일상생활의 도처에 자리 잡고 있습니다. 평일 오전 9시에서 오후 6시까지의 업무시간은 기업이 이윤을 유지하면서 고용할 수 있는 가용인력의 명수와 일하는 사람들의 노동권에 따라 정해진 것입니다. 해외의 근무시간에 문제가 생겨 한국의 콜센터에 전화했을 때, 분실신고 이외의 업무는 모두 평일 근무시간에 해야 한다는 전화기 속 자동응답 메시지에 당혹감을 느꼈던 경험을 가진 사람들이 드물지 않습니다. 지금 전 세계의 기업들은 상담 인력을 AI 에이전트로 대체하는 노력도 경주하고 있지만, 그보다 에이전트의 도움으로 고객이 직접 업무를 처리할 수 있는 체계를 갖추는 것을 더욱 고민하기 시작했습니다.

그동안 사람이 필요했던 이유는 고객이 내부 업무에 해박한 이해를 갖추지 못했기 때문이었습니다. 고객의 언어로 접수된 문제의 이해와, 이를 내부 시스템으로 적용하기 위한 단계를 밟아나갈 사람이 반드시 필요했고, 그는 밥을 먹고 잠을 자야 했기 때문에 서비스를 무한정 제공할 수 없었던 것입니다. 이제는 지능을 갖춘 시스템이 고객의 언어를 이해하고 적절한 답을 제공하는 것을 넘어 직접 시스템을 실행할 수 있도록 진화하기 시작하며, 고객의 응대를 맡는 많은 업무가 사람의 손이 아닌 시스템을 통해 처리되기 시작했습니다. 처리의 주체가 사람이 아니라 시스템이 되면서 무엇보다 큰 변화는 그 주체의 운용 비용이 획기적으로 줄어들고, 그 사용을 위한 예비자원이 필요 없게 된 것입니다. 기숙사와 통근버스, 휴게실과 간식이 필요 없는 에이전트는 그 어떤 사람보다도 경제적입니다.

그렇다면 업무를 처리하기 위해 지불해야 하는 대가 역시 기준이 바뀌게 됩니다. 이전의 문명이 일하는 사람의 급여에 따른 정액제로 대가를 요구했다면, 새로운 문명에서는 시스템의 사용량을 기반으로 하는 종량제 방식의 과금으로 급속히 전환할 것입니다. 업무의 부탁과 종결까지의 과정이 모두 사람의 관여 없이 진행되면서, 공급자 또한 기존의 영업과 계약, 중간 단계의 보고나 결과 제출과 검수에 이르는 모든 단계에서 인력이 사라지게 됩니다. AI 스타트업들이 제공하는 서비스는 사용자가 직접 로그인해서 업무를 셀프서비스로 진행하도록 설계됩니다. 고객지원까지도 AI로 담당하는 이러한 서비스들의 제공자는 그 자체가 경량문명의 주역으로 전체 구성원의 숫자가 대부분 100명을 넘지 않습니다. 제공자와 서비스의 사용자가 모두 지능화의 주역이기에,

영업도 설명도 대행도 필요 없이 스스로 업무를 처리하는 체계를 갖추게 되는 것이 경량문명의 협업입니다.

이미 한국의 스타트업은 고용을 하기보다 협업 시스템, AI 딥 리서치 계정의 구독, 번역이나 디자인 서비스 이용에 비용을 지출합니다. 자사의 서비스를 만드는 경우에도 예전과 같이 직접 서버를 구축하고 운영하던 시절은 이미 오래전에 지나갔습니다. 이제는 거대한 데이터센터에 자리 잡은 클라우드 기반의 서비스 제공 인프라에서 바이브 코딩으로 아이디어를 즉시 프로그램 결과물로 만들어내는 기업이 빠르게 증가하고 있습니다. 뛰어난 창의력을 가진 소수가 아이디어에서 실행까지의 거리를 대폭 줄이고 있는 것입니다.

기업과 기업 간의 협력뿐만 아니라, 이제는 한 기업 내부의 협력 및 고용 형태도 근본적으로 변하고 있습니다. 고용이라는 행위가 물리적인 사무실에서 이루어지는 것이 아니라 플랫폼 위에서 운영됩니다. 한 명 한 명의 노동이 연결을 통해 실시간으로 조직화됩니다. 과거의 정규직, 월급제와 같이 고정비가 증가되는 구조는 팬데믹 시기에 비대면을 거치며 종량제, 프로젝트 단위의 유연한 구조로 실험되었습니다. 그 이후 유효성이 검증된 분야부터 빠르게 새로운 방식으로 전환되고 있습니다.

빠른 추격자Fast Follower가 아닌

빠른 전환자Fast Changer의 시대가

열리기 시작합니다.

조직은 고정된 자원을 줄이고 필요에 따라 확장하거나 축소하는 능력을 갖추게 되면서, 고용의 경량화는 결국 조직 그 자체의 경량화를 이끌어냅니다. 변화는 기존의 대기업들에도 예외가 아닙니다. 한때는 몸집이 큰 기업이 생존에 유리했지만, 이제는 그 무게가 오히려 부담이 되고 있습니다. 클라우드 협력, 플랫폼 연동, 외부 전문인력의 즉각적 투입 등 경량화된 주체들의 협력이 새로운 협업의 표준이 되며, 외부와의 연계를 위한 프로토콜의 정립과 다양한 협업의 경험을 가진 조직이 더욱 유리한 방향으로 진화하게 됩니다.

단순히 불편하고 부가가치가 적은 업무를 외주화하던 비주력 업무의 아웃소싱과는 차원이 다른 새로운 협력이 시도되고 있습니다. 이러한 협력은 수직적 협력이 아니라 수평적 협력을 의미합니다. 수직계열화를 통해 모든 업무를 내재화하거나 1차, 2차 협력 업체를 통해 생산의 필요 요소를 외주화하는 방식이 아닌, 수평적 협업의 상시화가 새롭게 정의되고 있는 것입니다. 대등한 협업은 하청이 아닌 파트너십으로, 서로에 대한 인정과 존중을 기반으로 합니다. 새로운 변화에 적응하기 위한 거대 기업의 노력은 모든 것을 스스로 하겠다는 것이 아니라, 가장 중요한 중심만 남기고 외부에서 창의적 협력을 하겠다는 정예화된 태도를 갖추는 것이어야 합니다. 이를 위해 단순히 구조조정이나 인원 감축의 차원을 넘어, 먼저 조직 자체가 불필요한 높이와 부피를 줄이고, 무게를 덜어내는 쪽으로 진화하게 될 것입니다.

정예화의 장점은 관리와 점검의 필요가 줄어드는 것입니다. 비숙련자가 잘 모르는 업무를 배워나가며 실수를 거듭할 때, 빨간 펜을 든 관리자와 결재자는 필수적인 계층으로 모든 분야에 존재해야 했습니다. 새로운 문명은 모든 이가 스스로 판단하고 스스로 점검하는 모드로 변화합니다. 이 문명에서 일하지 않고 관리하거나 지원하는 사람은 그 존재의 이유를 설명하기 어려워집니다. 좀 더 깊게 생각해 본다면, 일은 기계가 하고 각 담당자가 이전의 결재자나 점검자의 역할을 맡는 것이라고 볼 수 있습니다. 에이전트들의 에이전트까지 나오게 된다면, 인간 관리자라는 직업은 한때 인류사에 존재했던 직업으로 불리게 될지 모릅니다.

변화에 적응하는 작은 기업에도 큰 기회가 오고 있습니다. 하나의 IT 서비스를 만들기 위해 막대한 인프라 투자가 필요했던 시대는 지나가고, 이제는 몇 명의 창의적인 인력이 전 세계 어디서든 빠르게 연결되어 실험과 실행을 반복할 수 있습니다. 화장품 브랜드 하나를 론칭하기 위해 공장, 물류, 마케팅 조직을 모두 갖추어야 했던 과거와 달리, 이제는 각자의 전문성을 지닌 주체들이 느슨하게 연결되어 작은 투자로도 시장의 반응을 시험할 수 있게 된 것입니다.

중요한 것은 단지 작아지는 것이 아니라, 가벼워지고 있다는 점입니다. 여기서 주의할 점은 가볍기 위해 반드시 작아야 한다는 것은 아닙니다. 경량문명이라는 단어의 '경輕'에 해당하는 '가벼움'은 이동성과 연결의 유연성을 뜻합니다. 부피가 크더라도 밀도가 낮아 가볍게 높이 날 수 있는 새처럼, 필요에 따라 빠르게 뭉치고 흩어질 수 있는, 변화에 즉각 반응할 수 있는 힘, 이것이 경량문명의 조직이 가지는 가장 큰 특징입니다.

경량문명의 또 다른 중요한 특징은, 변화가 특정 소수에게만 선별적으로 오는 것이 아니라 '모두에게 한꺼번에 온다'는 점입니다. 중량문명에서 기술 혁신은 느리게 확산되고, 먼저 접한 누군가의 특권이 되었으며, 그렇기에 파급 효과도 제한적이었습니다. 이제는 혁신도 그 충격도 모두에게 동시에 더 빠르게 옵니다. 기술 혁신이 항상 '선도국가에서 후진국으로, 대기업에서 중소기업으로, 전문가 집단에서 대중으로' 전이되어 오던 과거의 경로와 다르게, 이제는 누구나 거의 동시에 변화의 파도 위에 서게 됩니다.

이 변화에 발맞춰 나가기 위한 전략으로 립프로깅 Leapfrogging, 즉 '개구리 점프'라고 부르는 것이 있습니다. 소수의 실험이 아니라 집단 전체의 점핑, 한 번의 도약으로 단계를 넘어선 혁신이 이루어진다는 전제하에 조직, 기업, 정부가 시도할 수 있는 전략입니다. 하나씩 단계를 밟아나가기보다 새로운 문명에서 처음부터 첨단 기법으로 무장하자는 것입니다. 대표적인 사례가 케냐의 모바일 결제 시스템 엠페사M-Pesa입니다. 케냐는 ATM이나 은행 지점이 넓게 깔리지 않은 상태에서, 휴대폰만으로 모바일 뱅킹 시스템을 구축했습니다. 기존의 발전 단계인 텔레뱅킹이나 PC 온라인 뱅킹을 뛰어넘고, 곧바로 효율적인 경량문명에 도달한 것입니다.

이러한 관점에서 접근한다면, AI 시대에는 사회적 인프라가 부족한 곳이어도 새로운 문명의 도래가 가능합니다. 물리적인 통신망을 가지지 않더라도, 기간 인프라가 부족한 곳에 살고 있어도, 스마트폰을 가진 모두에게 경량문명이 동시에 도착할 것입니다. 모두가 변화의 중심에서 함께 기회를 맞이할 수 있다는 희망의 신호가 발신되고 있습니다. '빠른 추격자(fast follower)'가 아니라, '빠른 전환자(fast changer)'의 시대가 열리기 시작한 것입니다. 경량문명에서는 누구나, 어느 곳에서나 변화의 출발점이 될 수 있습니다.

제2장

경량문명의 양태

경량문명은

가볍기에 효율적인 것뿐 아니라

누구에게나 꿈이 허락될 수 있기에

따뜻한 문명입니다.

에이전트의 등장, 에이전시의 몰락

2024년 아디다스코리아에 대한 공정거래위원회의 조사가 언론에 보도되었습니다.[1] 2022년부터 80%의 국내 대리점 갱신을 거절하거나 해지한 것이 그 이유였다고 합니다. 소비자들의 온라인 구매 비중이 늘어나기에 온라인에 집중하고, 오프라인에서는 본사 직영점을 통해 소비자와 직접 거래하는 방식으로 사업을 재편한 것입니다. 경영 효율을 위한 본사 측의 결정도, 예상치 못한 조치에 피해를 입었다는 대리점 측의 입장도 각기 타당한 면이 있습니다. 그보다 눈여겨볼 부분은, 이전까지는 각 지역의 소비자를 만나며 고객 응대를 위해 대리점 체제로 사업을 영위하는 것이 패션업의 일반적인 사업 방식이었는데, 그 방식의 관행이 깨진 것입니다.

'대리'하거나 '대행'하는 일에 기반한 모든 사업 구조는 변화의 기로 앞에 있습니다. 기술 분야에서 최근 주목받는 키워드는 에이전트 시스템입니다. 에이전트는 판단과 결정을 행동으로 옮기는 대행자입니다. 부동산을 매매하거나 여행을 가기 위해서 항공권과 호텔을 탐색하고 예약해주는 일을 하는 사람들을 우리는 대행인, 대리점, 혹은 에이전시라고 불렀습니다. 너무나 많은 정보가 범람하고 그 세세한 판단을 할 수 있을 만큼의 지식이 없는 이들은 대행인을 통해 본인의 욕망을 해결하는 것입니다.

규모가 있는 아파트 단지 상가마다 자리 잡은 여행사의 대리점이라는 곳은 여전히 많은 곳이 영업 중입니다. 여행지의 포스터를 붙이고 전화와 컴퓨터로 상품을 검색하고 예약을 확정하는 일이 대리점의 주요 업무입니다. 그런데 아고다Agoda와 익스피디아Expedia 같은 글로벌 OTA^Online Travel Agency가 활발히 영업하고 있을 만큼 여행업은 온라인화가 이미 이루어져 있습니다. 뿐만 아니라 미리 정의된 여행 상품이 있다면 여행사별 온라인 사이트를 통해 정보를 충분히 제공하고 대면 방문 없이 계약까지 가능한데도 여행사 대리점이 필요한 이유는 무엇일까요?

굳이 이야기한다면 본사의 운영 직원을 고용하는 리스크를 줄일 수 있고, 사회적으로 네트워크가 활발한 이들과 연계해 상품의 세일즈를 기대할 수 있기에 대리점이라는 체계가 선택된 것인지도 모릅니다. 논리적으로 생각해본다면 이는 대리점을 운영하는 사람의 인건비와 사무실 임차료 및 운영비가 들어가는데도 대리점이라는 제도가 지금껏 존재하는 이유였을 것입니다. 판매의 과정이 온라인만으로 이루어지지 못할 만큼 대면 상담이 필요한 경우, 그리고 그 판매 종결을 위한 필요 프로세스를 소비자가 스스로 해낼 수 없을 만큼 복잡한 경우 대리점의 필요성이 유지될 수 있습니다. 즉 판매 과정에서의 상담과 구매 행위의 단계가 대리점의 역할이라면 그 부분이 AI를 통해 이루어질 수 있다면, 대리점은 곧 사라질 수 있습니다.

상품 정보를 이해하고 소비자에게 전달하는 대고객 커뮤니케이션 과정과, 계약 성립을 위해 필요한 정보를 입력받고 절차를 이수하는 업무 프로세스 처리 과정을 내재화하지 않고 외주화한 것이 대리점 시스템의 요건입니다. 그런데 그 두 과정에서의 업무를 AI 에이전트 모듈로 처리할 수 있다면, 그리고 그 비용이 사람을 고용하는 것에 비해 경제적이라면 대리점이라는 체계는 유지될 수 없음을 이해할 수 있습니다. 고객의 업무에 대한 이해도가 낮고 혁신의 수용성이 높지 않은 이들에게는 사람의 응대가 더 선호될 수 있지만, 가속화되는 AI의 발달 속도로 실시간 소통 가능한 수준의 서비스가 속속 나타나면서, 근원적 비용이 높은 인간 에이전트가 설 자리는 좁아지게 될 것입니다.

에이전시는 삶의 전 분야에서 고르게 분포하고 있습니다. 금융 업무나 공공 업무를 처리하는 분야에서도, 부동산을 구하거나, 광고를 대행하는 일에 이르기까지 수많은 대행인들이 에이전시라는 이름으로 영업하고 있습니다. 여행사(Travel Agency), 부동산 중개업소(Real Estate Agency), 광고대행사(Advertising Agency), 모델/연예인 에이전시(Talent Agency), 보험 대리점(Insurance Agency) 등 수많은 업종에 에이전시라는 단어가 들어가 있습니다.

'에이전시'는 '개인의 판단과 계약을 대신해주는 역할자'로서, 정보가 복잡하고 절차가 많을수록 그 존재 이유가 생깁니다. 그러나 AI가 스스로 판단하고 결정을 내릴 수 있게 되면, 이런 대리 역할은 점차 사라질 것입니다. 앞으로 에이전트 소프트웨어가 발달할수록 에이전시는 힘을 잃게 될 것입니다. 24시간 고객의 응대가 가능하고, 바뀌는 상품 정보에 대한 교육 없이 바로 응대가 가능하며, 금전적 대가를 요구하지 않는 시스템의 도래에 맞서 경쟁할 수 있는 '사람'은 없습니다.

무엇보다 정보의 불균형으로 영업의 경쟁력을 영위해나

가던 업종이 직접적인 타격을 입습니다. 팬데믹을 거치며 재택근무와 비대면 문화의 확산으로 음식 배달이나 택배와 같은 플랫폼 노동이 많은 이들에게 새로운 일자리를 만들어주었습니다. 주업이나 부업으로 플랫폼을 통해 새로운 소득을 일으킨 이들에게는 종합소득세 정산의 의무가 따라옵니다. 소득이 높지 않은 사람들은 정산을 통해 이미 낸 세금의 환급을 신청할 수도 있으니 눈여겨보아야 합니다. 사업소득이 있는 이들은 세무 대리인의 도움을 받아 신고와 납부 업무를 처리하겠지만, 파트타임으로 긱 이코노미에 참여한 사람들이 세무 대리인을 고용하는 비용은 투자 대비 효과가 없을 수 있습니다. 환급액이 몇만 원에 불과한데 세무 대리인을 고용하는 비용이 수십만 원에 이를 수 있기 때문입니다. 이 틈을 파고든 회사가 '삼쩜삼'이라는 서비스를 제공하는 기업입니다. 그들은 납세자로부터 주민등록번호를 위탁받아 환급액이 있는지 국세청을 통해 확인하고 청구를 대신 해주는 서비스를 2020년에 재빨리 출시했습니다. 그 비용 또한 환급액의 일부만 청구하고 만약 환급액이 없다면 청구하지 않는 가격 정책으로 고객들을 설득했습니다. 고객 입장에서는 하지 않을 이유가 없는 서비스로 인식되어 출시 3년 만에 300만 명이 넘는 사용자를 얻을 수 있었음을 《시대예보:

호명사회》에서 소개했습니다.

여기까지 보면 혁신이 새로운 기회를 만들어낸 아름다운 사례로 볼 수 있습니다. 하지만 2025년에 국세청의 홈택스가 종합소득세 환급 서비스를 무료로 출시하며 삼점삼의 유료 서비스는 설 자리를 잃게 되었습니다. 불과 5년 만에 세무 분야 전문가의 업무에서 민간 기업의 저렴한 SaaS 서비스를 거쳐 공적 기관의 무료 서비스로 바뀌게 된 것입니다. 사업소득, 종합소득세, 환급 등 전문가의 눈으로 보면 그리 어렵지 않은 용어도 일반인의 눈에는 낯설기만 합니다. 이러한 용어와 절차에 대해 손쉽게 처리할 수 있도록 도와주는 서비스들이 우리 삶의 다양한 분야에서 속속 개발되고 있습니다.

여기서 가장 큰 교훈은 누군가가 가치를 만들어나간다면, 그리고 그 가치가 큰 규모로 성장한다면 곧 그 자리에 또 다른 이가 도전해온다는 것입니다. 그리고 도전자가 AI 기반으로 운영의 경비가 현저히 적은 시스템이라면 부가가치는 급속히 와해된다는 사실을 다시 한번 확인할 수 있습니다. 그렇다면 새로운 일을 시작하는 이들은 살아남기 위해 두 가지의 전략이 가능합니다. 첫 번째는 시장의 크기를 키우지 않는 것, 그리고 두 번째는 시스템이 할 수 없는 일을 선택하는 것입니다.

은행의 업무에서 미용실의 예약을 거쳐 식당의 POS 시스템에 이르기까지 수많은 업무들이 체계화와 정보화의 길을 걸어왔습니다. 이러한 시스템들은 지금껏 해당 분야의 전문가가 자신의 지식과 경험으로 대행해주던 일들을 사용자 스스로 할 수 있도록 길잡이가 되어주었습니다. 이제는 정보의 축적과 활용을 위해 개발된 규칙들이 에이전트 시스템과 결합되면서 사용자가 직접 이해하고 입력하던 기존의 방식이 유효하지 않게 됩니다. 직관적인 사용법과 자동화된 처리가 결합된 이 시스템은 지식 기반 대행업을 무력화시키고 있습니다.

살면서 자주 만나지 않는 법률 문제를 상의하기 위해 법무사나 변호사를 찾아가기는 어렵습니다. 이럴 때 찾는 행정과 법률 서식을 모아서 유료로 공급해주는 플랫폼이 필요한 시절도 있었습니다. 그 시절에는 간단한 업무를 처리하기 위해 서식을 검색해 직접 해결을 시도해보았다면, 이제는 AI의 도움으로 각자 서식을 완성할 수 있습니다. 이처럼 지금까지 스스로 작성하기 어려워서 소비자들 사이에 공유되지 못하던 지식 산업에서 새로운 기회가 생성되고 있습니다. 사업자들 사이의 묵계는 자신의 시장을 보호하기 위한 금기를 철저히 지키는 것입니다. 이제 그 실행의 주체에 인간 사업자 뿐만이 아닌 인공지능까지 추가되며 많은 시장의 카르텔에 동시에 균열이 나기 시작한 것입니다.

최근 업계에서는 AI 활용을 전제로 대규모 인력 감축에 나서는 움직임이 관측됩니다. 많은 이사회가 CEO에게 전체 인건비의 20%를 감축하고 이를 AI로 대체하라고 압박하고 있다고 합니다.[2] 그리고 이는 한국의 기업들에서도 예외는 아닙니다. 최근 만난 한 대기업은 AI의 도입으로 전체 외주의 30%를 줄이겠다는 야심 찬 계획을 공유했습니다. 앞으로는 수많은 기업들이 대행업자들에게 지불하던 비용을 절감하고, 조직 내에서 해당 업무를 내재화해 직접 수행하는 방식으로 변화할 것입니다. 그렇다면 기존의 에이전시가 사라졌을 때 업무가 바로 원활히 진행될 수 있을지, 그리고 절감한 비용이 고스란히 이익으로 돌아올 수 있을지 고민해보아야 합니다.

통상 업무를 대행해주는 에이전시의 일은 단순히 부탁받은 일을 해내는 실행자에만 머무르지 않습니다. 특히 장기간 고객과 함께 발맞춰온 에이전시의 경우 업무에 대한 축적된 경험과 해박한 이해로 무장하고 있습니다. 이에 반해 순환보직으로 부서를 옮기는 고객사의 담당자는 자신이 이

번에 새롭게 맡은 업무에 아직 익숙하지 않은 경우도 왕왕 존재합니다. 이럴 때 업무의 리드를 에이전시가 맡는 경우도 많습니다.

뿐만 아니라 에이전시는 추가적인 영업을 위해 새로운 업계의 트렌드를 고객사에 제공하고 이에 맞는 사업을 먼저 제안하기도 합니다. 업계에서 관록을 쌓은 에이전시는 이처럼 시장을 탐색하고 솔루션을 제공하며 고객사와 함께 성장합니다. 이러한 경우 고객사는 자기 업무의 일정 부분을 에이전시와 함께 해나가는 파트너십의 관계로 보아야 합니다. 지금까지 일부 중량문명의 기업은 에이전시에게 행위를 위탁한 것뿐 아니라 사고와 기획까지 위임하며 그 비용까지 지불하는 대가에 관행처럼 숨겨놓곤 했습니다.

이러한 공생 관계에서 에이전시가 갑자기 사라지면 고객사의 업무 처리에도 공백이 생길 수 있습니다. 신사업 기획의 아이디어나 심지어 제안요청서까지도 에이전시에서 정보를 얻어 작성하는 관행이 아직도 적지 않음을 이해한다면 에이전시가 사라지는 경량문명으로 이전하기 위한 전환비용이 적지 않음을 유추할 수 있습니다.

따라서 경량문명을 준비하고자 하는 기업은 에이전시의 공백을 메꾸기 위해 조직의 체계적 내재화를 빠르게 준비할 것입니다. 업무를 부탁하는 자를 흔히 '갑'으로, 업무를 대행하는 자를 '을'로 부르던 관행은 지금도 우리 사회에서 사라지지 않고 있습니다. 무리한 부탁을 하는 이를 비난하는 표현을 '갑질'이라 할 만큼 대행의 환경은 척박했습니다. 그만큼 깊은 서비스가 일상화되면서 어느덧 '갑'은 자칫 자신의 업무수행력의 날카로움이 무뎌질 수 있는 관성에 빠지기 십상입니다. 가만히 있어도 에이전시가 새로운 것을 알려주고, 대충 이야기해도 찰떡같이 알아듣고 대안을 만들어오기에 손으로 하던 일을 어느덧 입으로 하기 시작합니다.

국내 한 대기업의 광고 담당자가 에이전시가 준비해온 시안을 몇 번이고 퇴짜 놓자, 끝없는 수정 작업에 지친 에이전시 담당자가 30개가 넘은 시안을 들고 와서 광고 담당자에게 던지고 잠적했다는 이야기는 갑질의 전설로 업계에 남아 있습니다. 유튜버 '정서불안 김햄찌'의 표현처럼 '샤~'한 것을 '빵!'하고 감동 있게 알아서 해달라는 이야기를 아무렇지 않게 하는 '갑' 회사의 광고 담당자는 나의 업무를 그에게 전가하는 사람과 별반 다르지 않습니다. 이러한 행위를 '업체 관리'라고 하며 자신이 직접 일한 것처럼 착각하는 현업의 담당자가 막상 사내 행정 업무와 서류 처리에 자신의 자원을 가장 많이 쓰는 불합리한 일이 벌어지기도 합니다.

그렇다면 경량문명에서 조직 내의 프로세스 변화도 눈여겨보아야 합니다. 사업 하나를 외주 작업 하기 위해 필요한 단계는 조직의 규모가 커질수록 계속 분화하기 마련입니다. 시장 조사를 위해 외부 리서치 업체에 보고서를 부탁하는 경우를 상정해보겠습니다. 먼저 리서치 보고서의 범위를 정하기 위해 업무를 정의하고 이에 맞는 예산 할당을 위해 투자 심의를 받습니다. 그다음 업체 선정을 위한 제안요청서를 작성합니다. 제안요청서를 받은 업체들은 제안서를 작성하고 필요 시 제안발표회를 진행합니다. 심사 후 선정 업체에 협상과 계약의 프로세스가 따라옵니다. 업무를 진행하면서 중간 점검, 그리고 진척도에 따른 검수와 중도금 지급의 행정 절차가 필수적입니다. 결과를 수령한 후 보고회를 마치면 다시 검수 절차에 들어갑니다. 검수 후 청구서 수령과 대금 지급까지 한 후에도 안심할 수 없습니다. 사내 감사가 추후에도 따라올 수 있기 때문입니다. 이처럼 간단한 업무에도 10여 단계가 내부적으로 일어나고, 그 단계마다 서류 처리와 결재라는 행위가 수반됩니다. 기업의 규모가 커질수록 관리의 지점이 늘어나기 마련이라 협의해야 할 부서도 계속 늘어나게 됩니다. 이러한 불합리는 비용을 증가시키고 시간 지연을 만들어냅니다. 그리고 사내의 업무가 복잡해질수록 합의와 논의를 위해 몇 번이고 내부를 설득하고 서류를 고치는 일을 해야 하니 새로운 기획과 사업을 시도하고자 하는 욕구가 위축됩니다.

최근 생성형 AI가 늘어나며 네 컷 만화를 쉽게 만들 수 있는 기능이 추가되었습니다. 많은 이들이 이 기능을 시험하며 만든 결과를 인터넷에 공유했는데 그중 눈에 띈 것은 공사 현장의 안전 고지 만화였습니다. 현장에서는 보안경을 착용하고 차량 이동 시에는 2미터의 간격을 꼭 지키라는 내용으로, 귀여운 고양이가 주인공으로 나와서 안전 수칙을 설명하는 내용이었습니다. 흥미로운 지점은 이 만화를 만든 이가 외국계 기업의 현장 안전 관리자였다는 것입니다.[3] 예전이었다면 이런 만화는 외주 업체가 만들었을 것입니다만, 이제 담당자가 직접 손쉽게 만드는 세상이 온 것입니다.

이제 외주는 사라지고, 시스템과 협력하는 개인이 스스로 일합니다. 이러한 급속한 변화 속에서 남에게 일을 시키기만 하던 사람은 설 자리를 잃게 됩니다. 경량문명에서는 담당자들이 업무의 중심으로 올라서며, 자신의 일을 스스로 하는 태도가 모든 직장인의 덕목으로 자리 잡을 것입니다.

미디어 산업의 변화 - 매스의 종언, 각자의 팬덤

　방송통신위원회라는 정부 부처의 출현은 미디어 산업의 변화를 보여주는 사례입니다. 예전의 방송은 주파수를 할당받은 사업자가, 허가권자가 정한 기준과 형식으로 콘텐츠를 만들어 공중파를 통해 대중에게 송출하던 시스템이었습니다. 하지만 이제는 플랫폼을 통해 콘텐츠가 제공되는 방식으로 변화해 시청자는 원할 때마다 보고 싶은 영상을 볼 수 있는 식으로 변모했습니다. 전달의 매질이 데이터망으로 이루어지며 '방송'은 '콘텐츠 플랫폼' 위에 만들어지게 되었습니다. 이런 변화를 수용하고자 정부의 기구 또한 발 빠르게 적응하고 있는 것입니다.

　전 세계에서 가장 큰 동영상 플랫폼인 유튜브가 서비스를 시작한 지 벌써 20년이 넘었습니다. 종합편성채널도 없이 공중파 3사 위주로 콘텐츠가 소비되던 시절에는 공중파 채널에 누군가가 나온다면 전 국민적 인지도를 확보할 수 있었습니다. 하지만 이제는 유튜브에만 6,500만 개가 넘는 채널이 만들어지며 더 이상 모두에게 '같은 것을 보게' 할 수 없습니다.[4] 오히려 기존의 방송 제작진과 스튜디오들이 전 세계적인 OTT 플랫폼으로 대거 이동하는 일도 심심치 않게 보이고 있습니다.

뿐만 아니라 지상파 방송국에서 커리어를 만들어오던 이들 중에서 새로운 플랫폼의 콘텐츠 제작자로 변신하는 사례도 꾸준히 나타나고 있습니다. 최근에는 새로운 유튜버를 발굴해내는 것이 아닌, 기존의 연예인들이 주인공이 되는 유튜브 채널을 다수 성공시키는 사례들이 나타나고 있습니다. 이와 같은 신진 채널의 영상 제작 방식은, 광고와 제작이 분리되어 있던 예전 공중파의 시스템과 상당히 다른 방식입니다. 이전 공중파 방송의 경우 본편의 콘텐츠와 광고는 철저히 분리되어 있었습니다. PPL의 경우에도 규제 속에서 직접적인 언급은 자제하고 상품을 노출시키는 정도의 표현으로 처리했습니다. 하지만 새로운 방식은 PPL이나 제작 지원의 메시지가 콘텐츠 안으로 직접 삽입되거나 상품의 사용 장면을 그대로 노출하기도 합니다.

새로운 구조 속에서는 제작진과 출연진, 그리고 광고주가 바로 연결되기에 전체 제작의 부대비용이 절감됩니다. 결국 기존의 방송 시스템 제작 구조인 '방송국-방송광고공사-미디어랩-광고대행사-광고주'의 긴 밸류체인이 단축되며 참여한 이들이 더 많은 이윤을 나눌 수 있는 구조를 만든 것입니다. 제작에 드는 품 또한 기존 공중파의 문법을 따르지 않습니다. 기획에서 연출, 촬영과 편집의 긴 파이프라인마다 전문가가 나뉘어 있던 공중파 시스템은 예능 한 편에 투입되는 인원이 수십 명에 이를 정도로 큰 규모를 전제로 했습니다. 반면 유튜브 제작 스튜디오는 작가와 PD가 촬영 감독과 함께 움직이며 때로는 함께 출연하고 날 것 그대로 편집하는 등 경량화된 제작 방식을 보여줍니다. 시청자들은 이들의 스타일에 반응하며 새로운 문법의 참신함에 매료되고 있습니다.

몇몇 유튜브 채널의 제작 방식은 심지어 기존의 방식과 완전히 다른 양상을 보여줍니다. 유튜버 '정서불안 김햄찌'는 생성형 AI로 만들어낸 가상 캐릭터입니다. 직장인의 애환을 1분 내외의 동영상으로 만들어낸 그의 재치에 불과 몇 달 만에 수십만 명의 구독자가 공감의 댓글을 더하고 있습니다. 뿐만 아니라 '인생 녹음 중' 채널은 부부간의 자동차 속 녹음을 간단한 애니메이션으로 풀어낸 콘텐츠로 100만이 넘는 구독자를 모았습니다. AI를 활용한 영상 생성과 일상 녹음에 삽화를 덧붙인 제작, 앞서 언급한 두 채널 모두 출연자의 얼굴을 보여주지 않고 경량문명의 형식으로 만들어낸 결과들입니다. 사람이 출연하고, 촬영 장비와 편집팀이 동원된 예능 콘텐츠로 유튜브 10만, 100만 구독자를 달성하는 일이 얼마나 쉽지 않은 일인지 돌이켜보면, 전환의 파급력이 더 생생하게 다가옵니다.

여기에 디지털화와 지능화의 도움이 추가됩니다. 공중파 방송인에서 유튜버로 온전한 전환에 성공한 노홍철 님의 경험이 좋은 사례입니다. 유튜브를 통해 독자적 팬덤을 구축한 그는 최근 새로운 형태의 광고 출연 요청을 받았다고 합니다. 흥미로운 것은 광고를 청한 측이, 페이스북Facebook과 인스타그램Instagram을 운영하는 메타Meta였다는 것입니다. 전통적인 광고 집행에서는 미디어랩에서 매체별로 예산을 할당하고, 광고대행사를 통해 계약을 수행하고 광고 제작사가 광고를 만듭니다. 최종적으로 미디어에서 광고가 집행된 후 정산의 과정을 거치는 것이 그간의 관례입니다. 그런데 메타가 광고 출연 요청을 했다는 것은 굳이 비유하자면 방송국이 광고 출연 요청을 했다는 이야기나 마찬가지로, 이전과 다른 일입니다. 노홍철 님이 받은 기획은 매체인 메타가 직접 제작과 집행까지 일괄로 처리하는 방식이었다고 합니다. 미디어랩과 광고대행사를 모두 제외하고 방송국과 같은 플랫폼과 광고 모델이 직접 협업하는 새로운 방식이 시장에 나타난 것입니다.

뿐만 아니라 제작 과정 역시 기술의 도움으로 축약되었다는 것이 흥미로운 지점입니다. 광고 촬영 과정에서 노홍철 님은 통상의 촬영 시간보다 짧은 시간 안에 촬영을 마치고, 나머지는 부분 대역 모델과 AI 생성본으로 얼굴을 합성하는 식으로 처리했다고 합니다. CG 작업에 능숙한 핵개인 작업자가 전체 공정을 빠르고 수월하게 처리하기 위해, 광고를 제작하는 측의 제안과 협의를 거쳐 합성한 것이라고 합니다.

소셜미디어 매체의 특성상 5~6인치의 스마트폰으로 보는 광고는 극장의 대형 스크린만큼의 정교함을 요구하지 않습니다. 뿐만 아니라 날이 갈수록 발전하는 생성형 AI 제작물의 미려함은 예전 특수효과를 전담하던 스튜디오의 능력을 넘보기 시작했습니다. 미래에는 촬영을 아예 하지 않고 영상의 등장인물이 자신의 초상권만 허락하는 식으로 전개될 수도 있습니다. 자신의 지적 자산을 판매하는 저작권과 같이 초상권을 사용할 날이 머지않았습니다.

소비자의 숫자가 급격히 줄고 수요가 감소한다면 공급자는 매출 증대를 꾀하기보다 구조화를 통해 이익 증대를 추구합니다. 저출생으로 전체 경제활동인구가 급격히 늘지 않고 저성장으로 소비가 활발히 증가하지 않는 사회이기 때문입니다. 시장이 한계에 다다르면 공급자는 구성원의 숫자를 줄이는 것으로 생존을 대비합니다. 미디어 광고 시장에서도 매체가 광고주와 직접 거래하는 방식으로 기존 시장 참여자와 몫을 나누지 않으려는 시도가 나오고 있습니다. 이역시 단계가 압축된 경량문명의 사례가 됩니다.

이러한 압축된 세계에서 자생적으로 창작을 시작한 새로운 세대들은 새로운 경제 시스템을 만들어나가기도 합니다. 10대인 도반 H는 자신만의 음악을 만들고 전 세계의 사용자들과 교류하고 있습니다. 마인크래프트Minecraft와 로블록스Roblox 게임의 세계에서 많은 시간을 보낸 그는 음악과 디자인에 관심을 가지고 창작 활동을 해왔다고 합니다. 로블록스라는 오픈 월드 형식의 게임 속에서 자신이 디자인한 아이템을 판매해 게임 속 통화인 로벅스를 얻거나, 게임 서버의 운영자로서 활동하기도 한 그는 가상 경제 시스템의 네이티브 참여자로 자랐습니다. 도반 H는 자신이 만든 음악을 유튜브에 게시해 전 세계 구독자로부터 응원을 받은 후, 음악 스트리밍 서비스 스포티파이Spotify에 정식 음원을 업로드해 글로벌 팬들을 얻었습니다. 그는 글로벌 결제 서비스 페이팔Paypal로 외화를 벌고 있습니다. 도반 H에게 국경과 같은 기존의 한계는 더 이상 존재하지 않습니다. 이 모든 과정은 중량문명의 정규 교육 과정이 아닌, 경량문명의 자발적 적응의 단계를 거쳐 이뤄낸 것입니다. 세상의 규칙과 시스템이 기존의 직업을 갖도록 돕는 것이 아니라, 스스로 자신의 업을 만들어나가도록 돕는 것이 경량문명 세상의 가장 큰 변화입니다.

지금의 세상은 디지털 저작이 아카이브를 이루고, 그 창작자들은 디스코드Discord와 같은 소통 채널을 통해 교류하며, 유튜브와 스포티파이라는 플랫폼을 거쳐, 서로의 소셜 프레즌스를 형성하고 있습니다. 여기서 중요한 것은 모든 과정이 자연스럽게 영어로 이루어지고 공감의 소통이 '밈meme'으로 이루어진다는 것입니다. 가벼운 창작이 가능해진 경량문명에서는 그들의 작품 자체가 바로 소통의 수단이 됩니다.

K팝의 아이돌 산업은 대규모의 투자가 선행되어야 하기에 큰 재무적 성과를 전제로 했습니다. 신규 아이돌 그룹 제작은 수년에 이르는 트레이닝과 여러 전문가의 도움이 필수적이었기에, 100억 원 단위의 성과도 실패로 간주할 만큼 하이 리스크-하이 리턴의 투자와 같았습니다. 그렇기에 대중의

눈높이에 맞추어 성공할 정도로 제작되는 팀의 수도 한정적일 수밖에 없습니다. 하지만 도반 H의 경우를 생각해본다면 누구나 가볍게 자신의 스타일대로 작업한 결과를 세상에 공개할 수 있습니다. 그리고 그가 자신의 작품을 만들어나가는 것으로 예술적 성취를 추구한다면, 경제적 성취는 그가 삶을 영위하고 유지해나갈 수 있는 정도면 충분합니다. 거대한 재무적 성취를 이뤄야만 하는 무거운 투자를 전제하지 않기에, 누구나 아티스트가 되어 자신의 작품을 세상에 공개하고, 적절한 규모의 팬덤만으로도 삶을 영위해 나갈 수 있는 세상이 허락된 것입니다. 경량문명은 가볍기에 효율적인 것뿐 아니라 누구에게나 꿈이 허락될 수 있기에 따뜻한 문명입니다.

2025년 3월 송소희 님이 발표한 노래는 많은 이들에게 감명을 주었습니다. 국악 영재 교육 과정을 밟아온 그가 만들어낸 곡은 전통 국악이 아닌 자신만의 장르였습니다. 무엇보다 그 제작의 방식이 주목해볼 만합니다. 대형 제작사에서 큰 비용을 들여 정규 앨범을 만들고 홍보한 것이 아니라, 자신의 동료들과 라이브로 녹음해 유튜브에 올린 미발매곡 〈낫 어 드림Not a dream〉에 1,500만 뷰가 넘는 호응이 석 달도 안 되어 쏟아졌습니다. 이제 큰 규모의 투자가 필요 없는 유튜브 클립 하나가 1,000만 명의 사랑을 받을 만큼 우리의 문명은 빠르고 경량인 동시에 너그러워진 것입니다.

송소희 님의 사례에서 중요한 발견 두 가지를 얻을 수 있습니다. 첫 번째는 그가 만든 음악이 지금까지의 어떤 것과도 달랐다는 사실입니다. 자신만의 것을 자신만의 색으로 만들어낸 작품에서 송소희 님은 자기다움을 멋지게 증명해 냈습니다. 국악 영재의 연속성과 과거 유산의 재생산이 아닌, 자신만의 독창적 작품 세계를 만들어낸 것입니다. 투자사도 그리고 그 배후에 있는 기획사도 아닌 송소희 님 자신만이 또렷하게 대중에게 각인됩니다. 큰 비용을 들여 형식적 외양을 갖추지 않더라도 사람들은 아티스트의 자기다움을 알아보고 그 의지에 공명하며 찬사를 보냅니다.

두 번째는 노래를 부르는 그의 얼굴에서 행복감을 느꼈다는 댓글들이 넘쳐난 것입니다. 어릴 적부터 영재라 불리며 수많은 방송과 주변에서 주목받은 그는 어떤 인터뷰에서 힘들기도 했던 어린 시절에 대해 언급한 적이 있습니다. 하지만 지금 그의 모습에서는 정해진 길을 가야 한다는 압력을 받으며 성장했던 청소년기를 거쳐, 이제는 자신만의 음악으로 홀로 섬의 단단한 지지대를 찾은 완연한 아티스트의 모습을 볼 수 있습니다. 스스로의 길을 걸어가는 주체적 자아의 행복감이 얼굴의 미소로 자연스레 표출되는 동영상에 사람들은 더욱 열광했습니다.

저의 책《그냥 하지 말라》에서 오직 살아남을 '콘텐츠 크리에이터'와 '플랫폼 프로바이더', 그리고 그 사이에 있는 팬덤에 의해 형성되는 '직거래'에 대해 언급한 적이 있습니다. 무엇보다 창작자의 의지와 자아 자체를 응원하는 팬들은 자신이 응원하는 크리에이터가 송출하는 광고와 브랜디드 콘텐츠에도 관대합니다. 오히려 '당신이 돈을 많이 벌어 더 행복했으면 좋겠다'는 직접적인 응원도 자주 눈에 띕니다. 앞서 소개한 '정서불안 김햄찌'의 사례, '인생 녹음 중', 심지어 주류 방송인이었다가 유튜브 채널로 팬덤과 소통하는 노홍철 님의 사례에서까지, 영상 댓글에서 공통적으로 관찰되는 현상입니다. 이렇듯 창작자와 팬덤이 직접 소통하는 구조에, 이제는 제작 방식의 경량화와 광고 송출 방식의 변화라는 변수까지 더해지면서, 더욱이 방송국과 미디어랩 중심의 광고 산업은 그 영향력을 유지하기 어렵게 되는 듯합니다.

TV 시청 시간이 줄고 모바일 시청 시간이 그 자리를 채우는 시기를 넘어, 이제는 모바일 중심 플랫폼들이 역으로 공동 공간에서의 TV 시청이라는 물리적인 경험으로까지 침

이제 아름다움과 아름다움이

다투는 시대가 옵니다.

심미성은 충분조건이 아닌

필요조건인 시대입니다.

투하는 양상이 관찰됩니다. 2010년대 스마트TV의 도전과 IPTV 셋톱 박스 시도는 한 번 주춤했던 시기도 겪었지만, TV라는 큰 화면이 주는 시청 경험에 대한 소비자의 니즈는 사라지지 않았습니다. 2020년대 들어 OTT 서비스의 약진과, 무엇보다 '유튜브 영상을 TV로 보는' 경험이 늘어나면서 기기로서의 TV는 새로운 전환기를 맞이하는 동시에 콘텐츠로서의 방송국은 더욱이 그 지위를 위협받고 있습니다.[5] 해외 매체 〈디인포메이션The Information〉은 2025년 미국에서 전체 유튜브 시청 시간의 40%가 넘는 시청이 TV를 통해 이뤄진다고 분석했습니다. 특히 65세 이상 중장년이 TV로 유튜브를 보는 시간이 최근 가파르게 상승했다고 합니다.[6]

이제는 TV 위에 유튜브를 타고 6,500만 개의 방송국이 계속 새로운 콘텐츠를 쏟아내는 셈입니다. '매스의 종언, 그리고 각자의 팬덤'은 제가 수년째 강연과 책에서 다루던 주제입니다. 이제 영상의 제작, 편집뿐 아니라 자막, 더빙까지 AI 활용이 기본값이 됩니다. 한국의 유튜브 채널들은 AI의 도움으로 전 세계 수억 명의 잠재적 시청자와 만날 수 있게 되었다는 가능성과 동시에, 역으로 전 세계의 채널들과 시청자를 두고 조회 수 경쟁을 해야 할 상황에 놓이게 되었습니다. 이런 상황에서 특히나 미디어 산업에서는 제작과 운영의 경량화가 생존과 확산을 위한 필수 요건일 수밖에 없습니다.

여전히 블록버스터급의 대형 OTT 오리지널 시리즈와 큰 투자를 감행하는 영화 시리즈 등은 고유 IP를 바탕으로 영향력을 유지하겠지만, 시청자들의 일상적 시청 시간을 채우는 예능이나 교양은, AI와 협업하며 감칠맛 나는 영상을 빠르게 쉴 새 없이 뽑아내는 10대 크리에이터 1인 스튜디오와 경쟁해야 할 수 있기 때문입니다. 심지어 그 10대가 미국 출신이 될지, 인도네시아 출신이 될지 아무도 모릅니다.

한 가지 다행인 점은 우리가 발 딛고 살아가고 있는 대한민국이 음악, 뷰티, 푸드 그리고 몇 개의 콘텐츠 영역에서 타국이 선망하는 K의 우위를 꾸준히 유지하고 있다는 점입니다. 하지만 AI를 만난 크리에이터가 만들어내는 변혁이 시사하는 바는, 결국 빠르고 기민하게 움직이지 않고는 시청자들의 시간과 마음을 뺏어오는 경쟁에서 쉽게 도태될 수밖에 없다는 점입니다.

자신만의 관점이나 지지 기반 없이 시류를 쫓는 콘텐츠는 계속해서 무한 경쟁에 놓이기만 할 것입니다. 반면 크리에이터를 꿈꾸고 있거나, 기성 매체에서의 경험과 노하우를 갖고 새로운 시도를 해보려고 하는 혁신가라면, 그 어떤 때보다 큰 기회의 시장을 맞이하는 것일 수도 있습니다. 제작자도 그리고 시청자도 이제는 모두 홀로 서서 스스로의 삶을 살아가는 핵개인이 됩니다. 핵개인들은 각자의 조예와 취향으로 소통하고, 그 공감 속에 연대를 형성합니다. 모두가 가볍고도 단단한 날개를 지니게 되는 경량문명 위에서 바람의 흐름을 읽는 빠른 적응이 새로운 기회가 될 수 있다는 축복은, 기존에 네트워크를 갖고 있던 제작사에든 이제 막 시작하는 10대에게든 공평하게 찾아올 것입니다.

경량문명 시대의 브랜드
- 아름다움과 아름다움의 경쟁

1980년대 아이들에게 가장 큰 선물은 일본에서 온 합체 로봇 장난감이었습니다. 관절이 부드럽게 움직이는 금속 재질 로봇은 팔과 다리가 분리되어 각기 자동차와 비행기로 변신했습니다. 경제 시스템에 대한 이해가 없는 어린이라도 색상과 질감이 장난감이라고 하기에 지나치게 뛰어난 물건을 바라보며, 그 시절 한국과 일본 사이의 격차를 느꼈습니다. 청년들에게는 소니Sony의 워크맨이 같은 감동을 안겨주었고 미국의 소비자들에게는 혼다Honda와 토요타Toyota가 충격을 가져다주었습니다. CMFColor, Material, Finish라고 하는 단어는 색상과 재질, 마감의 완성도를 가리키는 산업계 용어입니다. 품질과 내구성에만 머무르는 것이 아니라 질감과 마무리, 전체의 비례와 조화에 이르기까지 섬세한 미적 감각은 상품성을 극대화시켰습니다.

프랑스의 명품 패션 브랜드와 이탈리아의 장인이 완성

해낸 가구에 이르기까지 필수재를 지위재로 올리는 가장 주요한 요소는 심미적 완성도입니다. 보는 것만으로도 품격의 차이를 느끼게 만드는 차별성으로 원가의 몇 배에 달하는 판매가를 지정하고 심지어 구매 대기 줄을 매장 밖으로 늘어서게 만드는 힘은 일부 국가의 제한된 공급자만이 보유할 수 있는 역량이었습니다. 무엇보다 이를 만들어낼 수 있는 바탕에는 문화적 소양, 경험 자본의 보유, 그리고 국가나 브랜드가 보유하고 있는 누적된 신뢰의 크기가 있습니다. 그렇기에 전 세계 부유한 이들과 그들을 선망하는 이들이 만든 시장을 소수가 독점해온 것입니다. 그런데 이러한 몇몇 국가나 브랜드가 지닌 독점적 권력에도 균열의 조짐이 보이고 있습니다. 미적 가치의 상품화, 그리고 브랜드 영역에서 권력의 재편성이 일어나고 있는 것입니다.

첫째로 생산 노하우가 세계적 협업의 과정에서 전파되거나 유출되고 있습니다. 팬데믹 이후 패권주의로 보호무역의 사조가 퍼져나가며 소비가 위축되자, 기존 명품 업체가 생산하던 물량이 줄어드는 현상이 발생했습니다. 심지어 발주 후 인수되지 않은 재고를 보유한 공급자들까지 생기게 되자, 그간 익명으로 물건을 만들어오던 생산자들은 이들의 생산 단가를 인터넷에 공개하는 해프닝이 발생했습니다. 중국의 일부 제조 업체들은 숏폼 영상 플랫폼을 통해 명품 제품의 제조 원가를 공개하는 영상을 게시했습니다. 예를 들어, 에르메스Hermès의 버킨백이 중국 공장에서 약 1,395달러에 제조되지만, 실제 판매가는 3만 8,000달러에 달한다는 내용이 공개되었습니다. 이러한 영상은 수백만 건의 조회수를 기록하며 큰 관심을 받고 있습니다.[7] 또 디올Dior의 한 하청 업체가 53유로에 가방을 제작해 디올에 납품한 가방이 매장에서 2,600유로로 판매된다는 것이 알려졌습니다.[8]

물론 외주 제작비가 꼭 상품의 가격을 산정하는 근거가 되는 것은 아닙니다. 하지만 판매가 대비 원가의 비중이 다른 산업 분야에 비해 현저히 낮다는 것이 알려지며 가격의 신뢰에 대한 부정적 인식이 퍼져나갔습니다. 뿐만 아니라 하청이라는 말로 폄하되던 외주 업체의 기술력이 결코 낮지 않음을 확인할 수 있는 수많은 사례가 공유됨으로써, 제조국이 향후 브랜드 산업으로 발돋움할 수 있다는 인식을 소비자들에게 남기게 되었습니다.

브랜드 영역 권력 재편성의 두 번째 조짐은, 디자인 협업을 통해 생산 결과물의 미적 수준이 상향 평준화되는 현상에서 오고 있습니다. 중국의 가전제품 브랜드들은 유럽의 디자인 연구소, 해외 디자인 전문 회사와의 협업을 통해

디자인 혁신을 꾸준히 이뤄왔습니다. 중국 기업들이 거대한 시장과 자본을 바탕으로 유럽의 미적 감각을 '사 오는' 것과 같은 일이 일어납니다. 하이얼Haier은 2019년 이탈리아의 캔디Candy 그룹을 인수하며 유럽의 세련된 디자인 감각을 자사의 제품 DNA에 녹여냈습니다. 캔디의 이탈리아식 디자인 언어는 하이얼에게 더 넓은 글로벌 무대에 서는 토대를 만들어주었습니다. 또한 하이얼은 밀라노에 자리 잡은 디자인 센터에서 유럽 시장의 취향을 깊이 이해하고, IoT 기술과 디자인을 결합해 자사 제품을 한층 더 정교하게 다듬어가고 있다고 합니다.

역시 중국의 가전 브랜드인 호마Homa는 이탈리아의 디자인 전문기업 스튜디오 볼피Studio Volpi와 긴밀한 협업을 통해, OEM 제조 중심의 회사에서 글로벌 브랜드로의 도약을 구상했다고 합니다. 중국 근대 개화기의 중체서용中體西用이 그러했듯, 선진 역량의 수용은 더 나은 미래를 향한 길을 열어줍니다.

이렇듯 중국의 가전 브랜드들은 지금, 세계와의 협력을 통해 디자인이라는 새로운 언어로 더욱 깊이 세계 속으로 들어가고 있습니다. 더 앞선 분야의 기술과 자원을 적극적으로 수용하는 전략을 통해 부가가치를 올릴 뿐 아니라 역량의 내재화를 꾸준히 추구하는 것입니다.

현재 중국 기업을 지탱하고 있는 핵심 인력들은 글로벌 시각을 충분히 갖고 있는 이들입니다. 미국으로 유학을 가거나 취업한 중국인의 수가 늘어난 것은 1980년대부터입니다. 더욱 주목할 점은 이들 중 상당수가 중국으로 돌아와 산업 발전에 핵심적 역할을 하고 있다는 것입니다. 2017년 48만 900명이라는 기록적인 숫자의 중국 학생이 해외 유학을 마치고 귀국했습니다.9 이들은 해외에서 축적한 경험과 네트워크를 바탕으로 중국의 기술 기업들이 발전하는 데에 크게 기여했습니다. 중국 브랜드의 미적 수준에 대한 발전 역시 마찬가지라고 볼 수 있습니다.

마지막으로 정보 플랫폼과 AI 기술이 심미성에 관련된 영역에서도 대륙 간 격차를 급격히 줄이고 있습니다. 핀터레스트Pinterest와 인스타그램으로 대표되는 사진 공유 플랫폼은 전 세계의 아름다움을 모아 전시하는 역할을 톡톡히 해냈습니다. 고화질 카메라의 꾸준한 발전과 모바일 네트워크의 고속화가 더해지며, 누구나 자신의 눈에 비친 전 세계의 아름다움을 이러한 플랫폼들을 통해 채록하고 공유하게 된 것입니다. 예쁜 것을 보고 더 예쁜 것을 나누는 무한대의 클릭 구애가 펼쳐지며, 전 세계 모든 대륙의 사람들에게 아름다움의 기준이 높아지게 되었습니다. 세상을 떠난 왕비를 위해 엄청난 예산을 투자해 만들어낸 인도 아그라의 타지마할뿐 아니라, 한 개인이 수십 년의 생애를 투자해서 가꾼 대구의 수목원 '사유원'에 이르기까지, 그 범주는 세계를 아우릅니다.

　전 세계 경쟁의 각축장에서는 모든 대상이 평등한 하나의 기준, 얼마나 아름다운지로 평가받습니다. 예전 왕과 귀족이 누리던 심미의 특권이 이제는 핸드폰을 들고 있는 모든 이들에게 허락되며, 그 평가는 클릭을 통해 실시간으로 이루어지고 있습니다. 클릭은 관심의 총량으로 집계되고 다시 상업적으로 보상받게 되면서 아름다움은 이제 모든 대상의 필수적인 생존 요건이 되었습니다. 그리고 이렇게 축적된 아름다운 장면들의 지층은 다시 인공지능에 훌륭한 학습자료로 사용됩니다. 인간이 감각적으로 수용한 아름다운 장면들의 총합이 학습의 교과서로 쓰이며, 인공지능은 모든 아름다움의 엘리트 교육을 받은 창작자가 되었습니다. 그리고 앞에서 기술한 바와 같이 창작의 수단으로서의 인공지능이 범용화되며 모든 이들은 너무나 손쉽게 아름다움을 일상에서 구현할 수 있게 되었습니다.

　불과 40년 만에 이룬 이러한 교류와 전이는 기존의 강자에게는 새로운 경쟁의 치열함을 선사합니다. 이제 소비재 분야에서 '메이드 인 재팬'의 위용은 예전 같지 않습니다. 중국 시장에서 한국의 화장품이나 휴대폰이 겪은 부침 역시 궤를 같이합니다. 이러한 품질과 미려함의 춘추전국시대는 언제든 판세가 뒤집힐 수 있는 역동성을 만들어내고 있습니다. 감각은 사람에게서 발현되고 전파되는 것이기에 결국 브랜드의 성패에서 중요한 것은 출신 국가보다 얼마나 감도 높은 사람들이 그 브랜드에서 함께하고 있는지로 결정됩니다.

이런 전개에서 생각해본다면 감각적인 사람들이 선호하는 문화적 배경을 갖추었는가가 향후 브랜드의 성공 요인으로 자리 잡을 것입니다. 단지 눈에 보이는 미적 요소 외에 스토리와 역사, 그 문화적 배경이 중요해지는 것입니다. 성수동의 인더스트리얼 감성과 연남동의 아기자기함, 그리고 서촌의 문화적 향기는 미적 요소를 넘어서는 공감각을 전해줍니다. 이러한 감응이 전 세계의 감도 높은 창작자들에게 전해진다면 그들이 서울로 옮겨 생활하며 가장 경쟁력 있는 상품과 브랜드를 만들어낼 수 있습니다. 문화 산업의 진흥은 문화 콘텐츠 제작비에 대한 투자만으로 이루어지는 것이 아닙니다. 창작자들이 고유한 배경 장면을 바탕으로 창의적

발상을 해낼 수 있도록 주거 환경과 문화 인프라에 대한 투자에서 시작해야 합니다.

새벽 2시에 한강에서 산책하다가 라면을 먹을 수도, 남산을 반려견과 함께 달리며 석양을 바라볼 수도, 북촌의 오래된 한옥을 정성스레 고친 카페에서 스케치를 할 수도 있어야 그들이 자신의 창의성을 이 땅에서 발휘하고자 할 것이기 때문입니다.

이렇게 축적된 아름다움의 엔진이 세상에 고르게 퍼져 나가면 예쁘지 않은 것을 보기 어렵게 됩니다. 예전 손으로 삐뚤빼뚤 쓰던 간판은 프린터로 미려하게 출력된 지 벌써 오래전입니다. 극장의 간판을 손으로 그리던 시절, 동네의 재개봉관은 간판 속 그림의 비례가 맞지 않아 어색하기만 했습니다. 이제는 길거리 현수막 어느 하나도 최소한의 디자인으로 정돈되어 있습니다.

이제 '미와 추의 경쟁'이 아니라 '미와 미의 경쟁'이 일상화된 것입니다. 아름다운 것과 아름답지 않은 것의 경쟁이 아니라, 아름다운 것과 또 다른 아름다운 것의 경쟁입니다. 그 아름다움 위에서 누가 더 특색 있고 참신한가, 혹은 더 고도의 아름다움을 구사하는가로 경쟁합니다. 이제 허술하고 허투루 된 것이 모두 사라지는 세상이 왔습니다. 동네 프랜차이즈 식당의 간판도 디자인 수준이 올라가며 모든 분야에서 심미성이 출발점이 된 것입니다.

그러다 보니 부작용도 벌어집니다. 예전 거칠었던 산업 단계에서는 제품의 품질이 전제가 된 후 디자인에 투자했습니다. 그 시절 예쁜 물건과 멋진 식당은 기본적으로 높은 품질을 보장했습니다. 하지만 이제는 저가 프랜차이즈도 디자인을 기반으로 시작하며, 레트로 디자인으로 무장했지만 역사도, 품질도 수준에 떨어지는 업소까지 등장하고 있습니다. 다시 말해 심미성이 품질의 보증으로 사용되던 관행이 무력화된 것입니다. 오히려 너무 매끄럽게 디자인된 업장의 경우 대규모 프랜차이즈로 오인되어 소비자들이 기피하는 일까지 벌어지고 있습니다. 심미성이 대중의 기대를 충족시키기 위한 충분조건이 아니라 필요조건이 된 것입니다.

자연스레 소비자의 눈높이는 아름다움을 넘어선 진정성으로 향합니다. 생산 협력 업체가 디자인까지 모두 맡아서 해주는 ODM까지 출현하는 세상에서 매서운 눈을 가진 소비자들은 창립자의 전문 이력과 평생의 족적까지 확인할 만큼 진실성과 진정성에 대한 요구가 커지고 있습니다. 이래저래 경량문명은 시작이 수월하기에 경쟁도 치열한, 그러하기에 더욱 깊어져야 하는 '깊이'를 다투는 문명이 됩니다.

1980년대 도트프린터를 가진 이들이 한 것 중 하나는 크리스마스카드를 찍어내는 것이었습니다. 그 투박한 점들로 이루어진 그림이 마치 디지털 마법처럼 느껴졌기 때문입니다. ASCII 아트라고 불리는 조악한 그림은 그 시대의 컴퓨터가 만들어낸 예쁜 물건이었고, 크리스마스카드로 보내면 자랑할 수도 있었기 때문입니다. 이처럼 우리 인류는 예쁜 것, 그리고 자랑하는 것에 매료됩니다. 1990년대 포토샵이 일반화되면서 일어난 현상은 더욱 흥미롭습니다. 전문 디자이너들이 광고와 출판을 위해 개발한 이 도구로 일반인들이 가장 먼저 한 일은 저마다의 프로필 사진을 다듬는 일이었습니다. 소셜미디어의 확산과 더불어 자기 얼굴을 게시하는 일이 빈번해지자 '뽀샵 장인'이라 불리는 새로운 전문가들이 섬세한 터치의 기술을 축적해나간 것입니다.

2025년 AI 서비스 중 가장 폭넓은 지지를 얻은 것은 지브리 풍의 프로필 사진을 만들어내는 기능이었습니다. 갑자기 모든 사람의 프로필 사진이 큰 눈망울과 부드러운 색감의 애니메이션 캐릭터가 되었고 온라인 커뮤니티는 지브리 풍 아바타로 넘쳐났습니다. 난치병을 고치는 신약의 개발이나 생산성의 확장을 위해 월드 시뮬레이터를 만드는 일이 인공지능 활용으로 인류의 진보에 더 기여하는 일이겠지만, 대부분의 보통 사람들에게는 자신의 예쁜 프로필을 남기고자 하는 욕망이 더 크다는 것을 볼 수 있었습니다. 이와 같은 관점에서 본다면 우리 인간은 '생각하는' 것이 아니라 '느끼는' 종임에 틀림없습니다.

이 종에게 새로운 도구가 주어진 것입니다. 과거에는 예술가와 장인들만이 아름다운 것을 창조할 수 있었습니다. 붓과 물감, 조각칼과 대리석은 전문가만 다루던 것이었습니다. 하지만 디지털 기술이 모든 사람에게 마법의 붓을 쥐여준 것입니다. 도트프린터는 누구나 그래픽 아티스트가 되게 했고, 포토샵은 모든 사람을 디지털 화가로 만들었으며, 스마트폰은 수억 명의 사진작가를 탄생시켰습니다. 이제 AI는 상상력만 있으면 누구나 마스터피스를 만들 수 있게 해주는 창작의 새로운 도구가 되고 있습니다.

결국 '다 예뻐진다'는 것은 기술 발전의 부산물이 아니라 소비자의 니즈를 해결해주는 주요 조건이 됩니다. 인간은 아름다운 것을 창조하고 싶어 하고, 자신을 표현하고 싶어 하며, 남들에게 자랑하고 싶어 합니다. 새로운 기술은 이런 욕망을 실현하게 해주는 보편적 도구인 것입니다. 앞으로도 어떤 혁신적 기술이 나타나든, 사람들이 그 기술로 예쁘고 멋지고 자랑스러운 무언가를 만드는 데에 자원을 아끼지 않

경량문명은

시작이 수월하기에 경쟁도 치열한

그러하기에 더욱 깊어져야 하는

'깊이'를 다투는 문명이 됩니다.

을 것입니다. 그렇기에 기술이 발전할수록 세상은 더 아름다워집니다. 인공지능이 모든 사람에게 마법의 붓을 쥐여준 지금의 시대는, 그 어떤 때보다 미적 만족이 충만한 동시에 또 심미성에 대한 경쟁이 치열해지는 시대라 할 수 있습니다.

그럼에도 변하지 않는 것들

24절기는 태양력을 기반으로 합니다. 사계절의 풍상을 거치며 과일이 익어가듯, 몇 년을 기다리며 인삼의 영양이 깊어지듯, 자연에서는 시간이 곧 가치로 환금됩니다.

AI와 플랫폼의 결합으로 만들어진 경량문명은 시간을 당겨 효율을 높입니다. 단백질의 구조를 예측하는 일은 지금까지 인간 전문가의 노력으로 한 땀 한 땀 이루어져 엄청난 시간을 요구했지만 이제는 짧은 시간에 가능합니다. 마치 원치 않지만 들어야 하는 온라인 필수 안전 교육을 2배속으로 듣는 것과 같이 '배속'이 일상화됩니다. AI 에이전트는 순식간에 수를 늘렸다가 줄일 수 있고 지치지도 않고 쉬지도 않기에 효율을 배가합니다. 인간의 꿈은 시간이라는 자원을 압축해서 무언가 만들어내는 효율에 집착해왔고, 이제 그 결실을 많은 곳에서 기대하고 있습니다.

그러나 모든 것이 변해도 변할 수 없는 것, 그리고 변하기를 원치 않는 것들이 있습니다. 물론 인간은 생산성을 위해 식용 닭의 생육 일수를 줄이도록 환경을 조성하거나, 빛과 영양을 제어해서 채소를 빠르게 가꾸려는 시도를 계속 해왔습니다. 하지만 여전히 땅과 별의 움직임으로 만들어지는 생산물들은 고유한 시간 축 속에 나고 자랍니다. 그렇게 지구의 관할에 있는 것들의 변화 속도는 쉽게 더 빨라지지도 느려지지도 않습니다. 태양의 에너지와 토양의 기운으로 자라는 것들, 그리고 다시 그 산물을 먹고 자라는 많은 생명들의 삶에서, 시간 축은 여전히 수천 년, 수만 년째 그대로입니다.

온라인으로 빠르게 변화하는 유통업에서도 상대적으로 신선식품 영역은 오프라인 업체가 우위를 유지하고 있습니다. 온라인으로 빠르게 많은 물건들을 살 수 있지만, 싱싱한 과일과 채소는 직접 눈으로 보고 하나씩 골라 담아 사는 행위가 여전한 것입니다. 가장 원초적인 생존의 행위가 밭에서 시장으로, 다시 마트로 이전한 것입니다.

배양육이나 유전자 개량 작물들이 계속 시도되어도, 딸기가 자라는 데는 일정한 시간이 필요합니다. 땡볕과 비바람을 맞으며 영그는 모습은 '자연' 속 '자연스러움'을 떠올리게 합니다. 유기농이나 자연 재배에 대한 사람들의 기대는,

기술이 발달하는 와중에도 그 생명의 에너지를 담는 '안전한 생육'에 대한 기대가 쉽게 사라질 수 없음을 시사합니다. 갯벌에서 만드는 천일염이 바닷물의 증발 과정을 거치며 해양의 신비를 식탁으로 이끌어내는 시간이나, 해풍에 말리는 덕장의 황태를 바라보며 느끼는 경이로움은 우리가 여전히 자연의 아름다움 속에서 살아감을 일깨워줍니다.

한편 신선함의 다른 편에는 숙성의 과정을 거치는 품목들이 시간의 마법으로 소비자를 이끌고 있습니다. 발효는 식자재와 미생물의 공존이 가져다준 선물입니다. 최근에는 더 많은 연구가 진행될수록 그 효능이 검증되며 치즈와 하몽을 넘어 고추장과 된장에 이르기까지 많은 발효 식품, 발효 제품들이 주목받고 있습니다. 긴 시간 동안 숙성된 와인과 위스키에 가치를 부여하거나, 생산 후 잘 보관한 향 좋은 찻잎에 높은 가격이 매겨지는 것 역시 꾸준히 늘고 있습니다.

경량문명은 기술, 물질, 그리고 전기의 세계에서 시작됩니다. 그리고 경량문명의 기반은 병렬화에서 시작합니다. 하지만 어떤 일들은 병렬화할 수 없습니다. "아홉 명의 여성이 있어도 한 달 만에 아기를 낳을 수는 없다"는 말이 있습니다.[10] 생명의 탄생을 병렬화할 수는 없기에 산모 아홉 명이 있어도 아이를 더 빨리 낳을 수 없다는 뜻입니다. 시간이 생산의 소중한 자원으로 쓰이는 결과물들은 그 과정을 당길 수도, 당겨서도 안 된다고 사람들은 믿습니다. 그렇다면 자연과 생육의 시간 안에서 탄생하는 것들은 인공지능이 보편화된 시대에도 여전히 그 존재가치가 생생하게 남을 것입니다.

무엇보다 개인의 인생은 멀티버스가 아니기에 한 번에 하나씩 스스로 해결해내야 하는 각자는 직렬로 살아갑니다. 그리고 그러한 개인들의 모둠은 직렬 인생들의 인연으로 맺어지기에 삶의 단계별로 서로가 필요한 시기가 뚜렷합니다. 성장기와 사춘기에 필요한 친구 관계가 있고, 성인이 되어 남남이었던 이들이 만나 가족을 이룰 때에 필요한 배우자 관계가 있습니다. 다시 그 가족에서의 갈등이나 중년기의 정체성 탐색에 이르기까지, 생애 주기마다 문제와 번민은 누구에게나 차례로 다가옵니다. 그 모든 것이 비슷한 시기에 한 번에 겪어서 해결할 수 없는, 순차적으로 맞이해야 하는 직렬의 시간으로 오는 것들입니다. 이 문제들은 미리 풀거나 나중으로 미룰 수는 없습니다. 모든 것에는 다 때가 있는 것입니다.

한 걸음 더 나아가면 어떤 것은 가속하지 않고 제 시간을 온전히 즐기고 싶은 것이 있습니다. 어릴 적 소풍 전날의 밤은 그토록 길었지만, 시험 전날의 시계는 너무나 빨리 움직인 기억이 누구나 선명합니다. 마찬가지로 피곤한 직장에서의 근무는 좀처럼 끝나지 않지만, 사랑하는 이와의 만남은 쏜살같이 지나갑니다. 속도와 성장이 사회의 주요한 가치로 여겨지던 시기를 거쳐 현재에는 한번 떠나보내면 다시 돌아오지 않는 소중한 시간에 대한 인식이 우리 사회에도 다시 중요한 가치로 자리 잡고 있습니다. 일과 사회적 성취에 매진하는 동안에도 관계의 소중함을 놓지 않는 이들이 많이 있습니다. 상대와 나에게 온전히 집중하는 몰입은 부지런한 지능과 거대한 지능이 각각 온 세상을 변혁시키는 와중에도 사라지지 않을 중요한 삶의 요소입니다. 자기 돌봄이나 마음 챙김, 명상이나 요가와 같은 시도는 자신의 행위와 감각을 깊게 관찰함으로써 스스로의 삶을 충실히 살아가는 방법을 제시하고자 하는 이들의 마음을 반영합니다.

최근에는 이러한 시간의 비가역적 움직임마저 늦추거나 되돌리려는 시도까지 늘어나고 있습니다. 사람들은 나이 듦의 숙명에 대응하고 고령화 삶에 대비하고자 합니다. 이는 '저속노화'라는 키워드로 대표되는 현상으로 관찰됩니다. 예전 노화에 대한 우리의 태도는 생로병사의 운명을 거스를 수 없다는 체념의 모습과 같았습니다. 1970년 한국의 평균 기대수명은 60세가 채 되지 않았습니다. 그 시절의 노화는 곧 생의 마지막 단계로 접어든 것을 의미했기에, 질병을 겪지 않은 노화의 기간 역시 그리 길지 않았습니다. 과거에는 노년기를 인생 끝자락의 짧은 구간처럼 받아들이는 것이 당연했습니다. 이제 사람들은 그 노화의 진행 속도를 늦추고자 새롭게 고민하고 있습니다.

흥미로운 것은 저속노화의 키워드에 반응하는 이들 중 상당수가 20대와 30대를 포함한 젊은 세대라는 사실입니다. 그들은 노화의 시작 시점을 장년층이나 노년층이라 생각하지 않습니다. 이미 자신들의 나이에서 정신과 신체의 노화가 일어날 수 있다고 생각하고, 그 시점을 늦추어 더 길어진 생애를 건강하게 보내기 위한 준비를 시작하려 합니다. 60년 생애의 중거리 달리기가 아니라 120년을 기대하는 울트라 마라톤을 뛰기 위해, 처음부터 체력을 기르고 페이스 조절을 하는 프로페셔널 마라토너의 자세를 갖추는 이들이 빠르게 늘고 있습니다.

더 나아가 항노화나 안티에이징이라는 키워드로 분류되는 시술과 서비스들까지 주목받을 만큼, 시간을 되돌리고픈 사람들의 마음은 꾸준히 증가하고 있습니다. 피부 진피층에 레이저나 고주파 등 에너지 자극을 가해 피부의 탄력을 강화하거나, 근육 이완을 위해 보툴리눔 톡신 주사를 맞는 이들도 늘어난다고 합니다.

이 분야 최상위 기업의 매출은 2022년부터 3년간 매년 50% 넘는 증가율을 보인다고 하니, 여러 소비재 시장이 정체되어 있는 가운데 눈에 띄는 현상입니다.[11] 얼굴의 나이 들어 보이는 부분을 개선하는 안검하수와 주름 제거 수술 역시 늘어나며 '에스테틱'이라는 단어가 미용의료 산업을 표현하는 키워드로 빠르게 성장하고 있습니다. 모두에게 공평하게 배분된 시간이라는 자원의 속도와 방향을 제어하고픈 사람들의 관심과 실천이 다시 새로운 관습과 산업을 자극하고 있는 것입니다.

이런 현상은 의료기술의 발달과 풍요로워진 삶에 따른 자연스러운 산업 발전으로 바라볼 수도 있습니다. 하지만 좀 더 먼 거리에서 관찰해본다면 이제 노년기, 혹은 황혼기로 불리던 시점이 급격히 길어지며 새롭게 얻은 삶의 온전한 후반기를 어떻게 살 것인가 고민하는 이들의 생각이 처음으로 형성되는 시점일 수도 있습니다. 본인의 선택이 아님에도 세상에 던져지듯 태어나, 산업의 발전기 치열한 경쟁 속에서 정신없이 살아오다 이제 스스로를 돌아볼 수 있는 지점에 선 세대가 있습니다. 바쁘고 정신없이 살아오다가 개인의 삶을 자각한 그들은 이제야 온전히 자신을 위한 삶을 마주하고 있습니다. 누군가의 자녀와 누군가의 부모가 아닌 스스로의 이름으로 불리는 삶을 새롭게 살아가려는 이들이 자기 자신을 돌보기 시작하며, 이와 관련된 서비스와 산업이 폭발적으로 증가하는 것이라 해석해봅니다.

독립적으로 살아가는 이들에게 필요한 사회적 유대를 이어주는 산업도 새롭게 주목받고 있습니다. 결혼의 비율이 매우 높던 시절이 빠르게 지나가고 생애 비혼이나 독신의 삶을 선택하는 사람들도 급격히 늘고 있습니다. 이들에게 정서적 교류를 위한 새로운 모임과 네트워크 산업이 빠르게 확장되는 것입니다. 독서 모임이나 운동, 취미 모임이 플랫폼에서 성업하고 온라인을 통한 만남은 젊은 층뿐 아니라 중장년, 시니어에 이르기까지 생애 전 주기로 확장됩니다.

만남의 목적이 가족이 되는 것이 아니라 정서적 유대감을 가지는 성긴 만남, 혹은 긴밀한 관계로 다양해지면서 '가족-직장동료-친구'로 단출하게 구성되었던 사회적 관계망이 '가족-연인-직장동료-친구-동호인-지인'과 같은 다양성으로 분화합니다. 이처럼 분화된 관계 속의 자아는 그 정체성을 점차 재정립하게 됩니다. 누군가의 부모, 어느 회사의 과장과 같이 관계로 본인의 정체성을 단순히 설명하던 관점은 흐려집니다. "나는 조선시대 민화를 좋아하고 환경을 위한 비건의 신념을 가지고 있어요"라는 것처럼 자신의 애호와 가치관으로 스스로를 정의하는 핵개인화가 자연스레 확산되기 시작합니다.

자신의 삶을 살아가는 핵개인들에게 다른 종의 동반자를 찾는 일도 급속히 증가하고 있습니다. 애완에서 반려로 이름이 바뀐 강아지와 고양이는 이제 소중한 가족의 일원으로 불리고 있습니다. 최근에 직접 살펴본 한 장면은 그 변화를 뚜렷하게 보여주었습니다. 연희동의 고즈넉한 카페에는 반려견과 함께 오는 단골손님들이 머무릅니다. 매일의 루틴으로 카페에 오는 강아지는 주인이 책을 읽는 동안 참을성 있는 눈빛으로 기다리고 있습니다. 잠시 후 문을 열고 들어온 손님과 두 마리의 강아지들은 먼저 와 있던 이들과 격하게 반가움을 표현합니다. 서로의 이름을 부르며 반기는 두 주인과, 꼬리를 흔들며 인사하는 세 마리의 강아지들은 조용한 카페의 분위기를 일순간에 행복감으로 채워주었습니다. 커피 한 잔의 여유를 사랑하는 대상과 함께 하는 기쁨은 누구에게나 소중합니다. 이제 그 기쁨을 늘 함께 할 이들이 인류가 아닌 다른 생명체로 확장되며 그들의 생애에 대한 배려가 더욱 커지고 있습니다. 인간에 비해 상대적으로 수

명이 짧은 반려동물의 건강을 챙기기 위한 식품이나 동물병원, 카페와 펜션, 항공권의 판매나 호스피스에 이르기까지 수많은 산업이 성업하고 있습니다.

　의무의 삶에서 향유의 삶으로 바뀐 지금, 이제 하루하루는 더 이상 과거의 신병 훈련소에서 단체기합을 받던 시간처럼 빨리 지나가길 바라던 고통의 순간이 아닙니다. 그보다 우리는 매일 자라는 사랑스러운 아이의 '지금' 모습을 담기 위해 카메라의 녹화 버튼을 누르듯, 매 순간을 깊게 느끼고 반추하는 짙은 나날을 살아가길 바라고 있습니다.

　그간의 한국의 모습은 남들보다 무언가 먼저 해야 한다는 강박의 정서로 대변될 수 있었습니다. 산업화로 GDP가 가파르게 증가하던 시기, 농업에서 공업으로 자신의 진로를 빠르게 바꾼 이들은 다른 이들보다 먼저 더 많은 소득을 일구었습니다. 일을 찾아 상경하는 인구의 폭증으로 서울이 자연스레 확장되던 시기, 강북에서 강남으로 먼저 넘어간 이들 또한 부를 이루었습니다. 수도권 집중으로 인해 토지가 부족하자 신도시가 개발되던 시기, 빚을 내서라도 분양을 받았던 이들은 재산을 늘릴 기회를 얻었습니다. 여기에만 머무르지 않습니다. 새로 생긴 특목고에 남들보다 빨리 진학하거나 영어유치원과 외국인 학교에 먼저 가는 것이 경쟁의 우

경량문명의 구성원들은

올림픽의 스타가 아니어도

자신이 하루에 뛴 거리와

조금씩 당겨지는 기록에

행복해합니다.

위를 가질 수 있다고 믿어온 사람들은, 멈추면 뒤처지는 듯한 공포를 일상적으로 느끼게 되었습니다.

지난 시대의 경험은 이 사회 사람들의 마음속, '가속'이 미덕으로 자리 잡게 만들었습니다. 하지만 쉬지 않고 일하는 AI의 빠른 속도 앞에서 인간은 압도되기 시작했습니다. 새벽종이 울릴 때 일터에 나가고, 밤늦게까지 투잡을 뛰어온, '빨리빨리'라는 단어를 전 세계에 수출한 한국인들도 이 속도는 따라잡을 수 없습니다. 남들보다 덜 자고, 남들보다 노력하며 경쟁력을 유지해온 이 땅의 사람들은 이제 무력감을 느끼기 시작합니다.

'물멍', '불멍'이 뜨고 아무것도 격하게 하고 싶지 않은 조짐이 두드러지던 시점은 모든 것이 멈춘 듯 느껴지던 팬데믹 시간이었습니다. 바이러스에 대한 두려움은 한풀 꺾여 일상으로 돌아왔지만, 삶을 바꾸는 더 큰 지능화의 변화 속, 사람들은 속도보다 방향에 집중하기 시작합니다. 속도로 경쟁이 불가능한 싸움에서 새로운 전략은 관성을 멈추고 삶의 방식을 바꿔보는 것임을 사람들은 느끼기 시작합니다.

사람들이 원하는 것은 지금을 희생하면 더 나은 내일이 온다는 산업사회의 성장제일주의 원칙이 아닙니다. 누군가의 기대로 시작한 입학과 졸업, 취직과 결혼, 육아와 교육 같은 숱한 장애물 경기를 남보다 빨리 마치고 피니시 라인에 서고 싶은 것이 아닙니다.

　경량문명의 구성원들은 올림픽의 스타가 아니어도 자신이 하루에 뛴 거리와 조금씩 당겨지는 기록에 행복해합니다. 한바탕 뛴 후에 함께 운동한 이들과 격려의 말을 나누고, 자신이 발견한 잘 뛸 수 있는 팁을 친절하게 알려주는 것에서 기쁨을 느낍니다. 명산 100곳을 완등하는 것이 목표가 아닙니다. 자기 삶을 지탱하기 위한 근력과 지구력을 키우고자 산에 오릅니다. 성취의 대상과 목표가 사회와 금전에 있는 것이 아니라 그저 내가 세운 나만의 꿈에 가까워지기 위해 노력하는 단단한 사람들이 늘어나고 있습니다.

　척박했던 시절을 빠르게 지나며 한강의 기적은 우리에게 '하면 된다'라는 용기를 주었지만, 상호 경쟁 속 무한의 쟁투는 개인을 갈아내어 '나' 없는 성취의 환상을 전시했습니다. 속도가 인간의 템포를 넘어선 경량문명의 주인공들은 자신의 삶을 위해 하루를 온전히 보내고 묵묵히 살아가다, 뒤돌아보면 그 흔적이 자연스레 스스로를 설명하는 삶을 원하고 있습니다. 그리고 그 경기는 언제 멈추어도 무방합니다. 혼자 뛰는 경기의 승자는 언제나 '나'이기 때문입니다.

제3장

경량조직의 법칙

경량조직의 리더는

위계의 꼭짓점에 있는 평가자가 아닙니다.

'장'을 열어주는 사람이며

기회를 연결해주는 안내자입니다.

새로운 리더의 덕목 - 위대한 쇼맨

얼마 전 1,000명이 훌쩍 넘는 구성원들이 일하는 국내의 한 기업에서 긴 강연을 마친 후에 이런 질문을 받은 적이 있습니다.

"지난번 저희 사장님을 만나셨을 때 해주신 말씀이 궁금합니다."

그 기업의 대표이사가 외부에서 제 강연을 먼저 듣고 그 내용을 내부의 구성원들에게 권하고자 성사된 자리였습니다. 강연의 주제는 사회의 변화와 고객 행동의 변천, 그리고 해외와 연결되는 새로운 기회의 도래까지 사업 확장에 단서가 되는 정보를 담고 있었지만, 2시간의 강연을 듣고 질문자가 가장 관심 있던 것은 대표이사가 무엇 때문에 이 강연을 자신들에게 듣게 했는지 알고 싶다는 이야기였습니다. 한 학기 수업을 열정적으로 마쳤지만 막상 학생들은 그 내용에 관심이 전혀 없고, 마지막으로 기말고사에 나올 문제만

족집게로 찍어달라는 이야기와 비슷하게 느껴졌습니다. 오히려 그 질문한 분에게서 입시를 앞둔 수험생의 절실함 같은 것마저 느껴졌기에 그의 질문에 허탈한 기분이 들었습니다. 그의 목적은 사업을 활성화시키거나 새로운 도전을 위해 영감을 얻는 것이 아니라, 그저 대표이사의 마음을 읽는 것밖에는 없음을 알게 되었기 때문입니다. 대표이사의 복심을 읽으면 그가 좋아할 만한 보고자료를 미리 준비할 수 있다고 믿기에, 학점 잘 나오는 과목을 수강 신청한 후 기출문제가 가득한 족보를 선배에게 얻고자 하는 것과 비슷한 일입니다.

그가 진정으로 대표이사의 마음을 읽어내려면 더욱 빠른 길은 대표이사에게 직접 묻는 것입니다. 하지만 상명하복의 강한 위계로 점철된 조직에서 '윗사람'에게 무엇인가를 묻는다는 것은 위험하다는 금기가 아직도 작동하곤 합니다. 그 이유로는 첫 번째, 그 분야의 전문성이 없다고 여겨질까 두려워서입니다. 두 번째는 묻는 과정에서 대표이사와 이견이 발생하면 불리한 위치에 서게 될까 걱정하는 마음입니다. 마지막으로는 질문의 내용이 혹여 대표이사도 답하기 어려운 문제라면 그의 얼굴을 상하게 할까 염려하는 것이기도 합니다. 이처럼 경직된 조직에는 '윗사람'이 '아랫사람'에게 지시할 뿐, '아랫사람'이 '윗사람'에게 무언가 묻기 어려운 관습이 굳어지게 됩니다. 그러다 보니 회의를 마치고 나온 동료들끼리 모여서 방금 전에 만난 '상사'의 표현과 그 숨은 뜻에 대해 열띤 토론을 하는 웃지 못할 상황이 벌어지기 일쑤입니다. 그리고 이러한 일상적 비합리의 장면은 조직이 커질수록 더욱 빈번하게 만들어집니다.

항공기의 부품은 30만 개가 넘습니다.[1] 하나의 물건을 만드는 데에도 수많은 사람들이 협력하는 경우가 허다한데, 항공기처럼 복잡도가 높은 업무를 수행하려면 수만 명, 수십만 명의 인력이 직간접적으로 협력해야 합니다. 문제는 협력의 시스템은 조직 안에서 작동하고, 조직은 기계가 아닌 하나의 유기체와 같이 움직인다는 것입니다. 정해진 인풋에 정해진 아웃풋으로 정의할 수 없는 복잡한 상호작용의 결합체가 됩니다. 어느 조직이든 거대해질수록 자연스럽게 '정치'가 생겨나고 조직원의 명수에 따라 팀의 위상이 정해지기도, 예산의 분배가 이루어지기도 합니다. 경쟁이 눈치싸움으로 번지는 조직 내 역학은 각자의 세력을 불리기 위해 세부 조직 단위의 지속적 팽창을 추동합니다. "김 상무 팀은 20명밖에 안 되네. 좀 더 늘리는 것이 좋겠어"와 같은 비이성적 조언이 난무하는 것입니다. 또 다른 문제는 조직의 구성원이 늘어날수록 그 안의 커뮤니케이션 역시 복잡해지기 마련이라는 것입니다. 관리가 다시 관리를 위한 관리로 자기 복제되고, 직함이 직함을 낳으며, 책임은 흐려지고 실행은 멀어집니다.

그럴수록 큰 조직을 이끌어야 하는 대표자, 최고 경영자의 고민은 더욱 깊어질 수밖에 없습니다. 그런데 그 고민의 결과가 다시 조직 개편과 재구조화로 이어진다면, 조직 내의 정치공학은 역으로 복잡도가 더 커지기도 합니다. 새로운 인재를 수혈하겠다는 시도 역시 항상 성공할 수는 없습니다.

최근 해외 방문자가 꾸준히 늘어 매출 증가가 가파른 스타트업이 수요를 맞추기 위해 내외부를 정비하는 과정에서 겪은 이야기가 의미심장합니다. 조직 내 프로세스를 정돈하기 위해 큰 규모의 기업에서 매니저를 모셔 온 후, 그에게서 바로 들은 이야기는 "스태프가 세 명 필요하다"는 것이었다고 합니다. 자신은 '관리자'이기 때문에 실무를 맡을 수 없어 자신이 지시하고 실행할 인력을 추가적으로 고용해달라고 회사에 요구했습니다.

문제는 그다음이었습니다. 그 매니저가 요청한 세 명이 입사한 후, 다시 각자가 파트장의 직함을 달라고 요구했다는 이야기를 전하며 대표이사는 혼란스러운 표정을 지었습니다. 파트장 직책을 요구한 이들은 심지어 함께 일할 스태프가 존재하지 않아도 괜찮다고 했다고 합니다. 경력이 쌓이고 나이가 들며 대외적으로 '타이틀'이 필요하기에 명함에 넣을 직함이 필요했던 것입니다. 조금 더 시간이 지나면 그들 또한 '자신들이 일을 시킬' 누군가를 원할지 모릅니다.

이제 새로운 경량문명의 시대에 이러한 논법은 유효하기 어렵습니다. 매니저와 실무진이 협업하는 구조도, 파트장 직책이 이직에 도움이 되는 문화도, 조직 쇄신을 위해 외부 인재를 임원으로 모셔 오는 시도도 모두 '지능의 범용화'라는 새로운 규칙하에 그 의미와 효용이 변모할 수밖에 없게 되는 것입니다.

문제는 이전의 조직 문화에서 커뮤니케이션 통로를 독점하며 권한을 행사하던 이들이 존재의 불안감을 느끼며 조직 내 갈등을 일으킨다는 것입니다. 상무가 대리를 독대해 미팅이라도 하면, 그 미팅에 참여하지 못한 부장이 바로 대리를 불러, "나눈 이야기를 토씨 하나 빼먹지 말고 나에게 말해"라는 주문을 했다는 이야기는 지금 수많은 조직에서 실시간으로 벌어지는 일화입니다. 심지어 두 명의 대리가 상무와의 미팅에 들어가자 한 명씩 따로 불러 "다른 회의 참석자에게도 똑같이 물어봐서 비교할 테니" 모두 다 전하라고 했다는 이야기까지 심심치 않게 들려옵니다. 회사 생활의 유일한 권력으로 생각해온 '언로'를 빼앗겼다고 믿는 사람들의 '뒤끝이 작렬'하는 이야기입니다.

일을 위해서가 아니라 자리를 얻기 위해 경쟁하는 변질된 체계에서 인사평가 역시 복잡한 포뮬러로 분화됩니다. 실적을 계량화한 것뿐 아니라 상대평가로 부서 내 차등으로 순위를 매기거나, 동료와 상하위 직책을 서로 평가하는 다면평가, 전체 구성원들에게 고루 의견을 듣는 360도 평가 등 업무를 넘어선 일상생활에 대한 수많은 제한과 검증이 촘촘히 이루어집니다. 누가 언제 나를 평가할지 모르는 일상의 피로감은 구성원을 자기표현이 아닌 자기검열로 이끌었습니다. 그런데 수평적 비교에 의한 인사관리 시스템 역시 이제는 바뀌고 있습니다.

이러한 변화는《시대예보: 호명사회》에서 설명한 바와 같이 조직과 구성원의 새로운 관계로부터 출발합니다. 평생직장에서 일정한 시간만큼 함께하는 관계는 희미해지고, 개인은 전체 커리어에 도움이 되는 경험을 쌓기 위해 조직과 동행한다는 태도로 소속됩니다. 개인이 조직에 원하는 것은 객관적인 성취의 지표를 남길 수 있는 구조와, 즐겁게 일할 수 있는 환경입니다.

그렇다면 경량문명의 토대 위에서 최고 경영자는 어떤 결단을 내려야 할까요? 거대한 유기체인 기업을 한 번에 분해 재결합할 수는 없지만 제일 먼저 구성원들을 바라보는 리더의 관점이 바뀌어야 할 것은 명확합니다. 선행되어야 할 것은 최고 리더의 쇄신입니다. 자리가 아닌 일, 평가가 아닌 성과, 그리고 직함과 이력이 아닌 자율성과 성취로 구성원을 바라보는 시각으로의 변화입니다. 언제든 조직을 떠날 수 있을 정도로 독립적이고 능력이 넘치며 온전히 다른 사람의 10배, 100배의 일을 해낼 수 있는 인재와 일하려면, 리더의 배포와 자존이 먼저여야 합니다.

　　거대언어모델 중심의 인공지능 혁명을 가능케 한 기념비적인 논문은 구글의 〈Attention is all you need〉입니다. 트랜스포머Transformer 구조를 설계해 지금껏 풀지 못한 문제를 해결하게 해준 이 논문을 쓴 이들은 지금 아무도 구글에 다니지 않습니다. 흥미로운 것은 그 논문의 저자들 대부분이 각자의 사업을 창업하거나, 다른 연구소의 책임자로 근무하는 리더로 거듭났다는 것입니다. 한편으로는 그러한 능력을 지닌 인재들을 한 조직에 일시적으로나마 담을 수 있었던 구글의 역량이, 세계적으로 영향을 미친 논문이라는 성과의 바탕이 된 것일 수도 있습니다.

경량문명은 조직의 오래된 무게를 덜어내는 것에서 피어납니다. 사람을 평가의 객체가 아니라 의지의 주체로 바라보며, 그가 무엇을 할 수 있는지에 집중하는 구조가 뒷받침되어야 합니다. 경량조직에서 리더는 더 이상 위계의 꼭짓점이나 평가자가 아닙니다. 무엇보다 그는 각자가 모두 자신의 자리에서 주도할 수 있도록 장을 열어주는 사람이며, '자리'를 만들어주는 것이 아니라 기회를 연결해주는 안내자입니다. 리더가 '판을 깔아주는' 사람일 때에 구성원은 AI와 함께 스스로를 이끌어가며, 반복이 아닌 창의, 복종이 아닌 주도, 타율이 아닌 자율로 일하게 됩니다.

경량문명에서 조직은 사람 한 명의 의지가 그대로 흐를 수 있는 통로가 되고, 거대한 톱니가 아니라 가벼운 연결로 이루어진 망처럼 재구성됩니다. 경량문명 속의 조직은 누구도 위를 보지 않고, 누구나 자신이 할 일을 아는 구조를 지향해야 합니다. 이제 일하기 위해 '자리'와 '직함'을 먼저 탐하지 않아도 되는 세상으로 변모해갈 것입니다. 새로운 문명에서 '자리'는 일하는 이의 이름 그 자체가 되어갑니다.

리더의 역할 또한 무엇을 하게 하거나 하지 않도록 하는, 지시하고 통제하는 역할이 아닙니다. 이러한 지난 시대의 관점은, 스스로 목적의식을 갖지 못하는 이들이 본인이 원치 않는 일을 해야 하기에 '관리'해야 한다는 시각입니다. 새로운 문명의 리더십은 이미 자기주도성을 갖춘 이들이 확실한 목적의식으로 새로운 시도를 하려 하는 문화를 기반으로 상정합니다. 회사를 운영하고 있는 도반 S의 새로운 동료는 큰 회사에서 상대적으로 작은 회사로 이직한 이유를 다음과 같이 설명했다고 합니다. "우리 회사는 의지를 갖고 무언가 하려고 하면 그래도 하게 해주는 좋은 회사이기 때문"이라는 그의 이야기가 힘들었던 지난 세월을 짐작할 수 있게 합니다. 단순히 리더의 관점만으로 구성원의 동기를 꺾는 환경이 만들어지는 것이 아닙니다. 위계에 절여진 사람들은 더 능동적이고 실력 있는 이들을 힘들게 합니다. 리더가 괴롭히는 것이 아니라 리더의 눈치를 보는 동료들이 괴롭히기 때문입니다.

상대적으로 경직되었다고 여겨지는 공직에서도 이러한 변화의 조짐이 보입니다. 최저 예산으로 엄청난 성과를 보여준 충주시 '홍보맨'의 이야기는 우리의 마음으로부터 격한 공감을 끌어냅니다.

"바꾸고 싶고 바뀌려는 사람들은 이미 준비가 되어 있어요. 신규 직원들이 용기가 없는 게 아닙니다. 재능이 없는 게 아니에요. 다 준비가 되어 있어요. 다 준비가 되어 있는데 그것을 못 하게 막는 조직이 있을 뿐이죠."

새로운 시대의 구성원들은 서로를 도구화하지 않고, 각자의 이름으로 살아가길 원합니다. 그렇기에 서로가 서로에게 각자의 인생을 함부로 하지 않으려 노력합니다. 그런데 거대한 조직이 그 개인들의 노력과 의지를 꺾는 시스템으로 남아 있다면, 훌륭한 인재라도 자신도 모르게 삶의 방향키를 잃고 표류하게 될 수밖에 없습니다.

급변하는 AI 시대의 인재 확보에도 '골든 타임'이 있을 것입니다. 먼저 변화하고 적응하는 리더는 더 뛰어난 '선수'들과 함께 팀을 꾸릴 수 있고, 더 먼 항해를 준비할 수 있습니다. '보상'으로 이끌어가는 것이 아닌 '전권'을 주며 판을 짤 수 있는 리더가 일당백 'S급 인재'를 얻는 시대입니다. '호랑이 새끼를 키운다'는 속담처럼 언제 경쟁사로 독립할지 모르거나 자신의 역량을 뛰어넘을 수 있을지 모르는 인재들을 데리고, 그러한 '넘어섬의 공포'를 이겨내는 이들만이 역으로 '호랑이'를 키울 수 있는 것처럼 말입니다.

경량문명에서의 새로운 리더십은 의지를 가진 상대를 믿고 그에게 자율을 허락하는 믿음과 너그러움이 그 출발점이 됩니다. 그리고 그 종착역은 조직이 시작되는 시점에서 함께 꾼 꿈이 이루어지는 상태가 됩니다. 여기서 중요한 점

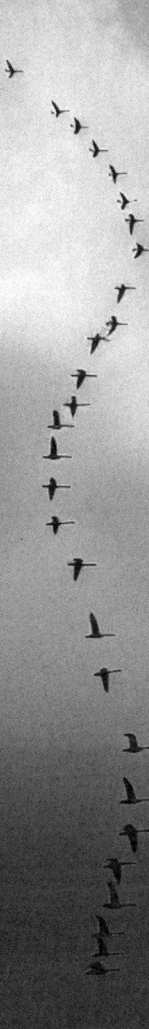

은 그 상태에 이르기까지 처음 출발했던 이들이 모두 여정을 함께 끝내는 것은 아니란 점입니다. 중간의 기착지에서 다시 만나기도, 누군가는 여정을 잠시 쉬기도, 그리고 다음 여행에서 만나기를 기약하며 헤어지기도 합니다. 우리의 조직 역시 그 꿈이 더 커질 수도, 파도가 거칠어 다다르는 항로가 길어질 수도 있습니다. 바람과 파도에 따라 조절해나가며 함께 가는 항해에서 지치지 않게 해주는 것이 리더의 역할이 됩니다.

　구성원은 도구가 아니라 중심이 되고, 리더는 각자가 자신의 무대에서 빛을 발하도록 돕는 설계자가 되어야 합니다. 조연과 단역은 인공지능에 맡기고, 각 구성원은 자신이 맡은 연극 속 하이라이트의 한 장면에서 주연으로 활동하게 됩니다. 그의 무대가 세상의 관객에게 각인되기 위해 조직이 어떻게 지원하고 격려할 것인가 고민하는 것이 새로운 리더십의 출발점입니다. 영화 〈위대한 쇼맨〉의 주인공은 자기가 주연이 되기보다 멋진 무대를 꾸리고, 출연자들을 빛나게 하며, 관객을 모으는 '무대 설계자'로 그려집니다. 세상에 없던 것을 보여주고픈 빛나는 꿈의 흥행 대부와 같이 새로운 리더십은 '위대한 쇼맨'의 역할을 원하고 있습니다.

새로운 조직의 기준 - {인간, 인공} 지능

프롬프트 엔지니어라는 직업이 있었습니다. 생성형 AI가 적절한 답을 생성할 수 있도록 조건과 명령을 포함한 프롬프트를 작성하는 역할로, 챗GPT의 등장 이후 주목받는 키워드로 떠올랐습니다. 그러나 이제는 인터넷 게시판에 역사상 가장 빨리 사라진 직업이라는 농담이 올라옵니다. 수많은 AI 서비스의 시스템 제공 프롬프트가 강화되고, 또 모든 사용자의 프롬프트 작성 능력이 상향 평준화되었기 때문입니다. 한편 소셜미디어 스레드Threads에는 특정 단어를 넣으면 인공지능의 결과가 달라진다는 마법의 프롬프트 목록이 계속해서 올라옵니다. 개화기에 영어를 배우면 출세한다는 외국어학원 전단이 난무하는 것과 같습니다. 하지만 역으로 생각해본다면 그렇게 단순한 키워드의 조합만으로 업무 능력이 향상된다면 그 업무는 곧 자동화될 확률이 높습니다. 정해진 키워드를 추가하는 것만으로 모든 것이 해결되기는 쉽지 않고, 그 키워드가 있느냐 없느냐에 따라서 퍼포먼스가 정말로 크게 달라지는 문제라면 AI 서비스 제공자가 기본값이 더 똑똑해지도록 업데이트해버릴 것입니다. 이제 사용자가 작성한 프롬프트를 더 강화시켜 주는 보조 AI가 붙고, 다시 여러 AI 에이전트의 보이지 않는 협업으로 더 복잡한 문제들이 자동으로 해결되는 세상이 오고 있습니다. AI 에이전트는 한 번의 명령으로 자료 조사에서 깊은 지식의 보고서 작성까지 수행하고, 전인미답의 연구를 돕는 연구원 역할을 합니다. 점차 더 적은 명령으로 더 자율적으로 인간의 업무를 해결해나가는 인공지능이 도래합니다.

무엇보다 이 시대 인공지능의 가장 큰 장점은 사용의 '편의성'에서 출발합니다. 처음 접하는 문제이기에 그 문제의 모든 로직과 해결 단계를 세세하게 알지 못하더라도, 묻고 추론하고 해결해나가는 능력이 바로 지능입니다. 자율성을 바탕으로 지능을 발휘하기 위해서는 고등의 교육이 필요합니다. 누군가가 문제를 정해준 것이 아니라 스스로 문제를 인식하고 풀어나가는 힘이 고등 지능을 가진 개체의 장점이기 때문입니다. 인공지능에 '지능'이라는 말이 쓰이려면 무엇보다 문제 해결 능력뿐 아니라 문제 정의 능력이 선결되어야 합니다. 이 분야에서는 지금도 수많은 노력과 연구가 집중되고 있습니다. 인공지능의 확률론적 추론은 생성형 인공지능 발명의 토대가 되었지만, 문제를 정의하는 것에는 자연계의 형상과 한계, 그리고 인간계의 구성과 각 인간의 삶의 목적과 방편에 대한 이해까지, 더 복합적 바탕이 필요합니다.

현재 인공지능과 인간의 협업은 과도기에 있지만, 그 과도기는 우리의 생각보다 빠르게 지나갈 수 있습니다. 인류사를 살펴보면 특정 기술이 보편화되고 사용자들에게 수용되는 어려움은 언제나 발생하기 마련입니다. 자동차의 경우도 명백히 인류문명에 이로운 물건이지만, 그 작동법과 올바른 사용법을 배우고 운전면허를 취득하기 위해 사회적 비용을 큰 규모로 지불하고 있습니다. 뿐만 아니라 교통 법규를 준수하도록 독려하는 캠페인과 교통 범칙금의 납부까지 이르는 행정지도의 비용은 매년 천문학적인 규모로 소요되고 있습니다. 만약 자동차를 이용하기 위한 면허 규제가 필요 없다면, 그리고 교통사고가 근원적으로 사라져 보험을 비롯한 모든 부대비용이 없어질 수 있다면, 자동차 사용자는 전 인구로 확장될 수도 있습니다. 그러므로 인공지능을 포함한 기술의 발전 방향은 인간이 개입함으로써 발생할 수 있는 오류와 충돌을 해결하고자 하는 방향으로 변모해나갑니다.

인간을 완전히 대체할 수 있느냐를 떠나서 인간이 발생시키는 규칙 위반이나 사고를 경감시키는 것만으로, 우리 사회의 전체적 비용은 비약적으로 낮아질 것입니다. 자율 주행의 도입은 운전자뿐 아니라 교통경찰의 위치마저 바꿔놓을 수도 있습니다.

새로운 기술 적응의 시기에 '쉬운 사용성'은 때때로 과소평가되는 혁신 요인입니다. 하지만 기존에 해오던 생활 속 일들을 빠르고 쉽게 만드는 것만으로 새로운 산업이 태어나기도 합니다. 직관적 인터페이스로 무장한 아이폰의 도래로 20년도 안 되는 시간 동안 인간은 모바일 생태계를 구현할 수 있었습니다. 방금 만든 음식을 포장해 주문한 이에게 가져다주는 실시간 배달 플랫폼은 스마트폰 이전에는 꿈꾸기 어려운 것이었습니다. 지역 홍보지의 전화번호를 보며 음식 배달을 시키던 시절은 어느새 까마득한 옛날 같습니다. 지능화된 플랫폼에서는 심지어 여러 건의 배송을, 최적 경로를 실시간으로 확인해가며 한 사람이 동시에 처리하는 것까지 당연한 일이 되고 있습니다. 이처럼 사용의 편의성이 제공된 기술은 확산을 용이하게 만들어줍니다.

최근 도래한 인공지능의 가장 큰 특징은 '쉽게' 일상언어로 고도의 지능을 제어할 수 있다는 사실입니다. 프로그래밍 언어를 배우거나 포토샵의 사용법을 숙지하는 것은 학교에 입학하거나 전문 학원에서 일정 기간 수련해야 할 만큼 쉽지 않은 일입니다. 그러다 보니 배움의 과정이 쉽지 않은 만큼, 숙련된 후에 직업을 얻는 데에도 문제가 없었습니다. 하지만 이제는 개발 언어를 몰라도 대화하며 구현해내는 바이브 코딩과 생성형 인공지능의 도움으로 유려한 화상과 동영상을 만들어내는 기술들이 속속 개발되고 있습니다. 뿐만 아니라 에이전틱 시스템을 사용해 일상언어로 포토샵이나 엑셀과 같은 소프트웨어를 구동하는 것도 가능해지고 있습니다.

그렇다면 경량문명의 개인은 어떠한 태도와 자세를 가져야 할까요? 물론 지금까지 종사하던 일의 불필요한 부분을 덜어내고 '경량화'를 구상하고 실행하는 능력이 첫 번째일 것입니다. 여기서 간과하면 안 되는 가장 중요한 사실은, '일'이 사라지는 것이 아니라 '단계가 축약'된다는 것입니다. 피라미드를 만드는 일은 사라지지 않습니다. 다만 큰 돌을 손으로 채취하고 몸으로 들어 운반하던 일이 절삭기와 기중기로 바뀐 것뿐입니다. 따라서 같은 규모의 일을 위해 투입되던 인력의 총수가 급격히 줄어드는 것입니다. 그리고 그 일을 하기 위해 미리 준비해야 할 노력들이 줄어들고 새롭게 정의된다는 것이 다릅니다. 돌을 손으로 깎아내던 석공의 양성은 절삭기의 개발과 함께 산업적으로 수요가 사라집니다. 협동해서 통나무를 괴고 돌을 나르던 시기의 노동요는 더 이상 필요하지 않습니다. 이렇듯 단계가 줄면 협력하던 사람의 수도 줄어듭니다. 그렇다면 우리가 이제 고민해야 할 것은 내가 어떤 일을 하고 있는지를 넘어, 내가 일의 어떤 단계를 담당하고 있는지입니다.

얼마 전 국제 무역을 전문적으로 해온 종합무역상사의 경영진과 깊은 대화를 나눌 기회가 있었습니다. 텔렉스로 정보를 얻고 전화로 협상하던 시기를 기억하는 분들에게 인공지능의 도래는 그들에게 위기와 기회를 동시에 느끼게 했다고 합니다. 지난 시절 무역을 하기 위해 모인 이들은 저마다 각자의 전문성을 가지고 함께 일했습니다. 타자, 텔렉스, 복사, 전화, 번역, 재무, 법률, 영업, 회계, 인사 등 수많은 부서와 인원들이 오랫동안 노력해서 큰 건의 사업을 수주하고 실행한 것입니다. 그 시절, 타자기를 빨리 치는 능력만으로도 선망되는 사무직의 일원이 될 수 있었습니다. 이제는 인공지능 서비스로 회의가 끝나자마자 회의록과 요약 보고서가 출력됩니다. 해당 지역 언어에 해박하지 않아도 실시간 통번역 시스템이 제공됩니다. 심지어 회의 결과를 곧바로 공

'일'은 사라지지 않습니다.

다만 '단계'가 축약될 뿐입니다.

유하도록 웹에 게시할 수도, 거래처와의 협상을 위한 공문이나 법적 타당성을 검토하는 문서로도 만들어낼 수 있습니다. 홍보를 위한 동영상이나 포스터로 바꿔주는 것 역시 가능합니다.

이처럼 복잡한 단계와 수많은 인원이 필요하던 일이 소수의 전문가만으로도 가능해진다면, 큰 기업의 강점인 물량으로 산업을 보호하던 제방에 균열이 나기 시작합니다. 더 작은 조직은 상대적으로 몸이 가벼워 큰 조직보다 훨씬 적은 마진으로도 거래를 성사시킬 수 있습니다. 무엇보다 의사결정이 기민하기 때문에 큰 조직이 고민하는 사이에 더 빠르게 행동할 수 있습니다. 무역업이라는 본질에 대한 이해, 수요와 공급의 차이를 메우기 위한 본업의 지식만 있다면 가볍게 같은 일을 해낼 수 있게 된 것입니다. 그렇다면 소수의 전문가에게 필요한 덕목은 빠르게 전체의 업무를 이해하고 문제를 정의하는 역량입니다.

지금까지 업무는 선배로부터 전수되기 마련이었습니다. 문제는 극도로 분화된 분업 시스템에서 선배 역시 가진 지식이 한정된 분야에 머무른다는 것입니다. 철강 산업에서 수발주 업무를 맡고 있다면, 고객으로부터의 주문과 적기 선적을 지원하는 시스템을 숙지하고 자료를 관리하는 업무만으로도 10년을 보낼 수 있었습니다. '사무직'이라고 불리는 이와 같은 시스템 종속적인 업무는 경량문명에서 자동화로 대체될 것임을 너무나 명확하게 이해할 수 있습니다. 중량문명 시기, 수십 명의 사람들이 나누어 환율 대응과 수주, 공급망 관리와 재무적 연결을 분업하던 관행은 이제 불과 수 명의 전문가가 다양한 에이전트 서비스의 도움으로 유기적으로 처리해나갈 것입니다. 몇 명이 있는지가 아니라 얼마나 빠르게 다양한 에이전트를 사용할 수 있는지가 그 조직의 역량이 될 것입니다. 상비군을 많이 유지하는 국가가 아니라 많은 동맹의 유기적 연대로 군사적 목적을 완수하는 것과 같습니다.

그렇다면 개인은 어떠한 구체적 능력을 준비해야 할까요? 중량문명의 규모 있는 기업 종사자는 공채와 순환보직을 거쳐 미래의 경영진을 양성하기 위한 선발과 양성 속에 커리어를 쌓았습니다. 중량문명 시대의 이러한 투자는 한편으로는 개인의 커리어 발전을 위해 조직이 비용을 부담한 것과 같습니다. 금전적 보상과 지위적 보상을 바탕으로 인정받는 개인은 계속해서 더 오래 조직에 머무르는 미래를 꿈꿉니다. 마치 온라인 게임에서 아이템을 파밍해서 스킬을 늘리는 것처럼, 해외지사 근무, 전략팀 근무, 사업부 근무 등 여러 퀘스트를 수행한 시간의 축적으로 역량의 총합이 인식됩니다. 한때는 이렇게 얻은 역량의 '풀 스택full-stack'이 완비된 경영진의 표상으로 인식됐었습니다. 본사의 조직도 잘 알고 사업 현장도 잘 아는 경험을 거친 '과장'은 많은 경영진이 탐내는 임원 후보자가 됩니다. 하지만 기업이 발생시키는 부가가치의 원천이 전환되는 경량문명 시대에, 이러한 '풀 스택'은 근현대 고전 일화 같은 이야기가 되어버릴지도 모릅니다.

이제 새로운 문명에서 개인은 '풀 스택'을 보유하는 것보다 '퀵 스택quick-stack'의 태도를 갖는 일이 필요해집니다. '풀 스택'이 오랜 시간에 걸쳐 모든 것을 쌓고 완성형 인간이 되고자 하는 전략이었다면, '퀵 스택'은 그 대칭점에 있는 개념입니다. 빠른 시간 안에, 문제 해결을 위해 꼭 필요한 능력을 습득하고, 성장형 인간이 되어야 하는 것입니다.

말단의 업무를 돕는 것은 인공지능 에이전트로 이전합니다. 문제를 정의하고 에이전트와 협업하는 방식은 모든 이들이 매니저의 역할을 하는 것과 같습니다. 와튼스쿨의 교수 이선 몰릭Ethan Mollick은 그의 책 《듀얼 브레인》에서 인공지능과의 협업을 위한 원칙들을 소개합니다. 흥미로운 것은 그중 마지막 원칙으로, '지금의 AI를 앞으로 사용하게 될 최악의 AI라고 생각한다'입니다. 매일같이 진화하고 있는 새로운 AI 시스템의 발전 속도를 고려해본다면 항상 오늘 자 최신 시스템을 써야 하고, 이마저도 곧 구식이 될 수밖에 없다는 이야기입니다. 인간 동료는 꾸준히 발전하더라도 그 기울기는 낮은 선형을 보여줍니다. 그에 비해 AI의 발전 속도는 가히 비약적입니다. 에이전트 시스템은 인간의 습득력보다 빠르게 진화하기에 늘 새로운 역량으로 역할을 다할 것입니다. 따라서 문제가 발생할 때마다 가장 적합한 최신의 에이전트를 검증하고 적용하는 역량이 조직 내 인간 구성원들의 일상적 업무가 될 것입니다. 그렇다면 퀵 스택의 역량에서 가장 중요한 것은 늘 열려 있는 '배움의 태도'를 갖는 것입니다. 자신의 경험을 반복하지 않고, 가장 첨단의 기술 발전 추세를 숙지해서 적절한 자원을 투자하기 위한 의사결정을 하는 것이 인간의 업무로 귀착될 것입니다.

　기억하고 숙지하고 적용하는 것이 지금까지 직업인의 가장 중요한 덕목이었다면, 이제 빠르게 잊고 늘 새로운 눈으로 세상을 바라보며 호기심을 잃지 않는 어린아이와 같은 태도가 새로운 문명의 참여자들이 가져야 할 역량이 됩니다. '빠르게 잊는' 것도 경력자에겐 중요한 덕목이라는 것을 잊으면 안 됩니다. 어떤 주제든 이야기를 시작하면 "아 그

거 내가 해본 건데"라며 장광설을 늘어놓는 P 부장의 말들은 그 발화점의 태도에서 듣기 싫은 말이 되는 경우가 많습니다. 무엇보다 중요한 것은 사실관계를 보아도 그의 경험이 지금의 현실과 부합하지 않는 경우가 너무 많다는 것입니다. 그때 그가 해본 것은 지금과 다른 환경에서 시도했던 '설익은 시도'였을 뿐입니다. 지능화와 초연결이 결합된 세상 이전의 문제에서는 모든 것이 불가지했고 모든 것이 부족했습니다. 용기 있게 시도했어도 시대의 한계로 좌초된 아픔은 P 부장에게는 트라우마와 같이 남아 있기에, 그 장광설의 끝은 "그거 안 돼"로 마무리되기 일쑤입니다. '해봤지만 안 되므로 하지 말자'는 논법에 지친 사람들은 실패를 수없이 겪은 패장의 푸념에 귀를 닫기 마련입니다. 무엇보다 지금껏 안 되었기에 새로운 산업의 기회로 남은 것이고, 모두가 실패했기에 지금 내가 시도하는 것입니다.

안 된다는 말을 하기 위해 존재하는 직업은 없습니다. '그럼에도 불구하고' 다시 시도하고 저마다 성취해나가며 인간의 문명은 지금에 이른 것입니다. 지금 우리를 매료시키는 인공지능이라는 기술 또한 1950년대 이후 두 번의 혹독한 겨울을 지나며 싹트고 자랐기에 살아남을 수 있었습니다. 끈기 있는 시도와 심도 있는 연구가 미래를 만들어내지만, 무엇보다 새로운 시각과 호기심은 실패를 용인하는 너그러운 환경에서 싹튼다는 것을 기억해야 합니다.

"왜 안 되나요?" 라는 말이 늘 교차하는, "흥미롭다"와 "재미있다"라는 탄성이 웃음소리와 함께 상존하는 문화로부터 퀵 스택의 인재는 그의 총기를 잃지 않습니다. 소수정예 중심의 경량문명 위에서 한 명 한 명은 군단의 수장과 같이 거대한 전력을 맡아냅니다. 무리 중 하나가 아니라 그 자체가 무리인 소중한 한 명을 잃지 않기 위해서도 조직은 엄숙주의를 벗고 창의성의 환경으로 진화하게 될 것입니다.

웅장한 사옥을 자랑하던 대기업과 함께 공유 오피스에서 생기 있게 토론하는 스타트업을 주목하게 된 지도 얼마 되지 않았습니다. 그사이 사회에 처음 발을 딛는 이들에게 양쪽 모두 선망의 대상이 된 것은, 우열이 아닌 대등한 다양성으로 세상의 사람들에게 인식되었기 때문입니다. 안정감의 대기업과 가능성의 스타트업은 동일한 잣대로 평가할 수 없는 다양한 선택지입니다. 원숙한 경험과 패기 있는 새 시도는 어쩌면 서로 상보할 수 있는 사회 속 스펙트럼의 분포였을지 모릅니다. 하지만 경량문명과 중량문명은 공존하기 어렵습니다. 두 문명 사이의 간극은 효율의 차이에서 발생하기 때문입니다. 대기업과 스타트업이 각자의 분야에서 나름의 역할을 해나간다고 이해한다면 중량문명과 경량문명은 같은 목적을 위해서 경쟁할 것이고, 소요되는 자원의 경제성에서 후자가 우월하기에 경량문명이 차례로 기존의 자리를 얻어내기 시작할 것입니다.

그렇다고 해서 대기업이 중량문명이고 스타트업이 경량문명이라는 이분법적 오류를 범하면 곤란합니다. 대기업도 구조를 빠르게 효율화해 경량문명의 조직으로 변화할 수 있습니다. 뿐만 아니라 스타트업도 예전의 중량문명 시기의 관행과 권위적 조직 문화에서 벗어나지 못한다면 생존하기 어려울 것입니다. 작은 돌은 날 수 없지만 거대한 비행기는 가볍게 이륙합니다. 규모의 문제가 아니라 효율의 문제, 부피의 문제가 아니라 밀도의 문제로 나뉜 기준임을 기억해야 합니다. 예전에는 10명이 한 가지 일을 나누었다면, 이제 10명이 10가지 일을 하게 될 것입니다. 그 누구도 부품이나 보조가 아니라, 각 개인 모두가 마치 부서나 팀처럼 독립적 성과를 내야만 하는 개체가 됩니다. 그렇기에 조직 구성원이 지닌 커리어 목표와 일에 대한 자긍이 새로운 문명에 맞춰 다시금 정의되어야 합니다.

지금껏 조직이 목표였고, 귀속이 안정이었던 세상은 '함께 일하는 것'이 상수와 같았기에 만들어진 문화입니다. 하지만 '각자 혼자 일하지만 함께 모여 있는' 경량문명의 조직 양태가 곳곳에서 관찰됩니다. 모두가 자신만의 사업을 영위하는 것을 자영업이라고 합니다. 이제 조직은 자영업이 가능한 전문가 집합체처럼 각자의 업을 모아 더 큰 힘을 발휘하는 연합군 진영처럼 진화합니다. '퀵 스택'으로 무장한 그 연합군의 성과는 중량문명 진영과의 거대한 전투이자 생존 경쟁에서 곧 우위를 차지하게 될 것입니다.

조직 문화의 새로운 역할 - '엔터테인먼트'

　30년 전, 그 당시 서울에 방문한 이들은 한 번쯤 들러야 하는 명소라는 빌딩에서는 끝까지 올라가면 맑은 날 서해를 볼 수 있다는 말이 있었습니다. 하지만 그 빌딩에서 일하던 한 회사의 어떤 직원들에게 그 높이는 산악인이 극복해야 할 히말라야 14좌와 같았다고 합니다. 그것도 영예를 얻기 위해 등반하는 것이 아니라 경영진의 압력으로 강제로 올라야 하는 산이었다고 말입니다. 영업의 성과를 독려하기 위해 주기적으로 전 직원이 1층부터 맨 위층까지 뛰어서 올라야 하는 의무가 있었기 때문입니다. 수직 마라톤이라는 이름으로 지금도 이따금 열리는 스포츠 행사지만, 문제는 그 당시 하고 싶은 이들만 참가하는 것이 아니라 모든 직원들이 해야 하는 강제된 행사였다는 점입니다. 지금이라면 직장 내 괴롭힘으로 분류되어 지탄받아야 마땅한 일이, 정신교육이라는 이름 아래 행해지던 그때는 정말 야만의 시절이었습니다. 지금과는 그 빌딩의 주인이 다르던 시절의 이야기입니다.

이처럼 독려를 위한 괴롭힘도 있었지만 각성을 위한 폭력도 있었습니다. 정보 서비스를 운영하는 기업의 경우 장애가 나면 얼차려 정도가 아니라 선임부터 차례로 소위 '줄빠따'를 맞는 관행을 가진 곳도 있었습니다. 누아르 영화 속 조직 폭력배의 군기 장면과 같이 실제로 물리적인 폭력을 행하는 곳이 직장이었다는 것에, 그 시절 인간의 잔혹함을 다시 한번 일깨웁니다.

목표를 다시 환기시키거나, 문제를 예방하기 위해 자극을 주는 것은 동기라도 있는 폭력입니다. 하지만 업무적 긴장감을 위해서 했다던 행위들은 지금의 관점에서 보면 그저 일상적인 괴롭힘에 불과했습니다. 그 시절, 한 친구는 신입으로 들어가자마자 선배가 집합하라는 말에 가보니 파트장부터 서열 순으로 죽 서 있는 것을 보았다고 합니다. 모인 이들보다 직급이 높은 선배가 오자 파트장이 갑자기 경례를 하고 "파트장 홍길동 외 다섯 명 집합 완료했습니다"라는 문장을 외쳤다는 웃지 못할 이야기를 전해줍니다. 직급이 높은 선배는 "요즘 사원들이 슬리퍼 신고 화장실에 간다"며 파트장의 정강이를 발로 차고 갔다는 친구의 증언에 할 말을 잃었습니다. 그 시절 '군기가 세기로 유명한 회사'에서는 사내 방송으로 "ROTC 몇 기 이하는 ○시에 옥상으로 집합하라"는 메시지가 나왔다고 할 정도로 우리 사회는 폭력에 물든 채 살아왔습니다.

불과 30년 전의 이야기입니다. 그렇다면 이 모든 것은 예전의 이야기에 지나지 않을까요?

얼마 전까지도 연말마다 밤을 새우며 태백산맥을 넘는 야간 산행을 시키거나 영업 성과가 낮아지면 해병대 캠프에서 새 의지를 불태우게 했다는 이야기가 심심치 않게 들려왔습니다. 겨울 바다 모래사장에서 구보하고 마지막으로 단체 입수로 결의를 증명하는 방식은 TV 예능 프로에서도 재현되던 예전 한국의 악습입니다. 꼬인 업무는 의지로 풀 수 있다 믿고, 뭐든지 "하면 된다"는 구호가 머릿속에 있는 이들은, 세상의 문제가 생길 때마다 개인의 의지박약으로 책임을 손쉽게 돌리려 합니다.

조직 속의 구성원은 타율적이 되기 마련이라 스스로 자신의 성취동기를 만들어내지 못한다는 전제는, 이와 같은 폭력의 단초가 됩니다. 그런 세계관에 사는 사람들은 언제나 '아랫사람'은 '윗사람'에 의해 움직여진다고 믿습니다. 그렇다면 '윗사람'은 '아랫사람'의 의지를 고쳐시켜야 하고, '아랫사람'은 '윗사람'이 보기에 잘못한 것에 벌을 받아야 합니다. '윗사람'이 '아랫사람'의 일상적인 자유를 제어하는 것으로 기강을 잡아야 한다는 그릇된 의식은, 지금의 '윗사람'이 '아랫사람'이었던 시절에 받았던 부당한 대우를 다시 그다음 사람들에게 대물림하는 악습의 연대를 구조화했습니다. 욕하면서 배운다는 옛말과 같이 폭력에 의해 멍든 마음속, 반복된 폭력의 기억은 나도 모르게 스스로에 대한 자존을 잃게 만듭니다. 상처받은 이가 그 상처를 잊기 위해 지난 세월을 정당화하려 부당한 행동을 관행이라며 되풀이하는 순간, 모두가 자존을 잃고 타성에 젖게 만드는 것을 우리는 꽤 오랜 기간 목도해왔습니다. 자율이 의심받는 것에는 회사 일이기에 그가 하는 일을 좋아하지 않을 것이라는 어두운 믿음이 깔려 있습니다.

이 모든 것은 '일'은 하기 싫은 것이라는 생각에서 출발합니다. 직장을 생계로만 정의하면 '일'이라는 것이 의미를 갖기 어렵게 됩니다. 이러한 사고에서 직장인의 목표는 금전적 보상뿐이고, 월급은 정해져 있으니 효율을 높이려면 일을 최대한 하지 않는 것이라고 믿는 이들이 나오는 것입니다. 그 결과로 구성원을 '감시'하고 '독려'하며 '평가'하고 '질타'해야 한다는 관리방법론이 득세하게 됩니다. 특히 많은 이들이 협업하던 시스템에서는, 누군가 일을 하지 않아도 어쨌든 시간이 가고 결과는 만들어지는 듯한 착시를 느낄 수 있습니다. 위험을 회피하기 위해서 복수의 대안을 구성하는 큰 조직의 시스템에서는 더욱더 개인이 자신의 일을 회피하고자 하는 유혹에 빠지기 쉽습니다. 다시 말해 내가 이것을 왜 하는지 생각하지 않고, 내 일의 의미를 찾지 못한 채, 여러 사람과 위험을 분산하며 살아가는 것입니다. 그러다 보면, 출근과 퇴근을 반복하는 것만으로 마치 '일을 하는 듯한 착각'에 빠지게 되는 것입니다. 문제는 이런 사람이 늘어날수록 조직에서는 냉소적 분위기가 퍼져나간다는 것입니다.

경량문명은 적은 수의 구성원이 증강되어 스스로 완결성을 가지는 일을 행하는 것입니다. 지능화와 투명성으로 무장한 경량문명의 조직에서는 음영이 생길 수 없기에 모든 이들이 스스로의 결과를 공개하고 책임지는 시스템을 구현합니다. 문제의식과 직업의식을 가진 소수가 자발적 의지로 극단의 효율성을 내는 문화로 진화하며 감시와 관리라는 중량문명의 시스템은 더 이상 유효하지 않게 됩니다.

경량문명에서 효과적인 독려의 방법은 자기가 하는 일의 정당성을 느끼게 해서 구성원의 자발적 의지의 발현을 이끌어내는 것입니다. 새로운 문명에서는 구성원을 억지로 짜내는 것이 아니라 각자가 벅차오르게 하는 조직이 더 큰 성장을 하게 됩니다.

무엇보다 그들을 벅차오르게 하려면 그 목표가 정당해야 합니다. 한 조직의 재무적 성취에만 머무르는 것이 아니라 사회와 국가, 그리고 인류와 생태를 위하는, 그 결과가 미치는 영향이 당위에 가까워질수록 자신의 업이 지니는 정당성의 크기가 비례하게 됩니다. 그 정당한 일을 자신이 함으로써 느껴지는 벅차오름이 각자의 일상에 꺼지지 않는 동기로 살아 있게 됩니다.

이전 문명의 불합리함은 때로 어두움의 '짬짜미' 행위를 구성원에게 요구하곤 했습니다. 하지만 모든 것이 실시간으로 기록되고, 조직과 구성원의 관계가 평생이 아닌 일시적 협력으로 변화하며 이러한 관행 역시 어두운 역사로 남게 되었습니다. 지금의 세대는 조직의 일이기 때문에 했던 위험한 일, 희생에 개인을 내던지지 않습니다. 조직이 끝까지 지켜주거나 보상을 약속할 수도 없습니다. 모두가 끝까지 함께 가는 것이 아니기에, 현재의 동료에게 묵계를 요구할 수도 없습니다.

급속하게 바뀌는 동료와의 관계는 이전의 롤 모델이 빠르게 저무는 반작용으로 작동합니다. 문명의 전환기에 기존의 지식 중 의미를 갖지 못하는 것들이 늘어납니다. 그러다 보니 예전의 선배가 롤 모델에서 타산지석으로, 심지어 그중 일부는 반면교사로 인식되는 일까지 생기고 있습니다. 이제 이전의 경력자들이 가진 지식의 효용이 희미해지며, 시시각 각 변화하는 세상에 늘 적응하는 새로운 인재를 찾는 눈이 바빠지는 것입니다.

무엇보다 새로운 시스템을 꾸준히 만들어가며 혁신이 일상화되자 조직의 구성 역시 극단적인 태스크 기반의 임시 모둠으로 유동화되고 있습니다. 특정 목적을 위해 전문가들 이 모여 힘을 합해 문제를 풀어내고, 그 운영을 자동화한 후 다시 헤어지는 형식은 스쿼드Squad라 불리는 특수부대의 유 닛처럼 집합과 해체를 일상화합니다. 그때 모이는 이들의 특 징은 자신의 분야에 전문성을 갖고, 타인과 소통이 가능한 사람입니다. 〈오션스 일레븐〉이나 〈도둑들〉 같은 케이퍼 무 비의 주인공들처럼 각자 특기를 갖고 모인 전문가 그룹은 서 로의 장점을 주고받기 위해 의사소통의 원활함이 필수가 됩 니다. 그렇다면 사람들을 싫어하지 않고, 사람들이 찾고 싶 은 이가 새로운 문명의 참여자로 환영받을 것임을 자연스럽 게 이해할 수 있습니다.

새로운 문명에서 팀을 구성하는 것은 신인 선수를 지명 하는 프로 스포츠팀의 법칙과 같습니다. 구성원은 마음에

드는 프로젝트에 지원할 수 있습니다. 마찬가지로 그 프로젝트를 수행할 이들은 함께할 구성원을 선택할 수 있습니다. 자신이 하고 싶은 일을 고를 수 있고, 또 함께할 구성원을 고를 수 있는 평등한 사회에서는 기존 인사팀의 '발령' 시스템이 무력화됩니다. 뿐만 아니라 동료들이 함께하기를 원하지 않는 이들은 자연스레 어디에도 속하지 못하는 상황으로 접어들게 됩니다.

'상사'에게 잘 보이거나, '인사권자'의 눈에 들면 '좋은 자리'로 가던 이전 문명의 관행이 저무는 것입니다. "이번 고생이 끝나면 좋은 자리로 갈 수 있어"와 같은 이야기는 지금 하는 일이 내가 선택한 일이 아니라는 이야기와 같습니다. 선택하지 않은 일을 묵묵히 해나가면 조직으로부터 나중에 보상을 받는다는 이야기는, 한 조직과 한 개인이 함께하는 기간이 줄어들면서 더는 유효한 거래가 아닌 것으로 밝혀지고 있습니다. 무엇보다 내 일이 아닌 것을 해야 한다면, 내 일을 갈고닦는 기회와 경험이 줄어든다는 것과 같기에, 스스로의 길을 만들어나가고자 하는 핵개인들은 그 거래의 시작부터 생리적인 거부감을 갖게 마련입니다.

그렇다면 경량문명은 각자에게 '매력적인 사람'이 되기를 독려할 것입니다. 새로운 문명에서 인간은 선택적으로 연대하고자 합니다, '찾고 싶은 사람'이 되기 위해 각자는 매력적인 핵개인이 되기 위해 노력할 것입니다. 단순히 외모를 꾸미는 것이 아니라, 상대를 동등하게 대하며 서로를 도구화하지 않는 쿨한 관계를 만드는 이들이 매력적인 사람으로 환영받을 것입니다. 상대를 이용하는 사람과의 관계는 오래가지 못합니다. 배신을 거듭하는 누아르 영화 속, 자기가 이용당했다는 것을 인지한 주인공은 배신과 복수로 카타르시스를 선사합니다. 서로를 적대시하는 관계의 출발은 누군가를 도구화하는 것입니다. 결국 대접받고 싶은 대로 대접하라는 옛 성현의 말씀과 같이 상대를 나처럼 대하는 사람들이 새로운 문명에서 모두의 선택으로 인정받게 됩니다.

같은 일을 위해 많은 이들이 협력해야 하던 중량문명에서는 한 팀에 배속된 모든 이들은 끈끈한 선후배의 관계로 단단히 고정되었습니다. 선배가 승진해야 나에게 자리가 나는, 결코 그보다 앞설 수 없는 장유유서의 연공서열은 부당한 지시에도, 비합리적 결정에도 침묵하게 만들었습니다. 잠시 만나고 곧 헤어지는, 그리고 다시 또 새로운 만남을 기약하는 경량문명의 조직은 찰나에 스쳐 가는 전문가들의 프로젝트로 잠시 존재할 뿐입니다.

빠르게 만나고 곧 헤어지는 구성원들이 즐겁고 효율적

으로 일하기 위해서 조직은 어떤 일을 해야 할지 생각해봅니다. '어떻게 하면 구성원들이 더 즐겁게, 더 화합하며 일할 수 있을까'를 고민했던 한 회장님의 이야기는 좋은 예시가 됩니다. 몇 개의 계열사를 가지고 있는 큰 규모의 기업 K 회장은 수많은 구성원과 함께 일하기 위해 노력했던 자신의 경험을 이야기합니다. 차근차근 성장해오다 해외의 거래처를 통해 폭발적인 매출의 증가를 이룬 그 기업은 늘어난 성과만큼 갑자기 커진 조직의 화합에 어려움을 겪었습니다. 각자가 열심히 해도 함께 도모하지 않으면 좋은 결과를 낼 수 없기에, 사안마다 대립하는 조직 간의 긴장은 회사의 성장에 가장 큰 위험으로 작동했다고 합니다. 부서의 책임자가 만나면 간단히 해결할 일도, 구성원들끼리의 일상적 힘겨루기에 매번 합의에 이르기 어려워 마치 덧난 상처처럼 치유하기 어려운 갈등으로 번져간 것입니다. 그러다 보면 같은 회사의 동료들이 오히려 나의 경쟁자처럼 인식되기 시작합니다. A 본부와 B 본부의 사이가 오히려 경쟁사와의 사이보다 더 적대시되며, 협력은커녕 정보를 차단하는 지경에 빠질 수도 있는 것입니다. 만나서 회의를 해도 갈등의 골이 계속 깊어져만 가는 상황을 목격한 K 회장의 방책은 아무것도 안 하고 친해지도록 한 것이었습니다.

K 회장은 임원들만이 함께하는 2박 3일 여행을 기획하고 제주도 깊은 산으로 들어가서 아무런 일정 없이 '놀기'만 하고 오게 했다고 합니다. 임원 워크숍은 통상 머리 아픈 숫자와 어려운 일의 토론이 이어지지만, 그날의 여행은 아무런 목적 없이 진행된 것입니다. 그림 같은 풍광에서 맛있는 것을 잔뜩 먹고 업무 이야기는 금지한 채 일상적인 삶과 농담만 주고받게 했더니, 오히려 그 후 조직 간의 협력이 눈에 띄게 좋아졌다는 이야기에서 우리는 힌트를 얻을 수 있습니다.

경쟁하게 하는 것이 아니라, 서로를 믿게 하는 것이 더 큰 시너지를 낸다는 것입니다. 좋은 뜻으로 만들어진 훌륭한 조직에 들어올 만한 사람은 이미 훌륭한 이들입니다. 자신의 삶을 소중히 여기고 단단한 경력을 쌓아온 이들을 경쟁시켜 얻는 것은 배타적인 문화와 불신의 관행뿐이기에, 구성원을 믿고 그들의 사이의 벽을 없애며 더 큰 뜻을 펼치게 한 회장님의 경험에서 많은 것을 배울 수 있습니다. 즐거움과 화합을 목적으로 하는 그 여행은, 전 구성원이 팀을 만들어서 해외에 다녀오는 행사로 확장되었다고 합니다. 함께 일하는 동료들과 같이 낯선 나라에 가서 나름의 목표를 성취하는 경험은 매우 강한 유대를 만들어냅니다. 그 회사는 더 나아가 여행의 기획 또한 참석자들이 자발적으로 하게 함으로써 모두가 주도하는 문화로 전체 과정을 발전시켜 나갔다고 합니다. 최고 경영자인 K 회장은 경량문명 시대에 맞는 새로운 성공 방정식을 발견한 것입니다.

K 회장은 자신의 역할을 CEO(Chief Entertainment Officer)라고 웃으며 설명했습니다. 농담처럼 들리지만 그의 주장은 부드러우면서도 단호했습니다. 이미 훌륭한 이들을 더 큰 성취를 내기 위해 묶어내는 힘은 서로를 믿고 의지하게 만드는 것임을 그는 깨달은 것입니다. 해병대 캠프에서 만나는 악역의 교관이 아니라 마이스MICE 산업을 책임지는 즐거운 엔터테이너로 자신을 소개하는 그의 눈빛에서 구성원들과 더 오랜 시간을 함께하고픈 그의 진심을 읽을 수 있었습니다. 함께 있는 동안에 즐거움을 주고, 한 번 모이고 나면 가슴 벅찬 영감을 주는 리더가 더욱 필요한 시대가 오고 있습니다.

여기서 잊지 말아야 할 것은 인간은 취약한 망각의 존재라는 것입니다. 한 번의 감동은 큰 힘을 건네지만 그 역시 유효기간이 있습니다. 훌륭한 철학을 전한다고 해도, 주기적으로 다시금 일깨우는 조직 나름의 리추얼을 지속해야 합니다. 그리고 그 리추얼은 모두에게 즐거운 축제로 다가와야 합니다. 글로벌 기업 깃랩GitLab은 전 세계 60개국 2,300

명 넘는 전 직원이 모두 원격 작업을 하는 세계에서 가장 큰 리모트워크 도입 기업입니다.[2] 이들은 일정 주기로 한 번씩 전 직원이 휴양지에서 모인다고 합니다. 아무리 바빠도 9개월에 한 번은 전 직원이 모여서 함께 휴가를 즐기며, 주기적으로 즐거운 분위기에서 서로를 마주하는 경험을 쌓게 하는 것으로 감동과 화합을 유지시키는 것입니다.

증강된 협력이 자리 잡으며 매일의 성과가 실시간으로 기록되는 경량문명에서는 자신의 성적은 스스로 확인할 수 있습니다. 경량문명에서 각자를 각성하게 만드는 것은 무서운 선배의 호령이 아니라 스스로에게 엄격한 각자의 자존입니다. 이미 제 몫을 하고 서로를 돌보며 더 큰 성취를 도모하는 것은 새로운 문명의 참여자들에게 반드시 필요한 덕목이 됩니다. 그리고 서로를 돌보는 것이 의무가 아니라 문화가 되도록 만드는 것이 전체 조직을 이끄는 수장의 필수적 덕목이 되고 있습니다. 이제 CEO는 최고 즐거움 책임자로 거듭나고 있습니다.

공부의 배신, 배움의 재정의

출생 인구가 급감하며 생긴 변화는 학령기 교육 시장에서 먼저 균열을 만들어내고 있습니다. 어린이집과 유치원, 초등학교 순으로 신입생은 가파르게 줄어왔습니다. 이제 대학 차례까지 왔습니다. 1980년 86만 명에서 2000년 64만 명으로, 다시 2006년 45만 명으로 줄어든 신생아의 수는 20년 후 대학에 진학하는 사람들의 모집단이 됩니다. 2024년 기준 한국의 대학교 정원의 총계는 64만 명을 넘으니 이미 학령기 인구는 전체 대학 정원보다 적어져 대학들이 정원을 채우지 못하는 일이 일반화될 것입니다.[3]

충분한 수의 학생이 입학하지 못하면 대학도 재정적 어려움에 처하게 됩니다. 경제적 기반이 약해지고 면학의 분위기가 형성되지 않아 교육의 질이 저하될 것을 고민하는 곳도 있습니다. 자신이 졸업한 대학이 계속 유지되어 사회적 유대나 사람들의 인정이 평생의 자산으로 남기를 바라는 사람들도 있기에, 관심은 서울과 수도권 대학으로 더욱 몰리게 됩니다. 지방의 거점 국립대와 명문 사립대들이 각자 고르게 경쟁하던 시장이, 지역 대 수도권의 이분법적 경쟁으로 내몰리게 된 것입니다.

여기에만 머무르지 않습니다. 우리가 발 딛고 있는 국가의 산업 생산성과 발전의 가능성에 의문을 가진 사람들은 한국을 넘어 해외로까지 교육의 기회를 넓히고 있습니다. 그간 300개가 넘는 대학이 경쟁하며 한국에서의 '서열'을 만들어왔다면, 이제 그 리그가 국외로 확장되기 시작한 것입니다. 영어유치원을 거치고 국내 법률로는 비인가 학교인 국제학교를 통해 중고등학교 과정을 마친 이들이 미국 아이비리그로 통하는 새로운 경로를 찾고 있습니다. 서울의 유명 대학을 나와도 취업은 계속 어려워지고, 설사 취직한다 해도 처우와 문화에 만족하기 어렵습니다. 뿐만 아니라 직업의 생멸이 빨라지며 한 직장에서 정년까지 머무르는 것이 쉽지 않고, 퇴직 후 남은 삶이 길어지며 여생을 위해 준비해야 할 금액은 커져만 갑니다. 야구 유망주가 학생 리그를 거쳐 더블A와 트리플A를 지나 메이저리그에 입성하는 것과 같이, 학업의 목표 또한 계속 높아져만 가는 것입니다. 예전 해외 유학이 어렵던 시절, 주변에서 만날 수 있었던 유학 경험자가 교수님뿐이었다면 이제는 초중고와 대학에 이르기까지 주변의 수많은 이들이 이러한 선택을 하고 있음을 쉽게 발견할 수 있습니다.

《시대예보: 호명사회》에서 '상호 경쟁의 인플레이션'에 대해 언급한 적이 있습니다. 모두가 계속해서 경쟁하고 그 성취의 목표가 커질수록 그에 들인 시간과 노력의 가치는 자연스레 모두에게 절하되고 마는 것입니다. 서울대가 선망의 끝이던 사회에 하버드와 스탠퍼드, MIT, 예일이 들어오며 경쟁은 확대되었습니다. 1960~1970년대 지방에서 서울로 '유학'을 보내던 시절에 교육비는 투자와 같았고 그 투자 대비 효과도 언제나 플러스에 가까웠습니다. 하지만 해외로 유학을 보내는 것이라면 1년에 1억 원에 가까운 학비와 적지 않은 생활비는, 2020년대 높아진 한국의 GDP를 고려해도 대부분의 가정에 부담스러운 비용입니다. 투자한 돈이 커질수록 그 기댓값의 크기도 한참 높아질 수밖에 없습니다. 어쩌면 이제 대학 교육이라는 영역에서 투자 대비 효과는 이미 사라진 것일지 모릅니다.

그간 우리는 책을 외우고 시험을 보는 일련의 행위에 '공부'라는 이름을 붙이고 지나치게 숭고한 가치를 부여했는지도 모릅니다. '입신양명'이라는 단어와 '등용문'이라는 단어가 왕조시대의 과거시험과 결합되어 언급되던 문화 위에 우리는 자라왔습니다. 그러한 바탕이 우리의 근대와 현대에 이르기까지 '공부'라는 단어의 인식 형성에 영향을 미쳤을 것입니다. 공부하고, 학위를 얻고, 더 높은 처우와 인정을 받는 예전 '출세'의 메커니즘이 머릿속에 깊게 새겨진 나머지, 세상의 변화를 객관적으로 인식하지 못한 채, 돌려받지 못할 투자를 고려하는 것입니다. 결국 사람들에게 칭찬받기 위해 '시험 잘 보는 행위'를 지속하려는 관성이 우리 마음을 사로잡고 있었던 것은 아닐까요? 한국 사회는 '공부한다'는 서사를 살고 있는 이들을 그것만으로 지나치게 보호하고 존중하는 듯합니다. 그리고 많은 이들이 공부의 결말이 학위와 자격증으로, 훈장 같은 표식으로 증거되어야 한다고 믿습니다.

경량문명 시대에 무엇보다 가장 큰 전환은 '배움'이라는 과정 자체의 재정의입니다. 씨를 뿌리고 농사를 짓고 그 추수의 결과로 여생을 누리던 인생 모델은 이제 점차 희미해집니다. 배움에 대한 투자도 그를 통해 얻는 성취도 짧은 주기로 순환하며 새로운 환경에 대한 적응을 상시화합니다. 시대적 변화는 모두에게 동시에 오지만 그 수용에는 격차가 있습니다.

너무 빠른 변화의 낙차는 어지러움을 동반합니다. 각자가 지향했던 삶과 새롭게 적응하는 세상과의 이격에서 느껴지는 멀미가 곳곳에서 관찰됩니다. 입신양명의 꿈은 주경야독이라는 불가능한 고사에서 사당오락이라는 누구나 거쳐야 할, 무엇보다 삶의 기본권을 제한하는 삶으로 모두를 내몰았습니다. 성장의 기울기가 완만해지는 지금도 그 관성은 멈추지 않고 오히려《시대예보: 호명사회》에서 소개한 바와 같이, 유치원 의대준비반의 출현과 같은 '기괴한 열정'의 시작 시점을 앞당기고 있습니다. 지구 온난화로 녹고 있는 북극의 빙산처럼 과거의 시스템에서 유효했던 우위의 자리가 줄어들며, 얼마 남지 않은 얼음 위 북극곰과 같이 드라마〈오징어 게임〉의 '짝짓기 게임'처럼 몇 개 안 남은 자리에 더욱 매달리고 있습니다. 그 확률이 줄어드는 게임의 끝은 대다수가 패배자가 되는 슬픈 결론임을 모르지 않습니다. 다만 바뀐 세상의 어느 곳이 잃어버린 낙원일지 모르기에, 눈을 들어 살피는 것이 아니라 예전의 기억에 의존하고 지나간 성공의 방정식을 반복하고 있는 것입니다.

이제 긴밀하게 연결된 세상 속 수고스러움을 대체하는 새로운 시스템이 일상화됩니다. 채혈로 혈당을 측정하던 행위가 패치와 센서로 매분 측정되는 시스템으로 변모하며 야간 당직 의료진의 수고스러움은 경감되는 것과 같습니다. 삶 속 깨알 같은 지능화는 우리에게 수고스러움을 제거하며 시간의 여유를 가져다줄 것입니다. 반대로 그렇게 찾아온 여유는 행위 중심으로 보상받던 촘촘한 경제 체제의 네트워크를 이완시키며, 각자 관성에서 벗어나 새로운 가치를 제공하라는 압력으로 다가오게 됩니다.

이제 학령기에 배우고 선택한 업에서 숙련으로 보상받던 방식은 유효기간을 다하고, 무언가 또 새로운 것을 다시 배워야 한다는 평생교육으로 배움의 기간이 확장됩니다. 앞으로 공부하라는 말은 청소년이 아니라 오히려 중장년이 더 많이 듣게 될 것입니다. 이때 배움은 공무원 시험이나 자격증 취득을 위해 학원에 다니는 일이 아닌, 평생의 업을 찾아가기 위한 치열한 자기 탐색이 될 것입니다.

인류학자 애나 로웬하웁트 칭Anna Lowenhaupt Tsing은 그의 책 《세계 끝의 버섯》에서 우리 사회가 근대화를 통해 안정적인 임금과 혜택을 제공하는 '표준 고용'을 제공할 것이라고 기대했지만 이제는 그런 일이 드물다는 것에 주목합니다. 저자는 대부분의 사람들이 비정규적인 생계 수단에 의존한다며, "모든 사람이 자본주의에 의존하고 있지만 거의 어느 누구도 이전에 '정규직'이라 불리던 직업을 갖고 있지

앞으로 공부하라는 말은

청소년이 아니라

중장년이 더 많이 듣게 될 것입니다.

않다는 것은 우리 시대의 아이러니"라고 지적합니다. 날이 갈수록 직업의 유동성이 커지는 세상에서, 불안정성이 우리 세계의 일상화된 조건일지도 모른다는 저자의 서늘한 관점이 무겁게 다가옵니다.

다정하게 사람을 만나고 섬세하게 몸을 쓰는 직업은 AI와 로봇의 시대에도 가치를 잃지 않습니다. '공부' 못하면 '몸' 쓰는 직업을 한다고 어르며, '몸'을 쓰는 직업에 정당한 대가를 지불하지 않던 시대의 불평등한 배려는 지금도 많은 이들의 마음속에 남아 있습니다. 그 시절 책상에 앉아 펜을 쓰던 직업만 숭배하던 이들은 AI의 시대에 역풍을 맞게 될 입장에 놓여 있습니다.

대학원 위의 학위 과정이 있다면, 예를 들어 대학원보다도 높은 '대대학원'이 있다면 학위는 계속 경쟁적으로 인플레이션 될 것입니다. 하지만 실제로 '대대학원'은 존재하지 않고 최종 학위 등급이 정해져 있는 상태에서, 모두가 같은 학위를 가지게 된다면 투자 대비 효과는 없음을 깨닫게 됩니다. 학위의 '만렙'을 찍은 후, 그것이 의미를 갖지 못한다는 것을 확인한 이들에게 제일 먼저 찾아오는 감정은 절망입니다. 《시대예보: 호명사회》의 시작 문장처럼 '사람은 가진 것이 없을 때가 아니라, 자신이 갖고 있던 것이 대단한 것이 아니란 것을 깨달았을 때 더 슬퍼집니다'.

학위로 '만렙'을 찍어보았지만 그것이 실질적인 혜택으로 환금되지 않으며 사람들은 이제 좀 더 현실의 역량에 대해 고민하기 시작합니다. 오히려 미국의 스타트업 생태계는 대학을 졸업하지 않고 창업한 이들의 성공 스토리에 더 큰 의미를 부여하며, 학위를 가지지 않아도 세상의 문제를 직접 풀어나가는 이들을 격려하고 있습니다. 우리 사회가 좇아온 학벌 타이틀, 그 끝에 자리 잡은 국가에서 되레 학벌을 내려놓는 아이러니가 벌어지고 있는 것입니다. 이 시대의 '공부'는 어떻게 새롭게 정의되어야 하는지 사람들은 고민을 시작하고 있습니다.

그 출발점은 '세상에서 나의 쓸모를 찾기 위한 준비'에 있습니다. 물론 스스로의 지혜를 밝히고 삶의 의미를 찾기 위한 공부도 중요합니다. 그러나 이를 위해 개인의 소중한 자원을 쓸 수 있을 만큼 환경이 여유로운 이들의 수는 그리 많지 않습니다. 더욱이 개인의 생애가 길어지며 스스로를 돌볼 힘을 장기간 동안 얻기 위해서라도 자신의 공부와 생업이 상호 보완되는 체계를 만들고픈 것은 많은 이들의 소망입니다.

수요가 있는 곳에 공급이 있다는 단순한 진리를 다시

생각해본다면, 《시대예보: 핵개인의 시대》에서 이야기한 바와 같이 '채용'이 지고 '영입'이 늘고 있음에 주목해볼 수 있습니다. 최근 들어 많은 국내외 기업들이 신입 채용과 공채의 시스템에 근본적 회의를 제기하고 있습니다. 실제로 기업들은 경력직 채용을 통해 새로운 수요를 충원할 뿐, 신입직원을 뽑는 행위를 근원적으로 제거하기 시작했습니다. 그러다 보니 사회에 새롭게 진입하는 많은 이들은 기업들의 변화에 사회적 책임에 대한 질타를 보내기도 합니다. 그러나 다시 생각해보아야 할 점은, 법인과 개인의 관계가 낭만적인 양성과 지원의 약속에서 출발한 것이 아니라는 사실입니다. 기업의 목적을 위해 필요한 능력과 노력을 정당한 계약관계에 의해 보수와 상계하는 행위를 고용으로 정의한 것입니다.

　무엇보다 지금까지는 장기적 계약관계에 의해 오랜 기간 동안 함께 성장하는 모델이 유효한 것이었으나, 지능화와 자동화로 빠르게 업무가 재정의되는 지금의 시대에는 기업의 일까지도 실시간으로 변화합니다. 그렇기에 능동적 적응을 위한 태세가 필요하게 된 것임을 냉정하게 인식해야 합니다. 이것이 곧 우리에게 필요한 새로운 형태의 배움인 동시에, 기존에 갖고 있던 인생 투자와 성취의 긴 주기를 다시 바라보는 적응입니다.

문제는 '공부'를 둘러싼 가치와 체계가 흔들리면서, 이런 변화가 일어나기 전에 학업에 많은 투자를 해온 이들이 큰 당혹감을 느낀다는 것입니다. 사회 속에서 본인에게 주어진 몫을 어엿이 해내기 위한 준비를 학령기의 경쟁에서 이루는 것으로 충분하다고 믿은 이들에게, '공부'의 재정의는 심리적으로나 현실적으로나 적응하기 힘든 것입니다. 매년 줄어드는 성인 독서 시장의 크기는 시사하는 바가 작지 않습니다. 유튜브와 페이스북으로 정보를 보고 듣고 읽고 쓰고 있지만, 그 정보의 밀도와 순도가 실용적 수준과 전문적 영역에서 환금될 수 있는지 고민해보아야 합니다. 무엇보다 누구나 할 수 있다면 시장 참여자가 무한대가 되는바, 그 대가의 크기가 생활을 영위할 수 있는 수준에 미치지 못하게 됩니다. 뿐만 아니라 인공지능의 범용화로 단순 지식의 제공이나 일상적 창작의 범주까지 극한의 효율로 시장이 잠식되며 단편적 지식이나 공개된 정보의 습득으로 자신의 업을 보호할 수 없음을 손쉽게 유추할 수 있습니다.

이런 환경의 변화로 새로운 공부를 정의해볼 수 있습니다.

첫째, 학령기의 공부가 아닌 평생의 공부가 일반화되며 공부의 기간이 인생만큼 길어질 것입니다. 한국 정부가 정의한 공교육의 대상자는 8세부터 12년간입니다. 어린이집과 유치원을 먼저 경험하지만, 유아기의 과정은 보육의 의미가 강합니다. 12년의 교육 이후에 가는 대학은 전적으로 개인과 가정의 선택입니다. 물론 70%에 달하는 한국 2030 성인의 대학 이수율은 사회적 요구를 보여주고 있지만 이제 그 관성은 예전 같지 않습니다.[4] 이처럼 20대까지 배우고 그 이후에 배운 지식과 새로 얻은 경험으로 남은 평생을 살아가던 방식이 급속히 변화하고 있습니다. 방송통신대학과 대학원을 선택하는 것뿐 아니라, 단기 교육 과정이나 자격증의 습득, 연수에 이르기까지 다양한 시도가 일반화될 것입니다. 이것은 단순히 '가방끈'을 늘리는 것이 아니라 실제 역량을 배가하기 위한 개인의 노력이 동인으로 작동하는 것입니다.

둘째, 모든 것을 배우는 것이 아니라, 나만의 것을 탐구하는 방식으로 공부의 대상이 좁아지게 될 것입니다. 세상을 이해하기 위한 인문의 탐구도 여전히 필요하고 유용합니다. 다만 경량문명의 공부는 좀 더 현실적인 자신의 새로운 직무에 적용하기 위해 출발해야 합니다. 교양이 아니라 실용에서 시작한 공부의 동기는 전 과목 '올백'을 칭찬하던 학령기 공부와 달리, 좁은 영역의 전문성으로 향하게 됩니다.

셋째, 이미 누군가가 발견한 것을 알려주는 게 아닌, 아무도 모르는 것을 스스로 찾는 방향으로 깊어질 것입니다. 인공지능의 특징은 이미 밝혀진 사실과 지식을 체계적으로 학습하여 빠르게 정리해 설명하는 것입니다. 다시 설명하면 명문화되고 구조화된 지식의 분야는 마치 학술 아카이브에 제출된 논문처럼 인류문명의 공공재로 편입될 것입니다. 그렇다면 이미 존재하는 것을 배우고 익히는 공부는 그 실용적 효용이 사라질 확률이 높습니다. '공자 왈'로 시작하는 '사서삼경'을 처음부터 끝까지 외고 암기하는 기예가 더는 의미를 갖지 못하는 것과 같습니다. 하지만 그 공부를 통해 얻어진 모든 것이 부정되는 것은 아닙니다. 정보의 습득과 암기를 통해 나의 두뇌가 구조화되고 새로운 사고를 해낼 수 있는 얼개를 만들어낸다면 기존의 공부 역시 충분한 의미를 가집니다. 다만 암기와 암송의 역할만으로 지식을 전달하는 작업은 새로운 문명에서 그 효용이 급속히 줄어들게 됩니다.

마지막으로, 경쟁자와 비교해 등수를 내는 것이 아닌, 나만의 것을 오롯이 해내는 것으로 바뀌며 공부를 하는 이들의 마음은 평온을 찾을 수 있을 것입니다. 이미 존재하는 반복되는 일은 자동화의 길로 향합니다. 이미 존재하는 대

규모의 일은 빠르게 인공지능에 역할을 넘기게 됩니다. 따라서 같은 일을 무리 지어 하는 참여자의 총량이 많을수록, 그 일의 전망은 어두워질 수 있습니다. 팔란티어Palantir의 CEO 알렉스 카프Alex Karp는 "대학 학위를 가진 사람들을 더 이상 채용하지 않겠다"고 선언했습니다.5 대신에 실제 기술 역량과 문제 해결 능력을 가진 사람들을 찾겠다고 말한 것입니다. 이는 기존 학력 중심의 경쟁 체계에서 벗어나 개인만의 고유한 역량을 중시하는 변화를 보여줍니다. 앞에서 이야기한 대로 자신의 공부를 하는 이들이 각자의 선단에서 새로운 발견을 해내는 경량문명 속 새로운 공부는 태생적으로 고유한 것이기에, 다른 이들과 비교할 수도, 순위로 평가할 수도 없습니다.

경량문명은 무게와 안정을 포기하는 문명입니다. 문명의 전환기에 사람들은 익숙함의 위안을 벗고 낯선 각성을 선택하게 됩니다. 이들은 자신이 해온 일을 반복하지 않고, 지금껏 엄두를 못 내던 일에 다가가며 스스로를 발견해냅니다. 이러한 새로운 경계의 만남을 훨씬 전부터 살아온 이는 뮤지션 데이비드 보위David Bowie입니다. 그는 일생 내내 경계 없음의 감각을 좇아왔습니다. 브렛 모겐Brett Morgen 감독의 영화 〈문에이지 데이드림〉에서 보위는 다음과 같이 말합니다. "여러분이 하는 일에 안정감을 느낀다면, 그건 잘 맞는 일이 아니에요. 늘 가능하다고 예상하는 것보다 조금 더 깊은 물에 들어가세요. 바닥에 발이 닿을락 말락 할 때가 신나는 일을 하기에 딱 좋은 순간이죠." 보위는 장르와 정체성, 시대와 문화의 경계를 넘어서며 스스로를 끊임없이 갱신해왔습니다. 불안을 제거하는 것이 아니라 불안을 에너지로 바꾸어가며 늘 새로운 것을 추구해온 그에게 경량문명인의 자세를 발견할 수 있습니다. 경량문명의 사람들은 불확실성을 피하지 않습니다. 가볍게 떠오르는 새로운 문명인들은 자신의 불안을 에너지로 새로운 시도를 거듭해나갑니다.

이미 알려진 모든 것을 재빨리 외우고, 누구보다 틀림없이 시간 내에 정답을 내고, 수만 명의 사람들과 경쟁 끝에 우뚝 서서 남들에게 제한된 기회를 독점하던 방식이 이제 저물고 있습니다. 아무도 가지 않은 길을 묵묵히 걸어가며, 늘 배우고 스스로 깨치는 새로운 공부의 자세는, 앞에서 이야기한 대학원의 연구 과정과 다르지 않습니다. 다만 둘의 차이는 그 권위를 대학원이 부여하는 것이 아니라 같은 길을 가고자 하는 업의 전문가들이 인정해준다는 것입니다. 그리고 그 인정의 가장 중심에는 스스로 자신을 인정하는, 전날의 나와 늘 경쟁하는 자신이 있습니다.

제4장

경량문명 코리아

품질과 단가가

경쟁력의 중심이던 시대를 넘어

이제는 감성과 배려가

가장 중요한 경쟁력의 원천이

되어가고 있습니다.

선망의 K - 세계의 시선이 한국으로

　2025년 구독자 2,380만 명을 보유한 독일의 과학 유튜브 채널이 게시한 '한국은 끝났다(South Korea is over)'라는 섬뜩한 경고의 동영상은 보름도 안 되어 1,000만 회가 넘는 조회 수를 얻었습니다. 한국의 낮은 출생률을 감안하면 2060년 이후 한국이 붕괴의 위기에 이를 것이라는 분석을 한 것입니다. 고령화되며 소비가 둔화되는 현상까지 감안해 본다면 자국민의 소비에만 의존하는 대한민국의 내수는 이미 한계에 다다른 것일지 모릅니다. 하지만 다행히도 예기치 않은 곳에서 새로운 기회가 발견되고 있습니다.

　최근 한국을 찾는 방문객의 수는 급격히 늘지 않았지만 방문자의 구성이 극적으로 바뀌는 것이 관찰됩니다. 2019년 1,750만 국내 방문자는 중국과 일본 관광객이 비중의 절반을 넘을 만큼 편중되었습니다.[1] 그러나 이제는 방문객의 출신 국가가 다양해지고 연령이 낮아지는 현상이 뚜렷하게 관찰됩니다.[2] 단체관광이 아니라 개별 관광으로 바뀌는 추세는 더욱 명확해서, 면세점보다 시내 번화가의 상점들이 수혜를 입고 있습니다. 올리브영과 같은 화장품, 다이소와 같은 생활용품 점포에 해외 관광객의 매출이 급증하는 광경은 내수가 수출과 같은 외화 획득의 채널로 확장되는 것을 보여줍니다.

상품이 아니라 사람이 교류하는 새로운 산업은 현대에 들어 우리에게 찾아온 낯선 방식일 수 있습니다. 과거 우리나라는 반도에 위치해 대륙과 대양을 이어나가는 역할을 할 수도 있었지만 당시 조상의 선택은 달랐습니다. 열강의 사이에서 스스로를 지키고자 하는 기개도 험준한 지세를 무기 삼아 고립과 방어를 선택했던 것입니다. 이후 분단의 역사를 겪으며 그 반도마저 섬과 같이 단절되었습니다.

근현대 산업화 시기에 상품은 바쁘게 오갔지만 사람이 드나드는 속도의 변화는 경제 발전의 가파른 기울기에 비하면 초라하기 그지없었습니다. 드나들기 어려운 곳이었을 수도, 거꾸로 너무나 척박했기에 딱히 오고 싶을 이유가 없는 곳이었을 수도 있습니다. 어느 이유든 우리가 이 땅에서 만날 수 있었던 낯선 이들의 수는 매우 제한적이었기에, 최근 들어 새롭게 받는 해외로부터의 주목과 관심이 신기하기도,

당황스럽기도 한 것입니다. 교역 규모 세계 10위권 국가가 이제야 교류의 세계화에 노출되고 있습니다.

꽤 오랫동안 '영국제 양복'과 '프랑스제 화장품'에 지불했던 것은 단순한 품질을 넘어선 선망의 비용임을 우리는 잘 알고 있습니다. 때로는 그 선망 때문에 몸에 맞지 않는 것을 억지로 구겨 입곤 했습니다. 이제 해외에서 온 이들이 한국의 삶을 동경하며 찜질방에 가서 삶은 계란과 식혜를 먹고, 땀을 흘린 후 메로나와 바나나 우유를 고르고 있는 것입니다. 무엇인가를 일부러 할 필요가 없이, 그저 우리의 삶을 보여주고 그에게 참여를 허락하는 것만으로도 충분한 새로운 산업은, 손님을 맞이하는 것을 중시하던 조상의 자세를 다시 일깨우고 있습니다.

《시대예보: 핵개인의 시대》에서 이야기한 접두사 K로 시작하는 문화의 확산은 전 세계적인 팬덤을 형성하고 있습니다. 영화와 드라마를 거쳐 〈흑백요리사〉와 같은 TV 쇼까지 확장되는 한국 문화에 대한 선망은, 직접 그 발신지에 가보고 싶어 하는 수많은 국가 사람들의 열망을 증폭시켰습니다. 그 결과로 여행의 목적이 풍광보다 '한국의 문화'인 방문객들의 열의가 확산된 것입니다. 돌이켜보면 예전 한국 방문자에게 권하던 볼거리는 전통문화, 역사 유적지, 자연경관과 같이 오래된 것이었습니다. 그다음 발전의 시대를 지나며 63빌딩, 남산타워, 한강 유람선의 3종 세트로 확장했지만, 그 또한 한국에 살고 있는 사람들에게 늘 선택받는 장소가 아니었습니다.

최근 관광객들이 선호하는 장소는 팝업으로 유명한 성수동과 여의도의 백화점이나 독특한 카페와 맛집으로 유명한 익선동과 연남동처럼 로컬에 살고 있는 이들이 늘 찾는 곳으로 확장하고 있습니다. 드라마와 소셜미디어로 한국의 곳곳이 알려지며 관광 안내소나 가이드북에서 소개하는 장소를 넘어 우리 땅의 구석구석이 그들에게 탐험의 장소로 열리게 된 것입니다.

여기서 가장 주목할 점은 그들이 보고 싶은 것이 '우리의 삶'이라는 것입니다. 한국에서 해외로 방문하는 사람들 역시 같은 행보를 보입니다. 예전 해외여행이 평생 한 번 가질 기회로 인식되던 시절에는 일주일간 유럽 5개국을 주마간산으로 보던 여정이 표준이었습니다. 한 도시가 아니라 한 국가를 하루에 스치듯 들르는 강행군에서 결코 빠질 수 없는 관례는 바로 그곳임을 입증하는 장소에서의 '인증샷'이었습니다. 파리의 에펠탑과 런던의 빅벤, 로마의 분수대 사진은 이를 배경으로 선 사람을 제외하면 모두 같은 앵글의 복사판과 같았습니다. 그 후 여유로운 삶으로 빠르게 변화하며 한 도시를 몇 번이고 방문하는 일이 잦아지고, 사진의 앵글은 그 도시의 일상으로 이전했습니다. 여행의 방식 또한 깃발을 따라가는 그룹 투어가 아니라 각자 자신의 템포로 결정하게 되며 에어비앤비Airbnb의 슬로건처럼 '살아보는 여행'이 선망되기 시작한 것입니다. 자연스레 동네 시장에서 장을 보고, 샌드위치를 만드는 클래스에 참여하는 등, 마치 그 도시의 사람처럼 체험해보는 단계로 접어드는 모습이 관찰됩니다.

한국에 대한 선망을 가진 사람들의 변화 역시 같은 단계를 밟고 있습니다. K팝, K드라마 등 K콘텐츠의 팬들은 단순히 그 분야뿐 아니라 한국인의 삶에 대해 흥미와 선호를 보입니다. 드라마의 장면과 뮤직비디오의 배경을 보며 삶을 대리 체험해본 이들은 자신이 주인공이 되어 화면 속 삶을 직접 체험해보고자 한국을 방문하고 있습니다. 늦은 시각에 야식집에서 곱창과 소맥을 먹은 후, 노래방과 편의점을 거치며 놀다 새벽 한강의 산책이 가능한 안전하고도 역동적인 한국의 매력에 빠진 이들이 늘어납니다. 틱톡TikTok에는 한국의 신문물들이 '샤라웃shout out'되고 있습니다. 한국에선 너무나 당연한 것들이라며 소개되는 그 내용은, 식탁에 붙은 수저 서랍, 버스 정류장의 온열 벤치, 뚜껑이 열려서 옷을 담을 수 있는 의자, 식당에 있는 일회용 앞치마 등 한국인이 보기엔 당연한 것들입니다.

이들의 경험은 온라인을 통해 빛의 속도로 세계에 전해지며 다른 이들을 불러 모읍니다. 한국의 매력에 빠진 이들이 재방문하는 횟수가 늘고, 단순한 방문이 아니라 더 오랜 기간 살아보는 이들까지 늘어나며 한국은 더욱 다채로운 국가가 되어갑니다. 자국의 물리적 경계를 넘어서는 것은 작은 시장의 뛰어난 창작자에게 새로운 기회를 주는 장점이 있습니다. 하지만 기존 플레이어들에게는 새로운 경쟁자가 시장에 더해지는 도전의 상황이 발생하기도 합니다. 전 세계적인 K컬처의 성공 사례들이 나오며 한국에서 데뷔하고자 지원하는 해외의 지망생들이 빠르게 늘어나고 있습니다. 아이돌 산업에서는 축구의 프리미어 리그와 같이 한국에서 데뷔하는 것이 꿈의 무대로 진입하는 것처럼 인식된다는 글이 인터넷 게시판에 올라오고 있습니다. 전 세계의 10대들에게 한국이 진출하고 또 데뷔하고 싶어지는 시장이라는 것입니다.

K팝 시장이 커질수록 한국 인구 5,000만이 아닌 세계 수십억의 인구 중 가장 재능 있는 이들이 한국의 문화 시

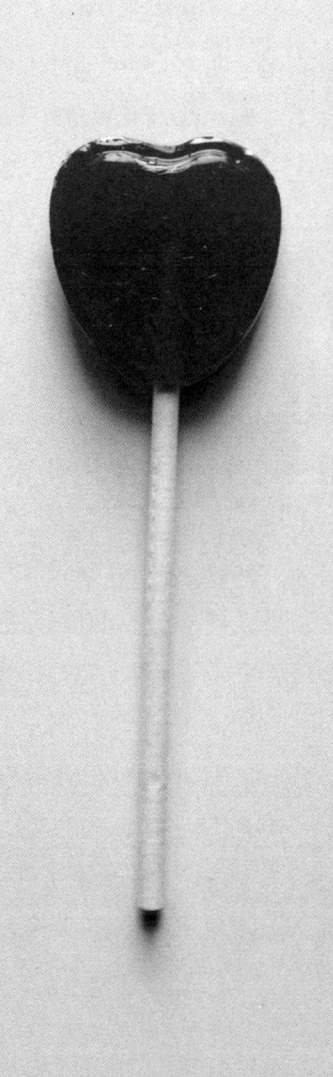

장으로 향할 것입니다. 이들은 자국의 국민을 탄탄한 팬덤으로 확보할 수 있는 만큼, 기획사의 선택에서 우위를 점하게 될 수도 있습니다. 블랙핑크의 멤버 리사는 태국 출신으로 한국에서 데뷔해 이제는 전 세계로 영향력을 확대하고 있고 이미 수많은 다른 나라 지망생들의 롤 모델입니다. 영화 산업에서는 소셜미디어에서 엄청난 팬을 보유한 배우들이 캐스팅에서 우선권을 갖게 된다는 얘기가 들려옵니다. 같은 원리로 인구가 많은 인도나 중국, 인도네시아 출신의 아이돌 연습생들이 오디션 프로를 통해 인지도를 확보하고 한국에서 데뷔하는 일들이 벌어지면서, 오히려 한국 출신으로 해외의 경험이 없는 이들이 선발의 경쟁에서 열위에 처하는 일도 생길 수 있습니다.

자신이 응원하는 아이돌, 자신이 좋아하는 콘텐츠가 '현지'에서 그리고 또 다른 나라에서 어떤 반응을 얻는지 궁금해하는 것은 또 다른 콘텐츠 시장을 열기도 합니다. 역사학자 크리스틴 로젠Christine Rosen은 그의 책 《경험의 멸종》에서 인류가 많은 시간을 직접 경험이 아닌 다른 사람의 경험에 쓰고 있음을 지적합니다. 저자는 인기 있는 유튜브 장르인 리액션 영상에 주목합니다. 예를 들어 가수 박효신의 〈야생화〉 라이브를 보는 해외 뮤지션들의 반응을 찍은 동영상은 1년 만에 무려 240만 뷰의 조회 수를 얻었습니다. 이처럼 누군가의 경험을 다시 경험하는 방식은 현실에서 경험한 적 없는 것을 가상에서 경험하는 '베자듀veja du'와 같다고 이야기합니다. 기술의 발전으로 가상경험은 빠르게 보편화되고 있습니다. 여행 유튜버들이 전하는 전 세계 오지의 풍광이나 4K 해상도로 전달되는 할리우드의 실시간 길거리 모습처럼, 이제 인류는 실내에서 모든 곳의 경험을 가상화할 수 있게 되었습니다.

이러한 경험은 대리 만족을 주기도 하지만 거꾸로 더 큰 경험을 추동하기도 합니다. 잘 모르던 중앙아시아 지역을 꿈만 꾸던 여행자들이 그곳에 먼저 다녀온 유튜버들의 소개로, 용기를 내어 지역을 탐방하기 시작한 것입니다. 예전 tvN의 프로그램 〈꽃보다 청춘〉에서 유명해진 라오스의 방비엥처럼, 이제는 유튜버 '빠니보틀'과 '곽튜브'를 통해 알려진 우즈베키스탄과 카자흐스탄 등 중앙아시아에 한국인의 관심이 모아졌습니다. 이들 국가에 방문하는 한국인이 늘어나며 이런 수요를 기반으로 직항 항공기가 취항하게 되었고, 이후 더 많은 이들이 방문하는 선순환이 만들어졌습니다. 오랜 기획과 대규모의 제작비로 기암절벽의 절대적 풍광을 보여주던 공중파 다큐멘터리의 방식이 이제는 고프로 하나를 들고 배낭 멘 히치하이커들의 고생담으로 변화하면서, 가볍고 새로운 방식의 무한한 증식은 새 방문자들을 대량으로 만들어냅니다. 손쉬운 표피적 경험이 범람하며 더 깊은 오감의 경험이 특별한 매력으로 인식되는 것과 같습니다.

이러한 변화 속에서 새로운 교역의 물꼬가 트일 수 있습니다. 물건을 만들어 전 세계의 사람들에게 전하던 기존의 방식을 넘어서 전 세계의 사람들이 찾아와 우리의 삶을 소비하는 방식이 가능해지기 때문입니다. 품질과 단가라는 경쟁력이 예전 산업의 중심이었다면, 이제는 감성과 배려라는 요소가 가장 중요한 경쟁력의 원천이 되어가고 있다는 것이 가장 큰 차이입니다. 단순한 효율이 아니라 그간 쌓아온 우리의 역사와 감도 높은 취향이 소비된다는 것은 삶의 양식 자체가 상품이 되는 단계를 의미합니다.

2020년 골든글로브상 시상식에서 〈기생충〉으로 외국어영화상을 받은 봉준호 감독이 수상 소감에서 "자막이라는 1인치 정도 되는 장벽을 뛰어넘으면, 훨씬 더 많은 영화를 즐길 수 있습니다."라고 말했습니다. 여기서 "1인치의 벽(one-inch barrier)"은 영상 콘텐츠의 대사가 자막으로 번역되어 소비될 때 정보 수용자에게 느껴지는 인지와 감동의 저항선을 의미합니다. 그가 토로한 벽은 물리적으로 자막 하단을 차지하는 공간을 말하기도 하지만, 듣거나 보는 것이 아니라 읽어야 하는 인지적 어려움과 자국어가 아닌 외국어 영화에 대한 심리적 거리감, 그리고 언어 장벽에서 출발하는 문화적 제약을 총체적으로 담고 있었습니다. 전 세계에서 만들어지는 더 다양하고 다채로운 문화 콘텐츠에 대해 열린 마음으로 접근해보기를 권하는 그의 당부는 세계인의 마음을 울렸습니다. 하지만 현실적으로 그 벽을 넘는 이들에게 추가적인 에너지를 요구하는 것은 쉽지 않음을 잘 알고 있습니다.

이제 다양한 기술과 응용들이 다양한 선택권을 만들어내고 있습니다. AI는 자동 자막 생성과 동영상 콘텐츠의 자동 번역 기능을 제공하기 시작했습니다. 뿐만 아니라 입 모양을 맞추어 더빙하는 기능이 이미 출시되었고, 입 모양 자체를 번역 언어에 맞추어 변경해주는 기술까지 속속 개발되고 있습니다. 여러 국가를 위한 다양한 버전을 제작할 필요 없이 간단한 후보정 작업만으로 전 세계에 콘텐츠를 퍼블리싱할 수 있게 된 것입니다.

그렇다면 이제 창작자의 선택은 더 넓어지고 그 고민은 깊어지게 됩니다. 내수 시장을 넘어 전 세계를 고객으로 할 수 있게 되었기 때문에, 그 투자의 영향력은 몇십 배 커지는 기회를 얻게 됩니다. 거꾸로 내가 만든 콘텐츠가 지역적 한국의 매력에 빠진 이들이 늘어납니다.

식탁에 붙은 수저서랍

버스 정거장의 온열 벤치

뚜껑이 열려서 옷을 담을 수 있는 의자

한국인이 보기엔 당연한 것들입니다.

유효성을 갖거나 특정 대상에게 상처를 줄 수 있는 경우 그 확장의 가능성이 되려 비난의 단초로 작동할 수 있습니다. 1990년대 한국의 개그 프로에서는 언어와 피부색이 다른 이들을 희화하던 코너들이 난무했습니다. 모국어가 한국어가 아닌 이들의 말투가 지닌 특징을 우스꽝스럽게 따라 하거나 외양을 과장되게 분장하고 모자란 듯 표현하던 그 시절 프로그램을 지금 유튜브에서 마주하면 곧바로 정지 버튼을 누르고 싶어집니다. 교류가 적고 배려가 희박하던 시기의 우리의 각박함이 흑역사로 지금도 남아 있습니다.

하지만 불과 30년도 되지 않아 우리 사회의 개방성과 해외 교류는 빠르게 확대되었습니다. 이제는 한국의 예능을 전 세계에서 보고, 우리도 언제든 해외 현지 문화를 유튜브 영상을 통해 들여다볼 수 있습니다. 무언가가 바뀔 때마다 당연하게 적응해온 사람들의 일상 역시 다채롭게 축적되며 한국이 지닌 다양성의 범주는 더욱 다양해지고 있습니다. 왕조시대에 만들어진 궁궐부터 식민과 근대화의 시절에 만들어진 건물들이 존재하고, 3차원으로 표현되는 옥외 광고판에서 증강현실의 동영상들이 상영되는 곳이 한국입니다. 그 옆에 드라마 〈오징어 게임〉의 오브제 영희와 철수가 서바이벌 줄넘기를 하는 이벤트가 벌어지면, 전 세계에서 방문한 사람들이 참여합니다. 이처럼 적층된 시간과 경험의 총합적 무대가 실시간으로 펼쳐지는 곳이 바로 한국입니다. 그 무대의 객석은 이곳에만 머무르지 않고, 참여한 이들의 스마트폰을 통해 전 세계로 실시간 송출되고 있습니다.

　뉴욕 타임스 스퀘어의 옥외 광고판의 광고료가 높은 것은 그곳을 찾은 방문자들의 눈에만 보이는 것이 아니기 때문입니다. 그곳을 찾은 전 세계 사람들의 경탄이 다시 그들의 고향까지 퍼져나가고, 새해를 맞이하는 폭죽의 장면이 전 세계로 향하기 때문입니다. 식민과 분단의 아픔을 안타깝게 바라보는 연민의 시선이 아니라, 고유한 것에 새로운 것을 꾸준히 더해나가는 이들을 바라보는 경탄의 눈빛으로 선망을 만들어나가는 곳이 바로 이곳입니다. 물가가 저렴하기 때문에 오거나, 기차가 빠르기 때문에 방문하는 나라가 아닙니다. 다른 나라보다 좋은 것이 아니라, 다른 나라에는 없는 것을 가지고 있기에 모두가 찾아오는 한국이 되고 있습니다.

　그렇다면 우리가 해야 할 것은 어디에 이미 있는 것을 가져오는 벤치마크의 자세가 아니라, 우리가 늘 하던 것을 다르게 바라보는 자기 발견의 태세를 상시화하는 것이라고 할 수 있습니다. 무엇보다 이미 가진 나만의 것을 부수고 남의 것을 세우는 과오는 절대 범하지 말아야 함을 기억해야 합니다.

늘 앞선 국가를 선망해오던 이 땅의 사람들은 지금 한국이 받는 세계로부터의 선망이 낯설기만 합니다. 혹자는 그 사랑이 곧 사라지면 실망이 클 것을 걱정해 한류의 유효 기간이 언제까지일지 불안한 눈빛으로 토론하곤 합니다. 하지만 그 답은 바로 우리 안에 있습니다. 우리가 우리 것을 쉽없이 만들어내는 한 선망의 K는 살아 있을 것입니다. 그렇지 않고 해외의 '관광 성공 사례'들을 벤치마크 하는 순간 K의 생명력은 그 빛을 잃을 수밖에 없음을 기억해야 합니다.

로컬, 글로벌이 되다

접두사 K가 뜨자 스크린 속 K의 삶을 체험해보고 싶은 이들이 전 세계에서 오고 있습니다. 그렇다면 이들은 어떤 것을 보러 오는 것일까요?

일본 애니메이션 〈너의 이름은〉은 판타지와 회귀물로 여러 사람의 마음을 열었습니다. 흥미로운 점은 제작진이 애니메이션의 배경으로 실제 도시들을 실사처럼 구현해냈다는 것입니다. 포스터에 나온 계단 역시 일본 도쿄의 신주쿠에 위치합니다. 구글에 '너의 이름은'이라는 검색어를 넣으면 연관 추천 검색어로 '계단', '위치', '성지순례'라는 단어가 함께 나올 만큼, 애니메이션에 감동한 이들은 실제로 존재하지 않는 스토리의 실제로 존재하는 배경에 찾아가고자 합니다. 심지어 무대로 쓰인 장소를 표시한 지도까지 구글맵에서 '〈너의 이름은〉 성지순례'라는 이름으로 공유될 만큼 그 팬덤의 크기는 대단합니다.

발 빠른 일본의 관광업계는 이 기회를 놓치지 않습니다. 일본항공JAL은 관련 투어 상품을 팔고 있습니다. 배경이 된 장소 또한 도쿄 한 곳이 아닙니다. 방문지는 기후현, 나가노현, 아이치현, 아키타현 등까지 확장됩니다. 각기 다른 장소에서 모티브를 얻은 작품의 탄생지를 보고 싶은 이들은 일본의 전역을 누빕니다. 관련 장소 또한 관광지가 아닌 곳들이 많습니다. 철도역의 승강장이나 신사 앞의 돌계단처럼 일상적 장소가 많습니다. 말하자면 일본은 지금 '골목'을 팔고 있는 셈입니다.

해외 관광객이 오면 대개는 역사적 유적이나 큰 규모로 만들어진 현대적 장소에 찾아온다고 생각하기 십상입니다. 하지만 문화 콘텐츠를 갖춘 국가에서는 그저 포스터 한 장이 촬영되었을 뿐인 장소에도 진성 팬들의 순례가 이어지고 있습니다. 거대한 투자가 아니라 그저 생활의 모습뿐인 장소에 의미가 부여되고 그 서사에 감동한 이들이 찾아오는 아름다운 행위가 일상화되는 것입니다.

2024년 국내 케이블 방송에서 방영된 드라마 〈선재 업고 튀어〉는 3.1%의 시청률로 시작해서 5.8%로 종영했습니다. 좋은 성적이긴 해도 엄청난 시청률은 아니었지만 일본과 대만의 OTT에서 1위를 차지하고 109개 이상의 국가에서 흥행에 성공했습니다.[3] 이후 해외의 시청자들은 드라마의 무대인 수원에 찾아오기 시작했습니다. 수원 행궁 주변에서 주로 촬영된 장면들을 자신이 녹화한 화면과 오버랩하며 편집한 쇼츠들이 소셜미디어를 통해 빠르게 확산되었습니다. 가장 중요한 장면의 배경인 파란 대문 앞에서 자기 모습을 찍어 올린 사진들이 인스타그램에 퍼지며 사람들의 관심을 수원으로 끌어오고 있습니다. 〈너의 이름은〉이 '도쿄의 계단'을 팔고 있다면 〈선재 업고 튀어〉는 '수원의 파란 대문'을 팔고 있는 것입니다. 이처럼 문화는 일상적인 우리 삶의 장면도 멋진 예술로 승화시키는 마법을 보여줍니다.

2025년 한국에서 제작된 드라마 〈폭싹 속았수다〉는 전 세계의 팬들을 울렸습니다. 제주도를 배경으로 해녀라는 독특한 문화를 세상에 알린 드라마는 척박한 세월에 대한 향수와 그 시절을 살아낸 우리네의 따뜻한 정서를 담아내어, 이 드라마가 방영된 플랫폼 넷플릭스Netflix가 서비스하지 않는 중국에서조차 엄청난 팬덤을 만들어냈습니다. 이렇듯 드라마가 전 세계적으로 인기를 얻으면 자연스레 촬영지에 대한 궁금증에 그 장소를 방문하고자 하는 이들이 찾아오게 됩니다.

〈폭싹 속았수다〉의 촬영은 서울의 덕수궁, 고창의 청보

리밭, 제주의 용덕마을에 이르기까지 다양한 곳에서 이루어졌습니다. 그러나 대부분의 장면은 경상북도 안동의 세트장에서 촬영되었습니다. 드라마가 떴으니 촬영지가 있는 안동은 관광의 수혜주가 될 것 같지만 막상 촬영 후 세트장은 모두 철거되었다고 합니다. 안타까운 마음이 들 만도 하지만 그간 지역의 명소처럼 홍보되었다가 방치되어 흉물이 되거나 화재의 원인이 되기까지 했던 지난 드라마의 촬영지들을 생각해본다면 아쉬운 마음이 가시기도 합니다. 보이는 부분은 그럴싸하지만 카메라의 앵글이 닿지 않는 부분은 허술하게 지어진, 그리고 거주자가 없이 휑한 세트장에 가고 싶은 이들은 많지 않기 때문입니다. 다시 말해 사람이 살고 있지 않은 을씨년스러운 장소는 그 드라마를 좋아하는 이들의 환상을 오히려 깨도록 만들 수 있는 것입니다. 건물을 새롭게 지어야 하니 그 비용이 상당히 들 수밖에 없음에도 드라마와 영화 제작사들이 세트장을 선호하는 이유는 사람들이 살고 있는 장소를 찍으려면 사용 허가를 받거나 비용을 지불해야 하기 때문이라고 합니다. 뿐만 아니라 교통 통제와 소음 방지를 위해 통행인을 제어하며 생기는 민원을 막기 위해서이기도 합니다. 촬영 현장이 노출되면 스포일러가 될 수 있기에 보안 측면에서도 필요하다는 현실적인 이유도 있습니다. 하지만 이렇게 드라마의 팬들이 한국에 찾아와 교류하는 덕에 인구가 줄기 시작한 지방에 활력을 줄 수 있다면, 조금씩 양보해서 세트가 아닌 실제 거리와 동네에서 장면을 촬영하도록 배려하는 것을 생각해보아야 합니다.

2024년에 만들어진 K드라마만 100편이 넘습니다. 뿐만 아니라 편당 제작비 또한 수백억 원을 넘어서는 콘텐츠가 기획될 만큼 예산이 늘어나며 미장센과 스케일 역시 예전의 규모를 한참 넘어섭니다. 이렇게 만들어진 아름다운 장면들이 마치 한국 홍보 영상처럼 전 세계로 퍼져나가고 있습니다. 태권도 시범을 보여주고 부채춤을 추던 예전의 한국 관광을 알리던 광고 영상이 아니라, 포장마차에서 소주를 마시고 한강에서 라면을 먹으며 벚꽃놀이와 불꽃놀이를 즐기는 한국인의 일상이 고스란히 전 세계의 안방에 다다르고 있는 것입니다.

그렇다면 한국을 방문한 이들이 무엇을 즐기고 있는지 우리는 알 수 있을까요? 관광객들의 구매 이력으로 동선을 파악할 수도 있지만, 그들이 남긴 방문의 흔적들은 인스타그램과 틱톡 같은 소셜미디어에도 고스란히 남아 있습니다. 경복궁에서 한복을 입은 모습이나 남산타워의 장면도 올라오지만, 그것보다 사람들의 패션과 길거리 음식 영상이 더 자주 보입니다. 뿐만 아니라 화장품 판매점에서의 경험이나 심지어 드라마에서 본 한국 중고등학교의 모습까지, 특별해 보이지 않는 장면들이 화면에 떠오릅니다. 봄철 흩날리는 벚꽃이나 겨울에 내리는 눈처럼 때가 되면 바뀌는 계절의 풍경까지도 그들에게는 매력으로 다가오는 것을 알게 되며, 앞에서 설명한 바와 같이 우리의 생활 속 모습이 그대로 관광의 대상이 되는 새로운 시대를 관찰할 수 있습니다.

그렇다면 더더욱 우리가 팔고 싶은 것이 아니라, 그들이 원하는 것을 그들의 눈으로 이해해볼 필요가 있습니다. 예를 들어 서울의 은평구 한옥마을도 국내에서 대중적으로 알려진 정도와는 달리 해외 관광객들이 자주 찾습니다. 한옥이라는 특별한 건물이 있는 것도 있지만, 근처에 북한산 국립공원이 있다는 사실도 주요합니다. 해외의 다른 수도와 비교해서 서울의 특별한 점은 산으로 둘러싸여 있고 큰 강이 도심을 가로지른다는 것입니다. 1,000만 명에 가까운 인구가 모여 사는 메트로폴리스에 국립공원이 있는 경우는 매우 드뭅니다. 심지어 지하철로 국립공원에 갈 수 있는 흥미로운 도시가 바로 서울입니다. 그리고 국립공원에서 조금만 이동해도 고즈넉한 예전 한옥의 마을이 자리 잡고 있으니 방문객의 눈에는 신비로운 관광자원처럼 보인다고 합니다.

이러한 각도로 다시 본다면 실제 우리가 사는 삶 속에서 볼거리가 무궁무진할 수 있다는 것을 알게 됩니다.

최근 황령산, 달맞이 공원, 송도가 인스타그램에서 자주 발견됩니다. 황령산은 부산에 자리 잡은 곳으로 다른 지방의 사람들에게는 낯섭니다. 달맞이 공원은 부산의 관광지가 아니라 서울의 금호동에 있는 작은 동네 공원입니다. 송도 역시 부산의 송도 해수욕장이 아니라 인천의 신도시입니다. 세 군데 모두 해외의 인스타그래머들에게 야경이 유명한 곳으로 소문났습니다. 흥미로운 것은 이제 한국 사람들도 이곳에 가기 시작했다는 것입니다. 한국 사람들에게는 관광지로 인식되지 않은 곳이 오히려 해외에서 온 사람들의 눈으로 발견되고, 다시 역으로 한국 사람들에게 주목받는 일이 벌어지며, 문화 전파에 다양한 흐름이 만들어지고 있음을 확인할 수 있습니다.

더욱 놀라운 광경은 수원의 한 쇼핑몰에서도 발견됩니다. 다양한 국가에서 온 외국인 관광객들이 한결같이 쇼츠를 찍는 곳은 거대한 쇼핑몰 내부에 4층 높이로 자리 잡은 '별마당 도서관'입니다. 한쪽에서 바라보면 반대편이 아득히 보일 만큼 큰 공간으로 구성된 장소에서 반대편의 사람이 휴대폰을 확대해서 촬영을 시작합니다. 한 손을 높이 들고 손가락을 하나씩 펴면서 "하나, 둘, 셋" 하고 세면, 가수 손의 노래 〈웨이 백 홈Way Back Home〉이 나오며 화면이 줌 아웃되고 거대한 도서관을 카메라로 차례차례 보여줍니다. 책이 빽빽이 꽂힌 거대한 장소를 보여주는 같은 구도의 쇼츠가 여러 나라에서 온 관광객들에 의해 계속 만들어지며 그 쇼핑몰은 전 세계에 알려졌습니다. 그중 한 동영상이 '좋아요'를 76만 개 받을 만큼 전 세계의 관심을 끌며 다시 해외의 관광객을 그 자리에 불러 모으고 있습니다.

　수도권에 자리 잡아 오히려 관광에서는 열위에 있던 수원이 쇼핑몰에서 생산되는 자발적 메시지에 의해 국내도 아닌 해외 관광객이 늘어나는 흥미로운 일이 일어난 것입니다. 자연스레 그 쇼핑몰은 지역을 위한 내수 상권에만 머무르는 것이 아니라 관광의 역할을 해내는 수출 역군의 기능을 수행하게 되었습니다. 그리고 그 특별함 또한 궁궐이나 유적과 같은 전통에서만 가져온 것이 아니라 지금의 우리 삶에서도 얼마든지 만들어낼 수 있음을 발견할 수 있습니다. 이렇게 보면 어느 순간인가 우리가 자랑스러워하는 것과 상대가 인지하는 것 사이의 간극을 깨닫게 됩니다. 전통문화에 자긍심을 가진 이들은 경복궁을 보여주고 싶어 할 수 있지만, 어쩌면 누군가는 관심이 없을 수도 있음을 알게 되는 것과 같습니다. 그렇다면 그들이 좋아하는 우리만의 고유한 것을 내가 어떻게 인지할 것인가가 새로운 숙제로 떠오르게 됩니다.

많은 지방자치단체들의 정책사업 중 빠지지 않는 것은 관광 산업에 대한 투자입니다. 날이 갈수록 고령화가 되어가는, '지방소멸'이라는 무서운 단어가 일상화되는 상황에서 지자체는 경제활동인구를 늘려야 하는 절박함에 많은 예산을 쓰고 있습니다. 그런데 유사한 사업이 반복되는 일이 많습니다. 벽화마을은 전국에 200여 개가 존재한다고 합니다. 폐선을 재활용한 레일바이크나 모노레일, 케이블카, 루지에 이르기까지 어딘가의 고장에서 주목을 받은 관광상품의 뉴스가 올라오면 다른 곳에서 같은 것을 시도합니다.

문제는 관광은 절대 벤치마크의 대상이 될 수 없다는 사실입니다. 에펠탑이 파리뿐 아니라 다른 곳에도 있다면 어느 누구도 가지 않을 것입니다. 자유의 여신상 역시 뉴욕에만 있기에 우리는 그곳을 가보고 싶어 하는 것입니다. 유일하기에 가보고 싶은 이들은 볼리비아의 '살라르 데 우유니'까지 가는 것을 주저하지 않습니다. 그렇다면 한국의 지역은 어떠한 유일한 것을 만들어야 하는지 생각해보아야 합니다.

여기에 더하여 거제와 가까운 이수도의 사례가 흥미롭게 떠오릅니다. 섬 둘레는 3.7km에 불과하고 거주 인구는 100명 남짓한 이수도는 남해안의 작은 섬입니다. 그림 같은 풍광은 충분히 매력적이지만 수도권과의 거리가 꽤 되고 무엇보다 볼거리가 다른 고장보다 뛰어나다고 하기에는 규모가 작은 섬인 이수도는 손님을 맞기 위해 다른 선택을 했습니다. 직접 잡은 생선과 해산물로 밥을 지어 세 끼를 먹이고 자신의 집에서 손님을 재우는 민박을 열었습니다. 고급식당에서 한 끼 먹는 비용만 지불해도 세 끼를 먹여주고 재워주는 이수도의 민박은 엄청난 호응을 얻어 지금도 많은 이들이 방문하고 있습니다.

해외의 관광객들에게까지 알려진 이수도의 민박 상품은 다른 곳에서는 할 수 없는 콘텐츠입니다. 다른 곳이라면 싱싱한 해산물을 사 와서 요리해서 제공하고, 여기에 숙박업소를 운영하는 데 드는 비용까지 고려한다면 이수도와 같은 가격에 같은 서비스를 제공하기 어려울 것입니다. 무엇보다 이수도 사람들은 가족을 위해 차리던 정성스러운 음식을 손님에게 권하고 자기 방을 내어준 인심을 보여줍니다. 이처럼 다른 곳에서 할 수 없는 특별한 것을 해내지 못한다면 고유한 것을 만들 수도, 유지할 수도 없습니다.

늘 우리와 함께 있던 것을

새롭게 바라보는 눈

익숙한 것을 다시 바라보는

낯선 시선에서

새로운 글로벌 베스트셀러가

나오게 될 것입니다.

매운맛으로 유명한 불닭볶음면이 세계의 소비자들을 매료시키고 있지만 2012년 처음 만들어졌을 때만 해도 사람들의 반응은 지금과 사뭇 달랐습니다. 심지어 제조사 내부에서도 이렇게 매운 것을 과연 사람들이 먹을까 하는 이견이 꽤 많았다고 합니다. 하지만 불과 십수 년도 지나기 전에 한국인들에게 사랑받는 것을 넘어, 수많은 국가에서 수입하는 명실상부한 글로벌 베스트셀러가 되었습니다. 뿐만 아니라 코첼라와 같은 감각적인 사람들이 모이는 음악 페스티벌의 주요 스폰서로 자리 잡을 만큼 힙한 브랜드로 인식되고 있습니다. 여기서 가장 주목할 부분은 그 사랑의 확산이 불과 십수 년 만에 이루어졌다는 것, 그리고 우리가 사랑하는 제품이기에 해외로 갈 수 있었다는 두 가지 사실입니다. 독특한 제품이기도 했지만 매운 것을 사랑하는 한국인의 기호를 따라 하고자 하는 용감한 소비자들이 세계에서 호응했음을 이해할 수 있습니다.

그렇다면 우리의 숙제는 다음 '불닭볶음면'은 무엇일까 하는 것입니다. 그 힌트는 두 가지입니다. 우리가 계속 먹고 써왔던 물건들 중 시대의 변화를 수용하고 현행화의 노력을 경주해온 브랜드가 유력한 다음의 글로벌 K 대표 브랜드가 될 수 있습니다. 그것이 칠성사이다일 수도 있고, 비락식

혜일 수도 있습니다. 여기서 간과하면 안 될 것은 주목받는 물건들이 그 물성만으로 팔리는 것은 아니라는 사실입니다. 좋은 물건은 전 세계 어디에나 있습니다. 이 물건이 그 이상의 심성을 갖게 되면 다시 새로운 사람들을 매료시키게 됩니다. 소풍날 가지고 가던 삶은 계란과 어울리는 즐거움의 탄산음료일 수도 있고, 더운 여름날 계곡물에 차갑게 식혀 가족들과 함께 즐기던 전통적인 마실 거리일 수도 있습니다.

한국인들 고유의 추억과 맥락 속에서 소비되던 브랜드들은 그간 우리의 일상에 깊게 자리 잡고 있었습니다. 하지만 그렇게 우리가 사랑하던 상품들도, 한국을 넘어서 글로벌로 가려면 다시 시대의 감각에 민첩하게 반응해야 합니다. 무엇보다도 그 어떤 때보다 새로운 기회가 열리는 시기이기 때문입니다. 불닭볶음면의 성공은 단지 강도 높은 맛의 자극 때문이 아니라, 소셜미디어 챌린지를 통해 브랜드 스스로 '도전하는 문화'와 체험 속에 잘 포지셔닝했기에 가능했던 것입니다. 매운맛에 도전하는 행위가 하나의 놀이가 되며 팬을 늘리고, 어느덧 물성을 넘어 문화적 맥락으로 소비되기 시작했습니다. 이를 위해 가진 것을 그냥 내어놓는 것이 아니라 새로운 의미를 부여하고 상대에게 다가가는 노력이 필요합니다. 늘 우리와 함께 있던 것을 새롭게 바라보는

눈, 익숙한 것을 다시 바라보는 낯선 시선에서 새로운 글로벌 베스트셀러가 나오게 될 것입니다.

반도체와 전자제품, 자동차와 유조선을 넘어 새로운 '메이드 인 코리아'가 세계로 향하기 시작합니다. 그것이 K팝일 수도, K뷰티일 수도, K푸드일 수도, K패션일 수도 있습니다. 한국인의 삶이 세계로 나가며 K라는 브랜드가 새로운 가치를 만들고 있습니다. 그 중심에 우리 삶이 그대로 쌓인 로컬이 있습니다. 그리고 고유한 로컬이 가장 글로벌합니다.

새로운 K - 부품에서 브랜드로

이 땅의 산업화는 그 역사가 100년 남짓입니다. 활명수처럼 100년이 넘은 브랜드는 그리 많지 않지만, 초코파이와 신라면을 비롯해 설화수와 참이슬처럼 수십 년을 이어온 브랜드들은 적지 않습니다. 예전 미국에 이민 간 고모가 10년 만의 고국 방문에 바리바리 싸 오던 콜게이트 치약과 초이스 커피, 영양제 센트룸은 미제 물건을 팔던 깡통 시장에서나 구하던 선망의 물건들이었습니다. 하지만 요즘 한국을 찾는 이들에게는 커피믹스와 정관장 홍삼정, 그리고 양반김이 오히려 귀국길 선물 목록을 차지하고 있습니다.

전 세계 어느 곳에서도 없는 한국의 브랜드와 상품에서 매력을 느끼는 이유는 바로 그것들이 한국인의 실제 삶을 구성하고 있기 때문입니다. 가장 흥미로운 지점은 이를 통해 토종 브랜드가 글로벌로 향하는 통로가 만들어질 수 있다는 점입니다.

한국의 소중한 상품과 브랜드들은 나름의 관록으로 씩 씩하게 버텨왔지만 그 모두가 세계화의 혜택을 누린 것은 아닙니다. 규모가 크지 않은 기업들이 제도와 규범이 다른 문화권에 수출 통로를 마련하고자 문을 두드리는 것은 쉽지 않기 때문입니다. 더욱이 상대의 호감과 소용이 불확실한 상태에서 한국에서 이룬 성공만을 믿고 유통해줄 의인을 구하는 것은 더 낮은 확률의 싸움입니다. 이런저런 이유로 국내 시장에서만 착실히 살아온 브랜드들이 이제 낯선 관심의 수혜를 입게 된 것입니다.

압축 성장으로 산업화의 길을 걸었던 한국은 그 출발이 브랜드가 아닌 상품이었습니다. 손재주가 많은 사람들이 한데 모여 가발과 섬유제품을 만들어내던 시절에는 낮은 임가공의 품삯이 바로 수출 경쟁력의 원천이었습니다. 그 이후 한국의 수출 산업은 노동 집약적 산업에서 자본과 기술 집약적 산업으로 단계적으로 발전했습니다. 1970~1980년대의 철강과 조선 산업, 그리고 중화학공업으로의 변신은 자본과 숙련된 인력의 결합으로 이룰 수 있었던 기적이었습니다. 다시 1990년대에 접어들며 반도체, 휴대폰과 같은 첨단 전자제품이 부상했고 그 이후 2000년대 접어들며 브랜드와 디자인에 대한 경쟁력이 확보되기 시작했습니다. 이때부터 '메이드 인 코리아'는 더 이상 값싼 상품의 대명사가 아닌 품질과 혁신의 상징이 된 것입니다.

길지 않은 한국의 산업사를 돌아보면, 그간 한국에 대한 이미지를 형성하는 것에는 앞서서 세계시장에서 분투해온 대기업의 노력이 적지 않은 지분을 차지하고 있습니다. 특히 삼성전자와 현대자동차, LG전자 등 글로벌 대기업으로 성장한 한국 기업이 전 세계의 소비자들에게 각자의 브랜드로 휴대폰과 자동차, 가전제품을 선보이면서, 점차 기술과 디자인을 발전시켜 왔기에 가능한 일이었습니다. 한때 현대는 일본의 혼다와 같이 인식되기도, LG는 유럽의 브랜드처럼 오인되기도 했습니다. 제품의 품질에 비해 한국이라는 국가의 위상이 낮았던 시절의 해프닝과 같습니다.

철강과 조선, 중화학공업 또한 대기업이 주도해온 산업이었으나, B2B 산업의 특성상 원가 경쟁과 대외 환경 변화에 따라 부가가치가 제한적일 수밖에 없었습니다. 최근에는 중국 등 더 큰 설비와 낮은 생산원가를 보유한 국가들이 훨씬 더 낮은 가격으로 시장에 진입하며, 그간 기술 우위로 성공적인 사업을 영위해온 한국의 기업에 큰 위협으로 다가오고 있습니다. 그에 반해 소비자가 직접 선택하는 B2C 산업은 브랜드를 기반으로 하기에 전체 대차에서 원가에 대한 부담이 상대적으로 적습니다. 뿐만 아니라 소비자의 인지와 선호에 의해 시장이 형성되므로 팬덤을 기반으로 한 무형자산이 쌓이며 기업의 시장 가치에 반영됩니다.

하지만 세계를 상대로 더 큰 부가가치를 만들어내는 브랜드 산업에 진입한 국가는 그리 많지 않습니다. P&G나 유니레버Unilever, 네슬레Nestle, LVMH와 같은 다국적 대기업이 수백 개가 넘는 브랜드를 보유하고 전 세계를 상대로 마케팅을 수행하는 것은 브랜드라는 것이 제품을 넘어 신용과 선망을 품고 있기 때문입니다.

좋은 브랜드는 품질 자체를 넘어서 그 브랜드가 표기된 제품을 소비하는 이들에게 더 멋진 삶을 사는 듯한 감성을 느끼게 해줍니다. 선망되는 브랜드를 만드는 것은 누구나 이룰 수 있는 층위의 역량은 아닙니다. 소비자는 물건이 필요해서뿐만 아니라 갖고 싶기 때문에 구매하는 것입니다. 자신이 소비하는 브랜드가 지향하는 삶의 방식과 자신의 삶을 정렬하기 위해 응원의 마음으로 소비하기도 합니다.

현대사회에서 브랜드는 단순히 제품을 만드는 이를 드러내고 그 과정에서의 신용을 증표로 증거하는 것에 머무르지 않습니다. 앞에서 설명한 클러스터에 의해 다품종 소량 생산이 가능한 시대가 다가오며 기업들은 저마다 자신을 표현하는 매질로서 고유한 제품을 만들어내는 것으로 분화하고 있습니다.

생산과 유통이 한없이 무겁던 중량문명에서 브랜드는 소수의 큰 기업만 가질 수 있는 특권과 같았습니다. 예전에는 몇천만 개의 같은 제품을 빠르게 찍어내고, 컨테이너와 트럭으로 전국에 배달해, 곳곳에 자리 잡은 대형 슈퍼마켓의 선반을 가득 채워야 했습니다. TV의 광고 시간을 유명인 모델이 출연한 CF로 도배하기 위해서 콘텐츠의 생산과 유통까지도 관여해야 했습니다. 그 시절 브랜드의 영향력은 자본의 크기와 정비례한 것입니다.

최소 주문 수량 100만 개의 시기에 브랜드는 상품을 보호하기 위한 표식이었다면, 3D 프린터로 하나씩 만들어 팔 수 있는 시대가 다가오며, 브랜드는 소비자의 자기 정체성을 표현하는 실체적 증거로 역할을 하기 시작한 것입니다. OEM과 ODM 심지어 OBM까지도 지원하는 지능화된 생산의 클러스터는 누구나 브랜드를 만들어내도록 독려합니다. TV, 라디오, 신문, 잡지의 4대 매체가 소비자들에게 '밀어 넣는' 콘텐츠는 더 이상 효력을 발휘하기 어려운 시대입니다. 각 브랜드의 커뮤니케이션은 소셜미디어에서 각자의 팬덤을 모으거나 작은 플래그십 스토어에 방문하는 오프라인 고객과의 교감을 나누는 식으로 깊게 이루어집니다. 이렇게 형성된 작은 팬덤들의 모둠이 큰 흐름을 만들어내면 온라인 스토어에서의 구매력 또한 강화되고 어느덧 거대한 브랜드로 성장합니다.

컬트 브랜드로 불리던 이솝Aēsop과 닥터자르트Dr. Jart+는 각각 로레알L'Oréal과 에스티로더Estée Lauder에 인수되었습니다. 이처럼 작은 브랜드가 자생적 커뮤니케이션으로 성장하고 거대한 기업에 인수되는 일이 드물지 않게 발생하고 있습니다. 비 온 뒤의 풀처럼 바뀐 환경에서 적응하는 새로운 브랜드들이 주류로 편입되는 생태계가 형성되고 있는 것입니다. 그간 한국의 중소기업은 세계화의 기회를 대기업과 함께 만들어갔습니다. 삼성, 현대, LG의 제품들을 세계에 내놓기 위한 협력을 함께 해나가며 기술과 외형을 키워나간 기업들은 협력 업체라는 분류로 설명됩니다. 이들이 이뤄낸 성과는 국가 차원에서 세계 수준의 기술을 내재화한 것이지만, 브랜드가 아닌 완제품을 부품으로 납품하는 방식에서는 원가에 비례한 제한된 부가가치가 근원적 한계로 작동합니다.

국제 정세의 변화 또한 큰 변수로 작용합니다. '소부장'이라는 단어가 있습니다. 소재·부품·장비의 약어로 한국의 제조업에 꼭 필요한 원료와 장치들을 국산화하려는 의지의 표현입니다. 이 표현은 산업이 외교 안보의 위기마다 안정성을 갖지 못하자 소재·부품·장비의 국산화로 수급 위험을 최소화하려는 정책이 만들어냈습니다. 뿐만 아니라 소부장 관련 산업이 앞서 있던 일본에 늘 무역 적자를 감내해야 했기에, 의존성을 줄이는 동시에 더 나아가 경쟁국으로 발돋움하려는 의지도 더해진 것입니다. 하지만 그사이에 중국이 부상하고 예전의 제조업 성공 방정식은 크게 흔들려왔습니다. 과거와 같이 일본에서 사 온 장비와 부품에 한국의 기술력이 더해진 결과를 중국에 납품하는 방식은 더 이상 예전만큼 효율적이지 않습니다. 거기에 더해 패권주의와 고립주의가 세계를 엄습하고, 인공지능과 자동화가 발전하며 오프쇼어링은 리쇼어링의 기조로 변화합니다.

규모의 경제를 따라가기 어려운 한계와 국제 정세의 변화로 인해 새로운 한국 산업의 부가가치는 자연스레 브랜드를 가진 B2C를 도모할 수밖에 없습니다. 다행인 것은 한국이라는 국가에 대한 선망이 커지고 있다는 점입니다. 이는 한국의 브랜드가 전 세계 경쟁에서 돋보이도록 만드는 요인이 됩니다.

최근 한국에 온 외국인 관광객들이 자주 찾는 점포는 화장품과 생활용품을 팔고 있는 드럭스토어 올리브영입니다. 그렇다면 외국 관광객들의 매출이 빠르게 올라가고 있는 유통 업체 올리브영이 한국 고유 브랜드 없이 해외로 나갈 수 있을까요? 올리브영이 로레알 물건을 판다고 해서 글로벌 브랜드인 로레알의 제품을 해외로 바로 들고 나갈 수는 없습니다. 전 세계 각지에 이미 로레알 물건을 판매하는 현지 유통망이 구축되어 있기에 그들과 협의하거나 경쟁해야 하기 때문입니다. 그러나 한국 브랜드들로 주요 포트폴리오가 구성되어 있다면 국가별 진출이 가능할 수 있습니다. 이처럼 자국 브랜드를 많이 보유한 유통 업계는 글로벌화의 기회를 잡을 수 있습니다.

정리하자면 아모레퍼시픽, LG생활건강, 코리아나와 같은 한국 고유 브랜드가 지난 수십 년간 존재했기에 우리는 미래를 준비할 수 있는 것이라 이해해볼 수 있습니다. 동남아시아의 많은 국가들을 방문해보면 슈퍼마켓에서 자국 브랜드를 좀처럼 찾기 어렵다는 것을 알 수 있습니다. 전 세계에서 수입한 물건들을 팔고 있을 뿐, 그 나라의 로컬 브랜드는 거의 없다는 것으로 이는 그 지역만의 특성과 매력을 구성하는 자원이 상대적으로 빈곤함을 말합니다. 이에 반해 한국은 자국이 만들어낸 브랜드들을 꾸준히 이어왔습니다. 이 과정에서 축적된 브랜드마다의 성장 흔적들이 한국을 지금까지 살아 있는 독특한 분위기를 형성하는 곳으로 만들었습니다.

더욱 흥미로운 지점은 올리브영의 성공에는 세계적인 화장품 OEM, ODM 메이커가 한국에 있다는 점이 중요한 이유로 작용했다는 것입니다. 앞에서 이야기한 것과 같이 한국은 뷰티 산업의 클러스터가 오랜 기간 자생적으로 발전해왔습니다. 인천의 남동공단에서 만들어내는 화장품 병에서부터 오송 바이오 산업단지의 거대한 생산 설비에 이르기까지, 화장품 산업의 전체 가치사슬이 긴밀하게 클러스터로 형성되어 있습니다.

작은 로컬 브랜드들이 자체적으로 생산과 연구개발을 하는 것은 쉬운 일이 아닙니다. 한국콜마와 코스맥스로 대변되는 화장품 연구 제조업이 빠르게 발전하며 산업의 분업화가 그 어느 시장보다 활발히 이루어진 한국의 화장품 산업은 뛰어난 아이디어와 창의력이 있다면 누구라도 브랜드를 만들어낼 만큼 진화했습니다. 덕분에 1만 개가 넘는 화장품 브랜드들이 만들어지면서 올리브영과 같은 화장품 분야의 편집숍에 끊임없이 새로운 상품과 콘텐츠를 공급하는 파이프라인이 형성되었습니다.

이러한 방식은 다른 국가에서 따라 하기 어려운 방식입

니다. 첫째 화장품 시장의 베테랑뿐 아니라 이종 업계 출신의 크리에이터들도 각기 브랜드를 만들며 경쟁하고, 둘째 구조화된 OEM 플랫폼이 이들의 제품을 생산하며, 셋째 전세계의 팬들이 스스로 찾아와 직접 검증하고 소개하는 채널이 있어야 합니다. 무엇보다 그 메시지를 보고자 하는 사람들이 한국에 대한 선망을 가지고 있어야 가능한 일입니다. 지금 한국은 이 모든 것이 마치 행성이 정렬하는 것과 같이 모아졌기에, 전 세계를 향한 B2C 브랜드가 나올 수 있는 환경을 얻게 된 것과 같습니다. 이러한 새로운 기회가 한국의 어느 분야에서 또 일어날 것인가 모두가 탐색하고 있습니다. 중장비와 전자기계, 중화학으로 대비되던 한국의 주요 산업이 하나둘씩 중국의 빠른 발전과 물량 공세로 한계에 부딪히며, 이제 새로운 활로는 어디가 될 것인지 부지런히 모색하고 있습니다.

한국은 50여 년의 산업화 시기를 거쳐 생계의 어려움을 넘어 취미와 애호를 위해 소비하는 사회로 거듭났습니다. 이제 그 착실한 발전을 딛고 한국의 소비재가 해외에서 각광받기 시작합니다. 삼성의 모바일 폰, LG의 가전제품, 현대의 자동차뿐 아니라 불닭볶음면과 신라면으로 대표되는 식품, 라네즈와 COSRX가 이끄는 화장품, 젠틀몬스터와 아더

에러 등의 패션에 이르기까지 많은 소비재 브랜드들이 '메이드 인 코리아'의 위상을 높이고 있습니다. 해외에서 한국에 온 개별 관광객들이 들르는 상점 역시 글로벌 브랜드가 즐비한 면세점과 백화점이 아니라 올리브영이나 이마트, 다이소, 아트박스에 이르기까지 화장품, 식품, 생활용품, 팬시용품에 이르는 한국의 브랜드들이 포진한 상점들로 확장되고 있습니다. 한국에서 만들어진 패션 브랜드의 플래그십 스토어에는, 광고를 하지 않았음에도 일본과 중국을 비롯한 많은 국가의 소비자들이 스스로 찾아오는 비율이 빠르게 늘고 있습니다. 한국 패션 브랜드들을 모아 일본의 유통망에서 진행하는 팝업 스토어 행사에서는 단 며칠 만에 수억 원에 이르는 매출 성과를 보였다는 뉴스가 들려옵니다. 이렇게 한국 브랜드가 주목을 받기 시작한 것은 현대 경제사 관점에서 최근의 일입니다.

이미 충분히 연습하고 치열하게 경쟁해온 브랜드의 내재적 가치에, 앞에서 다루었던 K의 선망이 결합되며 한국산 브랜드들은 이제 날개를 달기 시작합니다. 수천억 원에서 수조 원의 규모로 빠르게 성장하는 K브랜드의 성공 사례가 늘어나며 더 큰 자본이 유입되기 시작하고 있습니다. 하나씩 키우고 긴 시간을 참아가며 세계에 알리는 것이 아니라,

글로벌 유통 업체와 연합하거나 아마존Amazon과 같은 글로벌 온라인 유통망을 통해 직접 큰 시장으로 진입하는 브랜드들이 급증하게 된 것입니다.

5,000만의 소비자로 제한된 시장에서 우위를 점하는 것에 머무르지 않고, 전 세계 소비자에게 선보이며 빠른 성장을 구가해 주식 시장에 상장하거나 대규모의 인수합병으로 큰 부를 거머쥔 창업자들이 속속 늘어나고 있습니다. 이런 성공 신화를 바탕으로 이제는 국내의 여러 브랜드를 모아 유통과 전파의 힘을 공유하는 사례까지도 나타나고 있습니다.

글로벌 브랜드 대기업들의 전략은 상품보다 브랜드를 적극적으로 개발해 소비자에게 다가가는 방식입니다. 하지만 이러한 전략은 산업 단계의 고도화가 이루어진 몇몇 선진국에서만 성공했던 방식입니다. 제조의 산업 구조를 착실히 수행해온 대한민국은 오랜 시간이 걸려서야 하청의 굴레를 벗고 스스로의 이름으로 세상에 설 수 있게 되었습니다.

잊지 말아야 할 것은 진정한 가치가 물건 위에 놓인 '상징'에서 비롯된다는 중요한 진리입니다. 만들고 파는 행위는 같을지 몰라도 생산에서 포장을 거쳐 고객이 제품을 만나는 그 순간까지 그 서사에 담긴 철학은 같을 수 없습니다. 단순히 경쟁제품과 구분하는 표식이 아니라, 그 물건을 만들기 위해 오랫동안 궁리하며 자신의 고유함을 절대 포기하지 않은 고집스러운 의지, 그 철학의 표상이 바로 '브랜드'입니다.

K의 경쟁력이 부품에서 브랜드 중심으로 거듭나는 데에는 오랜 시간의 궁리, 제품 위에 놓인 상징, 서사가 만들어낸 고유함이 필요했습니다. 이제 브랜드의 주체는 국가에서 기업, 기업에서 개인 단위까지 분화되고 있습니다. 변화의 가장 큰 흐름은 가벼워진 생산과 긴밀해진 커뮤니케이션이라는 경량문명의 새로운 협업 방식에서 만들어지게 될 것입니다.

확장되는 K - 새로운 한국 사람

    마감이 있는 작업은 시간을 가리지 않습니다. 식사도 제대로 못 하고 시작된 성수동 공유 오피스에서의 원고 교정 작업은 밤 12시까지 이어졌습니다. 간단한 요기라도 하려고 해도 그 시간에 연 식당은 많지 않습니다. 새벽까지 하는 식당과 주점은 해외의 사람들이 한국의 장점으로 꼽는 것입니다. 하지만 높아지는 인건비와 저녁이 있는 삶으로 변화하는 직장 문화, 그리고 무엇보다 술을 먹지 않는 젊은 층의 확산은 상권의 많은 부분을 바꾸고 있습니다. 밤 12시 서울에서 식사를 할 수 있는 곳은 번화가, 무엇보다 대학가를 꼽을 수 있기에 가까운 한양대 앞 상권으로 향했습니다. 마침 축제 기간을 맞은 대학생들은 자정이 넘은 시간까지 흥겨운 모임을 이어나가고 있었습니다. 주목할 만한 점은 그들 중 상당수가 해외에서 온 유학생이었다는 것입니다.

    2024년 기준 한양대는 8,264명이 넘는 외국인 유학생이 재학 중으로 이 숫자는 국내 대학 중 가장 많다고 합니다. 상위 다섯 개 대학을 더하면 2만 8,000명 이상의 외국인이 한국에서 공부하며 생활하고 있었습니다. 전체 20만 명이 넘는 외국인 유학생은 2012년 8만 6,878명보다 2.4배 이상 증가했습니다.[4] 한국 정부가 세운 2027년까지 30만 명의 유학생을 유치하려는 목표에 한 걸음 다가간 것입니다.[5] 해외에서 한국으로 온 젊은 학생들이 대학가에 더해준 것은 활력뿐 아니라 소비 증대로, 내수 경제의 활성화에 큰 도움을 주고 있습니다. 뿐만 아니라 몇몇 지역의 대학은 젊은 인구의 유출로 부족해진 노동력을 인근 상공인들에게 알선해주는 프로그램까지 운영하고 있습니다.[6] 체류에 필요한 비용을 스스로 벌어가며 공부할 수 있는 기회를 제공해 우수한 해외 학생을 유치하고 있는 것입니다.

하지만 더욱 주목해야 하는 것은 그들이 기여하는 바가 단순히 소비와 생산에만 머무르지 않는다는 사실입니다.

일자리를 구하러 한국에 온 근로자나 기술을 배우려고 방문한 산업연수생 같은 이들이 경제적 목적으로 방문, 체류, 이주를 하는 데 반해, 유학생들의 경우 학업의 이수나 문화의 향유와 같은 좀 더 선호에 의한 교류로 그 목적이 깊어진다는 특징이 있습니다. 다시 말해 한국의 문화나 풍습에 호감을 가진 이들이 한국을 직접 방문해 살아가며 더 깊은 교류를 하는 모습이 관찰됩니다. 기능보다 정서로 심화된 경험은 더 짙은 교류를 만들기 마련입니다. 근로자로 방문한 이들이 산업 현장에서 일하며 제한된 동료들과 함께 지내는 것을 넘어, 유학생으로 온 이들은 한국에서 태어나고 자란 사람들과 더 적극적으로 교류합니다. 그리고 자신의 경험을 다양한 매체를 통해 알리며 자신의 출신 국가 사람들에게 한국을 전파하고 있습니다.

유학으로 한국에 왔지만 학업을 끝낸 후에 다시 한국에서 직업을 갖거나 사업을 시작하는 이들도 빠르게 늘고 있습니다. 그들 중 한국에서 태어난 이들과 사랑에 빠지거나 가족을 이루는 일 역시 늘고 있습니다. 이렇듯 방문이나 학업의 경험에서 출발한 이들이 한국에 머무르거나 영주권을 얻거나 귀화해서 한국인이 되는 일이 늘어나면서 한국인이라는 구성원의 다양성이 확대되고 있습니다. 결혼 이주자와 한국에서 태어난 이들이 함께 이룬 다문화가정, 한국 유학 생활을 끝내고 정착한 이들, 근로자로 한국에 온 부모가 이 땅에서 낳은 2세 등 다양한 사람들이 함께 생활하며 각자 자란 나라의 고유한 풍습과 문화들이 한국의 문화에 새롭게 더해지고 있습니다.

근로자와 결혼 이주자들이 늘어나며 그들을 위한 세계 식품점이 지역 곳곳에 늘어납니다. 시장이 있는 곳에 공급이 있게 마련이기에, 예를 들면 동남아시아의 채소가 한국에서 재배되고 온오프라인을 통해 유통되는 것입니다. 다문화 인구가 많은 지역에서는 학교 운동회 날, 다양한 문화적 배경을 가진 이들이 모여 즐거운 하루를 보냅니다. 이처럼 일상적으로 소비하는 식자재에서 감각적인 문화 경험에 이르기까지 새로운 입력이 세계로부터 한국으로 유입되어 이식되고 있습니다.

비단 한국에 정착하는 사람들만의 이야기가 아닙니다. 한국의 문화 콘텐츠가 전 세계에 퍼져나가 현지의 사람들을 매료시키기도 하고, 한국에서 배우거나 살아본 이들이 다시 귀국하며 현지의 사람들에게 적극적으로 한국을 알리며 한국적 생활양식을 배우거나 적용하는 이들도 늘고 있습니다. 분식집이나 삼겹살집처럼 한국의 일상적 식문화를 제공하는 업장이 해외에 늘고 있는 이유는 한국인 관광객뿐 아니라 현지 소비자의 수 역시 꾸준히 늘고 있기 때문입니다.

해외의 많은 이들이 한국에 와서 생활하고, 그들 중 일부는 한국에 남아 자신이 태어난 국가의 문화를 전하기도 하며, 다시 일부는 태어난 곳으로 돌아가 한국 문화를 알리기도 하는 등, 인적 교류에 의한 문화의 전파가 양방향으로 빠르게 일어나고 있습니다. 그리고 그 전파의 주체가 한국의 삶에 대한 기본적인 애정을 가진 이들이기에, 애정 어린 눈으로 흡수된 문화는 그들의 능통한 입을 통해 현지에서 소화되기 쉬운 형태로 친절하게 전파됩니다. 외교부의 대사관이나 문화체육관광부의 해외문화홍보원을 통한 노력은 절실했지만 우리의 바람만큼 효과적이기는 어려웠습니다. 투자의 규모도 제한적이지만 상대의 눈높이에 이르기 어려웠기 때문입니다. 스스로가 팬인 사람이 자신의 소중했던 경험을 진심으로 전하는 것은, 브랜드의 팬이 앰배서더가 되는 것처럼 다른 이들의 마음을 더 깊게 울립니다.

지금까지 간접 경험에 의해 알려진 한국의 이미지는 이제 직접 와서 장기간 머무른 이들의 체험적 호감으로 강화되어 더 많은 세상의 사람들에게 전파되고 있습니다. 빠른 행정 처리와 친절한 사람들, 카페 테이블에 핸드폰과 랩톱을 놓고 자리를 비워도 아무도 가져가지 않는 모습, 새벽에 혼자 다녀도 안전한 치안 등 우리 사회의 일상은 다른 사회에서 온 이들에게 기적과 같이 느껴지기도 합니다. 우리 사회에는 지나친 교육열과 무한 경쟁 사회와 같이 어두운 면도 물론 존재하지만, 지구상의 많은 국가와 비교해보아도 상대적으로 투명하고 쾌적한 삶의 환경은 한국의 장점임에 틀림없습니다.

이러한 장점에 높은 가치를 부여하는 다양한 이들이 한국에서의 삶을 선택하는 일이 늘어나고 있습니다. 사회의 제도와 체제, 믿음과 풍습이 다른 이들이 함께 지내는 사회에서 무엇보다 중요한 것은 관용의 태도입니다. 누가 맞고 누가 틀린 것이 아닌, 누가 누구보다 우월한 것이 아닌, 다만 서로 다른 것뿐인 '차이'를 이해하고 받아들이는 태도가 다양성의 확대에 따른 예기치 않은 부작용을 최소화하는 원칙이 됩니다.

무엇보다 '한국적'이라는 공통의 정서에 대한 꾸준한 업데이트를 공감해나가야 합니다. 지금껏 우리가 전통이라고 믿어온 것만이 아니라, 멋진 카페에서 차를 마시는 행위, 모던 아트의 전시와 한국에서 만들어진 뮤지컬 공연 역시 새로운 전통이 되어 우리 문화를 넓혀나갑니다. 여기에만 머무르지 않습니다. 다문화의 가족이 서로의 고유한 명절을 함께 축하하고, 인공지능과 세계화의 격랑에서 같이 배우며 적응해나가는 모습을 통해 '지금의 한국'을 쉼 없이 갱신해나가야 합니다.

먼저 살고 있는 이가 보기에 새로운 이들의 낯선 풍습

은 익숙하지 않기에 받아들이기 쉽지 않은 경우가 종종 있습니다. 하지만 역지사지로 생각해본다면 상대도 같은 입장일 것은 쉽게 유추할 수 있습니다. 실용적으로도 다양성의 수용은 새로운 선택지를 늘려주는 것이기에, 집단의 생존 확률을 더욱 높여줄 수 있다는 기능적 효용이 있음을 잊지 않아야 합니다. 그리고 무엇보다 상호 호혜적인 평등성이 건강한 관계의 출발점이므로, 서로의 입장을 인식하고 배려하는 것이 올바른 시작임을 더욱 인식해야 합니다.

이동의 욕구는 자유롭고 싶은 우리 인간의 기본적 욕망입니다. 사람들은 여기서 경험하고 다른 곳에서 생활하며 새로운 영감을 얻고 싶어 합니다. 다채로운 경험은 다시 그의 자산이 되어 더 새롭고 흥미로운 것들을 만들어내는 원동력이 됩니다. 순혈에 대한 집착이 정체성과 독립성을 위한 전제처럼 강요되던 질곡의 시간을 벗어나며, 복합적 경험과 사고로 무장한 새로운 각자가 더욱 선호되는 세상으로 변화하는 것입니다.

다양성에 대한 요구는 '정치적 올바름'의 추구에만 머무르지 않습니다. 다양성 그 자체가 매력으로 인식되는 현상은 문화 콘텐츠 속 등장인물들이 사람들에게 널리 소비되는 모습에서 살펴볼 수 있습니다. 멀티 컬처의 경험을 가진 대상이 더 선망되는 이 현상은 우리 모두가 자기 삶의 범주를 넓히길 바라는, 혹은 넓히려 준비하는 지금의 시대정신과 궤를 같이한다고 할 수 있습니다.

예전 TV 방송에서 선보였던 〈미녀들의 수다〉와 〈비정상회담〉에서 한국어를 유창하게 하던 외국인들의 페르소나는 이주민의 사회적 동화를 희망하는 〈이웃집 찰스〉로 이전했습니다. 그 이후 정착해서 살고 있는 이들을 보여주는 케이블TV의 〈대한외국인〉이라는 프로그램을 거쳐, 이제는 유튜브 채널 '조나단' 속 주인공 조나단과 그의 동생 파트리샤, 그리고 한국어를 한국인보다 유창하게 하는 핀란드 출신 외국인 레오가 주인공인 '레오TV'로 확장되고 있습니다. 태어난 곳, 국적이 한국이 아닐지라도 한국적 정서와 한국에 대한 애정을 가지고 있다면 K의 일원에 포함될 수 있습니다. 그 새로운 K의 일원들은 한국에 속해 있기만 한 것이 아니라, 경계의 중심에서 더 너른 곳에 한국을 알리고 더 다양한 시각을 전해줄 수 있기에 K의 팬들에게 격하게 환영받습니다.

전 세계에서 한국을 사랑하기에 방문하고, 공부하고, 일하고, 정착하는 사람들, 그리고 다시 한국을 떠나 전 세계로 삶의 터전을 옮기는 수많은 사람들이 늘어날수록 K의 다양

이 땅에서 태어나고 자란 이들의 '혈관'에

한국이 자리 잡은 것이 아닙니다.

보고 듣고 느끼며 얻은 생각의 씨앗이

움튼 이들의 '마음' 속에

진정한 한국이 자라난 것입니다.

성은 더욱 풍부해질 것입니다. 그들이 드나들며 새롭게 가져오는 하루하루의 일상이, 새로운 시대 새로운 한국을 만들어나가는 소중한 입력으로 작용할 것입니다. 그리고 그 입력이 서로를 향하는 갈등의 씨앗이 되지 않기 위해서 우리가 양보하면 안 될 가장 중요한 원칙은, 이 땅에서 태어나고 자란 이들의 '혈관'에 한국이 자리 잡은 것이 아니라, 보고 듣고 느끼며 얻은 '마음'에 한국이 자리 잡고 있다는 것입니다.

한국으로 찾아온 이들에 의해서만 한국이 알려지는 것은 아닙니다. 한국을 떠난 이들과 그들의 후손들에 의해 한국이 전해지고 새로운 K가 만들어지기도 합니다.

2023년 방영된 넷플릭스의 드라마 〈성난 사람들〉은 한국계 미국인 이성진 감독이 제작했습니다. 드라마는 도로 위에서 일어난 우연한 충돌로 벌어지는 한국계 건축 자영업자 대니와 베트남-중국계 자영업자 에이미의 복수전을 그렸습니다. 이 작품에서 감독은 미묘한 이중 문화의 정체성과 이민자의 일상에서 상시적으로 겪는 고립과 갈등을 날카롭게 표현했습니다. 에미상 7관왕과 골든글로브 3관왕을 차지한 이 작품에서 우리가 얻는 공감과 이질감은 단순히 한국계 배우 스티브 연Steven Yeun이 등장한다는 사실에만 머무르지 않습니다. 그보다 이민 2세대, 3세대와 같이 하이브리드 정체성을 가진 주인공들이 일상에서 사회적인 인정과 문화적 차이에 따른 복잡한 감정을 느끼고 살아가는 것을 당사자의 관점에서 보여주었기 때문입니다. 나와 같은 것을 느끼는 이들이 세상의 대부분을 차지하고 있다고 믿어온, '단일민족'과 '한겨레'라는 단어에 익숙한 사람들에게, 자신과 같은 이들이 주류가 아닌 사회의 소수자적 관점은 서늘하게 다가왔습니다.

한국을 떠나 새로운 삶을 도모해온 사람들의 수는 이미 수백만 명에 이르고, 그 이민의 역사 역시 100년을 넘어가고 있습니다. 어려운 삶을 더 좋은 환경에서 다시 시작하겠다는 각오는, 생경한 환경과 낯선 이들과의 공생에서 빛이 바래기도 다시 불타오르기도 하며 새로운 빛을 만들어나가고 있습니다. 이들이 갖고 있는 복합적 정체성의 소중한 원료로 '한국적'인 무언가가 큰 자리를 차지하고 있음을 이해할 수 있다면, 그들이 축적한 정서와 적응의 흔적들이 새로운 K의 다양성에 의미 있는 입력으로 더해질 것을 이해합니다.

2025년에는 전 세계 사람들을 놀라게 한 K팝의 변주가 찾아왔습니다. 넷플릭스를 통해 공개된 애니메이션 〈K팝 데

몬 헌터스〉가 바로 그 주인공입니다. 한국계 캐나다 감독 매기 강Maggie Kang, 한국계 배우자와 가정을 이룬 크리스 아펠한스Chris Appelhans가 공동 연출한 이 작품은 K팝과 오컬트를 결합한 애니메이션 작품입니다. K팝 슈퍼스타 '루미', '미라', '조이'가 사실은 악귀로부터 세상을 지키는 영웅이라는 설정의 액션 판타지 영화로 공개 하루 만에 22개국에서 1위를 차지했고, OST가 미국 빌보드 메인 앨범 차트 '빌보드 200'에서 8위로 데뷔한 후, 스포티파이와 아이튠즈 앨범 차트 1위를 차지하며 선풍적인 인기를 얻었습니다.

그 신드롬의 출발은 질적 완성도에서 시작되었습니다. K팝 그룹 2NE1과 블랙핑크를 프로듀싱한 테디가 만든 노래를 그룹 트와이스 멤버가 부르고, '스우파' 출신의 안무가 리정 등 케이팝을 대표하는 아티스트들이 대거 참여했다고 합니다. 뿐만 아니라 기존 할리우드 영화에서 계속 지적되어 온 아시아 문화의 획일적 묘사를 배제하고 한국적 모습을 정교하게 구현했습니다. 한양도성과 남산타워, 저승사자 등 한국적 요소를 가득 담은 장면뿐 아니라, K팝 팬들에게 이미 익숙한 팬 문화도 고증해 남긴 것입니다. 응원봉이나 플래카드, 팬사인회에 이르는 고유한 문화가 고스란히 표현되자 많은 팬들은 더욱 열광했습니다. 그 문화를 즐겨보지 않은 이들에게 전형성을 전달하려 표피적으로 묘사한 것이 아니라, 실제로 한국에 와보고 콘서트에 참여하는 팬들의 눈높이까지 만족시킬 만큼 실제의 모습을 복원한 연출과 표현의 진정성에 감동한 것입니다.

특히 한국의 민화 '호작도'에서 모티브를 얻은 호랑이와 까치 캐릭터는 전통 문양과 형상에 기초한 재창조로 호평받았습니다. 없던 것을 그냥 만들어낸 것이 아니라, 이미 존재하는 전통 위에 새로운 창작이 더해지며, 고유성에 진정성이 더해진 결과물에 찬사가 쏟아진 것입니다. 박제된 전통이 아닌 재해석된 미감에 새로운 소비자가 호응하며 굿즈를 만들어달라는 요청까지 쇄도했습니다. 조선시대 민화로부터 영감을 받은 캐릭터는 그 어떤 캐릭터보다 '한국적'입니다.

막상 '한국 사람'들이 K로서 등한시했던 우리의 고유한 콘텐츠는 앞으로 더 발굴되고 새 기회를 맞이하게 될 것 같습니다. 이처럼 익숙한 것들에 낯선 관점이 더해지는 수작들이 만들어지며 이를 만들어낸, 세계로 뻗어나간 디아스포라 한국인들이 다시 K에 신선한 활력을 배가하고 있습니다.

우리는 오랫동안 '한국 사람'이라는 의미를, 대한민국에서 나고 자라고 부모 모두 한국 사람이며, 우리 말과 문화에 능통한 사람들이라는 조금은 좁은 의미로 쓰고 있었는지도

모릅니다. 하지만 해외에서 성장기 대부분을 보내서 한국말이 좀 서툴지만 글로벌 K콘텐츠의 주요 제작자이거나 등장인물이 되고 있는 이들도 확장된 K의 구성원입니다. 부모 모두 외국인이고 국적조차 외국이더라도, 웬만한 한국 사람보다 더 재치 있게 한국어를 구사하고 아주 구체적인 한국 문화의 공감대를 꼬집어내는 핀란드인 레오 같은 크리에이터들도 '확장된 K'의 구성원이라 볼 수 있습니다. K팝 아이돌 그룹에 외국인 멤버가 들어온 것은 이미 오래된 일이며, 이제 팬덤의 소비자와 참여자이고 그 누구보다 열렬한 한국 문화의 홍보대사가 되는 저 먼 나라의 10대는 언젠가 한국 유학생이 되고 귀화 한국인이 될지 모릅니다. 더불어, 꼭 귀화하지 않고 각자의 나라에서 참여하는 이들 역시 확장된 K의 구성원입니다.

　한곳에 머물러 고여 있는 것이 아니라 계속 이동하고 결합되며 만들어지는 새로운 K는, 싫증과 진부함을 느낄 틈 없이 팬들을 계속 매료시킵니다. 옛 전통을 꿋꿋하게 지키는 인간문화재와 그의 전수자로서 고집스레 깊어지는 것뿐만 아니라, 다른 피부색과 다양한 언어로 쉴 틈 없이 더해지는 다양성의 축적이, 꺼지지 않고 지속되는 K의 생명 연장을 위한 원동력이 될 것입니다. 세상은 변하고 모든 이들의 감성도 바뀌기 마련이라 정신은 같지만 표현은 언제나 선단에 서는 새로움이 필수입니다. 그 안에는 세상의 변화를 간과하지 않는 살아 있는 감각의 현행화와 시대의 미감을 놓치지 않고 더해나가는 스스로를 향한 담금질의 노력이 필수적입니다.

여기서 긍정적인 부분은 'K'라는 수식어가 포함할 수 있는 집합이 넓어졌다는 점입니다. 확산의 단초, 혹은 새로운 씨앗이 펼쳐질 수도 있다는 새로운 가능성입니다. 그리고 새롭게 생겨난 경쟁의 어려움은 어쩌면 새로운 K의 주인공이 꼭 한국 출신의 사람들이 아닐 수도 있다는 사실입니다. 다시 말해 K가 떠도 그 수혜자가 한국 국적자가 아닐 수도 있습니다. 지금까지는 한국 출신이라는 것이 K라는 주무대에서 하나의 특권처럼 받아들여졌을 수 있습니다. 하지만 새로운 K가 더 큰 가능성으로 다가온다면 제한된 경험으로 완고함을 가진 이들은 개방성이 떨어진다는 이유로 오히려 배제될 수 있습니다.

지금 전 세계를 무대로 자신의 커리어를 만들어나가는 K팝 스타들 중 복수 국적을 가지고 있거나 해외에서의 경험으로 다문화의 유연성을 가진 이들이 늘어나고 있다는 사실이 눈에 띕니다. 이미 한국의 유명 기획사가 만든 그룹들 중

미국에서 데뷔하고 한국인 멤버가 전혀 없는 사례도 나오고 있습니다. 한국인들끼리 뭉쳐 결과를 내던 방식이 아니라 새로운 입력과 협력으로 만들어낸 K는 기존의 K를 넘어서는 '비욘드beyond K'로 바라볼 수 있습니다.

학연, 지연, 혈연으로 이야기되던 예전 시대의 구분은 피부색과 국적이 일치하는 이들 사이의 작은 차이에서 시작된 것에 불과했습니다. 이제는 조부모와 부모, 그리고 본인까지 각자 태어난 곳과 자란 곳, 그리고 앞으로 살아갈 곳이 다양한 이들이 무수히 섞이며 함께 살아가는 세상이 빠르게 오고 있습니다. 이들이 연을 맺고 소중한 시간을 함께 보내는 지리적, 문화적 교차점에 K가 존재할 수 있다면 이들의 문화적 DNA 속에 K는 깊은 영감으로 자리 잡을 것입니다. 이렇게 전파된 K는 다시 미래 문명에 소중한 씨앗으로 싹을 틔울 것입니다.

제5장

무거운 세계의 끝, 가벼운 세계의 시작

무중력 상태에서

손잡고 유영하는 군무와 같이

경량문명의 협업은

섬세하게 연결되는 영감의

교류로 자리 잡게 됩니다.

문명의 충돌

멜 깁슨Mel Gibson 감독의 영화 〈아포칼립토〉는 고대 마야 문명의 몰락기를 배경으로 한 작품입니다. 영화는 유카탄반도의 밀림에서 평화롭게 살아가던 부족의 사냥꾼 '재규어 포'의 시선을 통해 긴장감 넘치는 삶의 굴곡을 보여줍니다. 사냥하며 평화로운 일상을 보내던 주인공은 마야 전사들로 구성된 침략자들이 마을을 습격하자 가족을 살리고 포로로 잡혀갑니다. 침략자들은 그와 다른 생존자들을 사냥 게임의 대상으로 삼아 도망칠 기회를 주고 추격을 시작합니다. 재규어 포는 밀림의 지형과 자연을 이용해 추격자들을 하나씩 제거하며 탈출에 성공합니다. 하지만 마지막 장면에서 스페인 정복자들이 해안에 도착하는 모습을 보여주며 영화는 끝납니다.

이 영화 이후의 중남미 원주민들의 삶에 대해서라면 우리는 역사를 통해 슬픈 결론을 이미 알고 있습니다. 영화 속 주인공 재규어 포는 천우신조로 이웃 부족의 경쟁자를 물리칠 수 있었지만 그것은 잠시의 기쁨에 불과했습니다. 총포를 들고 온 유럽의 침략자는 활과 도끼로 무장한 마야의 전사들과는 차원이 다른 무력을 보여주었기 때문입니다. 미래를 배경으로 한 SF 소설의 주요 주제 역시 압도적인 힘을 가진 외계의 생명체가 지구의 인류를 침공하는 이야기가 많습니다.

문명의 전개는 지역과 시간으로 나뉘어 벌어지므로 문명끼리 서로 만나는 일이 드물어 석기시대 인류와 철기시대 인류의 조우는 공룡과 인간이 함께 나오는 영화만큼 현실성이 없습니다. 하지만 마차로 병참을 수행하던 고단함이 철도로 바뀌고 운송이 비행기로 가속화되며 문명 간 충돌은 20세기 이후 드물지 않은 현상으로 관찰되어 왔습니다.

이제 중량문명과 경량문명 간의 전장이 전 지구로 확장되기 시작합니다. 무엇보다 피아를 가르는 기준이 지역이 아니라 태어난 연대로 나뉘며, 한 가족 안에서도 다른 문명을 가진 이들이 공존하는 초유의 사태가 벌어지고 있습니다. 그리고 중량문명의 사람들에게 경량문명의 모든 것은 희망보다 두려움으로 먼저 다가오기 마련입니다.

최근 어르신들을 불안에 떨게 하는 것은 예전에는 반갑

기만 했던 휴대폰 문자 메시지입니다. 피싱으로 개인정보가 유출되고 계좌 안의 예금이 사라질지 모른다는 막연한 공포로 인해 문자가 올 때마다 자식들에게 전화해서 물어보는 빈도가 꾸준히 늘어나고 있습니다. 온라인 뱅킹도 없던 시절에 금융기관은 지점에 방문할 때마다 종이 통장을 들고 오게 했습니다. 돈이 드나들 때마다 통장에 차곡차곡 인쇄된 숫자와 내역들이 남아서 혹여 나중에 문제가 생기더라도 최후 변론의 증거는 고객이 가질 수 있었습니다. 이제는 모든 거래가 온라인으로 이뤄져 지점은 언제 갔는지 기억도 없을 만큼 비대면이 일상이 되자, 컴퓨터 속 숫자에 불과한 나의 자산이 다른 컴퓨터의 공격으로 사라질 수 있다는 공포를 많은 이들이 갖게 되었습니다. AI로 모사한 목소리로 자식이 납치되었다고 속이고 돈을 요구하는 것은 애교스러울 만큼, 이제 문자 메시지 속 링크를 잘못 클릭하면 더 위험한 일들이 벌어질 수 있습니다. 백도어 애플리케이션을 스마트폰에 몰래 설치해 개인정보를 빼내고 신분증 파일을 복사해 휴대폰을 추가 개통한 후, 그 정보로 다시 대출을 받아 통장에 존재하지도 않았던 돈까지 빼내는 사례까지도 미디어에서 공유됩니다. 기술을 잘 모른다면 전체 범죄의 얼개와 기법을 이해하기조차 어려운 상황이 벌어지기에 종이 통장으로 거래를 시작했던 세대의 사람들은 모든 디지털에 대해 공포심을 느끼기 시작한 것입니다.

　이동통신 회사의 서버에서 다량의 고객 정보가 유출되는 사태가 벌어지며 사람들은 두 가지의 놀라운 발견을 하게 되었습니다. 첫 번째는 개인을 식별할 수 있는 주민등록번호나 핸드폰 번호 등의 정보가 너무나 쉽게 검색되거나 공유, 복사될 수 있다는 사실입니다. 이 간단한 정보로 개인을 식별하는 것을 넘어 그 개인 신상을 복제 및 남용하는 것이 가능하다는 사실은, 각자의 소셜 프레즌스가 얼마나 취약하게 다뤄지고 있는지 인식하는 계기가 되었습니다. 두 번째는 어르신들의 개인정보 유출이나 남용 사례를 확인하기 위해 부모님의 계약 현황을 확인하는 과정에서 터무니없이 많은 부가서비스가 과다 청구되고 있음을 발견했다는 사례가 속속 공유된 것입니다.[1] 핸드폰 개통 시 혜택을 준다며 멀티미디어 패키지나 정보 서비스 옵션들을 신청하게 한 후 이를 해지하지 못하거나, 아예 그 서비스의 의미조차 모르는 고객들이 장기간에 걸쳐 사용하지 않는 서비스의 요금을 내고 있었다는 사실을 많은 이들이 확인하게 된 것입니다. 인터넷 게시판에서는 각자 부모님의 요금제를 확인해보자는 결의의 촉구가 공유될 만큼 예전 문명의 사람들이 새로운 경제 체제의 원리에 무지함을 여실히 드러냈습니다.

　이전 문명의 구성원들을 새로운 문명으로 이끄는 것이 어렵다면, 어쩌면 다시 그들을 위해서만 추가적인 배려의 시스템을 운영해야 할지도 모릅니다. 그들을 위해 우편으로 상품 정보를 보내고 대면으로 상담하고 계약을 모두 종이 서류로 하는 예전의 관행을 유지하며 새로운 문명을 마주할 때 느끼는 공포와 두려움을 다독여야 하는 것과 같습니다. 보이스 피싱으로 의심되는 문자가 막연히 두려운 이들에게 다시 종이 통장이 발급되어야 하는 것과 같습니다. 문제는 그 비용을 누가 지불할 것인가 하는 것입니다. 경량문명은 앞에서 언급한 바와 같이 저렴한 지능이 보편적 접근성을 가지는 것입니다. 중량문명 시절에 제공되던 서비스는 상대적으로 고비용의 지능인 인간이 맡았던 것입니다. 인간은 동시에 여러 곳에서 존재할 수 없고, 한 번에 여러 가지 일을 처리할 수 없기에 소비자에게 큰 대가를 요구할 수밖에 없었습니다. 경제성의 관점에서 바라본다면 대면 서비스 대상자는 비대면 혹은 지능화 서비스의 숫자에 비해 현격히 적을 수밖에 없기에, 결국 인간 서비스는 희소재로 분류될 것입니다.

　예전에는 세상을 사는 법을 나이 든 이가 가르치는 것

이 관례였습니다. 고을마다 가장 나이가 든 이가 장로로 불리며 세상의 이치와 어려운 일에 대한 대책을 젊은이들에게 알렸습니다. 이제는 그 가르침의 역전이 곳곳에서 벌어지기 시작했습니다. 소셜미디어를 통해 자신을 알리는 방법, 온라인 시스템을 통해 트로트 가수의 공연 예약을 해내는 법, 파인 다이닝 식사를 경험하기 위해 레스토랑의 인스타그램 계정에 DM을 보내 예약 신청을 하는 것에 이르기까지 우리의 일상은 지능화와 비대면, 자동화와 새로운 신뢰 시스템에 의해 빠르게 변화하고 있습니다. 보는 것과 읽는 것, 이해하고 추론하는 일까지 인공의 지능에 의해 대체되거나 증강되면서 누구나 에이전트로 무장한 세상에서 불편한 것과 곤란한 것을 피할 수 있는 시대가 열리게 된 것입니다.

2000년대 후반부터 많은 기업들에는 새로운 세대의 구성원들로 조직이 채워지며 그들의 문화를 이해하지 못하는 문제가 발생해, 기업들은 상호 이해를 위한 다양한 기획을 실천에 옮기기 시작했습니다. 1980년대 이후 태어난 '밀레니얼 세대'가 입사한 때부터 시작된 새로운 세대 연구는 'Z세대'의 입사를 통해 더욱 강화되었습니다. 그 이전 세대와는 가치관과 세계관이 다른 이들이 함께 일하며 겪는 세대 갈등은 예능 프로를 통해 희화화되며 그 골이 건널 수 없는 강처럼 더욱 깊어진다고 표현했습니다. 상호 이해를 위해 평등성을 강화하려는 시도 중 하나가 리버스 멘토링 제도입니다. 연공 서열성이 강한 조직에서 상위 직책을 맡은 이들이 대부분 나이가 많고 세대 구분에서도 거리가 먼 경우, 조직에 새롭게 들어온 상대적으로 젊은 세대의 구성원들이 연배가 높은 이들에게 멘토링을 하도록 하는 제도입니다. '사수-부사수'라는 보조를 통한 전수의 모델이 아니라 오히려 거꾸로 신규 입사한 구성원이 더 많은 경험을 가진 이들에게 경험과 혜안을 주도록 한 것은, 업무 영역을 넘어서 삶의 변화에 따른 적응성에 대해 알려주기를 바란 것입니다. 조직 내 이해라는 목적도 있으나 좀 더 확장해보면 새로운 세대의 소비자들을 이해하기 위해서 오래된 감각을 현행화하는 보완책을 구비한 것이라고 설명할 수 있습니다. 상명하달의 방식과 도제식 노하우 전수의 일방향 정보 흐름에 샛길을 내고, 상호 보완적 의사소통의 채널을 확보한 것은 수평적 문화의 함양과 다양성의 진흥을 위해서도 의미 있는 일이라고 할 수 있습니다.

한편 문명의 발달사에 의해 경량문명의 토대에서 생산과 협업의 경험을 가진 이들이 조직에 들어오기 시작한다면, 생산비용의 효율성과 증강된 역량에 따라 산출물이 비약적으로 증가하게 됩니다. 이로 인해 새로운 문명의 향유자들이 이전 문명의 사람들에게 새로운 정보와 노하우를 제공할 것임을 우리는 확연히 이해할 수 있습니다. 양쪽 문명의 특성이 결합되고 이의 시너지가 의미를 가지며 생산성을 높이는 작업을 기대할지 모르나, 새로운 문명이 생산의 과정에서 전반적으로 우월함을 가지는 경우 그 화학적 결합이 가진 의미는 퇴색될 수밖에 없습니다. 마치 기마병과 현대식 자주포의 결합이 의미를 갖지 못하는 것과 같습니다. 이러한 구조에서 바라본다면 이제 배움의 흐름은 경량문명의 네이티브인 새로운 세대에서 중량문명의 시대에 태어난 이전 세대로 한 방향으로 흐를 것을 알 수 있습니다. 리버스 멘토링이라는 복합어의 출발이 '리버스'라는 것을 보듯, 이전 문명의 멘토는 언제나 연장자일 것을 상정하고 있습니다. 이제 멘토링의 전제로 나이와 경험은 그 의미를 지니지 못합니다. 새로운 문명에서의 얼마나 일찍 자신의 세계관을 찾았느냐와 그 이해의 숙련이 이제 멘토의 요건이 될 것입니다. 유명한 개그맨이 "인기 있으면 형이지"라고 자조 섞인 표현을 한 것처럼, 이제 '가벼운 자가 멘토'인 세상이 오고 있습니다.

나이와 무관한, 오히려 문명의 변천에 따라 이전 세대의 암묵지가 새로운 경험에 짐이 되는 일은 우리 사회의 구성원에게는 무척이나 낯선 일로 다가올 것입니다. 장유유서 문화와 연공 서열의 시스템은 여전히 관습처럼 남아 있고, 면접장에서 당당함을 보여준 구직자에게 절실함이 부족하다며 불이익의 박한 평가가 따라오는 해프닝은 지금도 어딘가에서 벌어지는 현재진행형입니다. 이러다 보니 취업 준비생들은 똑똑하지만 겸손하고, 활동적이지만 신중하며, 독보적이지만 협력적인, 존재할 수 없는 종합적 모순이 집약된 인간형으로 스스로를 포장하기를 요구받습니다. 자신의 자아를 보여주면 불리해지는 레이스에서, 열위의 지원자들은 통과의례를 효율적으로 속이기 위해 취업 스터디에서 끊임없이 면접을 리허설합니다. 심지어 이러한 시스템으로 학습한 인공지능 면접관까지 등장해서 절박한 지원자들을 매서운 눈으로 검증하고 있습니다.

새로운 문명의 도래는 기존 문명의 원칙을 무효화하기에, 이전 문명의 구성원들은 신생아보다 더 불리한 입장에 처하게 됩니다. 패러다임의 변화 시기에는 먼저 얻었던 지식이 선입견으로 작용하기 때문에, 근육을 강화해도 따라가기 어려운 상황에 오히려 물속에서 걷는 것과 같은 일상적 저항을 매 순간 느낄 수밖에 없습니다.

인공지능이 널리 쓰이기 이전부터도 상이한 집단 간의 삐걱임은 새로운 협업에서 이미 관찰되고 있었습니다. 재택 근무 상황에서 영상 회의를 끝내고 신입사원이 먼저 로그아 웃한 것을 상급자가 질책했다는 사건이 온라인상에서 회자 된 적이 있습니다. 심지어 그 힐난 역시 직접 온 것이 아니라 상급자가 다음 단계의 매니저에게 따로 통화해 기강을 바로 잡으라 지시했다고 하니, 온라인상에서는 "꼰대스럽다"는 댓글이 무수히 쏟아졌습니다. 카톡으로 보낼 때 이모티콘 을 쓰는 방법이라거나, 상급자의 문장에 가장 빨리 "네"라 는 댓글을 모두 달라고 윽박지르는 것, 휴일에 문자 메시지 를 답하지 않는다고 공개적으로 모욕을 주는 것과 같이, 커 뮤니케이션의 매질과 시대가 바뀌어도 세계관이 바뀌지 않 은 사람들과의 조우는 언제나 시대착오의 당황스러움을 재 현합니다.

어쩌면 지금까지 인류의 삶에서 이토록 잦은 현행화의 압력은 없었을지 모릅니다. 농부로 태어나 땅을 갈고 씨를 뿌리며 생을 마감하던 이 땅의 대다수에게 '상경'과 '공단' 이라는 선택지가 다가온 것은 불과 50여 년 전 일입니다. 그 이후 올림픽과 월드컵을 거치며 세계화라는, 선택하지 않았 지만 주어진 목표에 매진해온 사람들은 옆의 누군가가 계속

탈락하는 피라미드를 오르며 과로를 일상화했습니다. 10시간의 근무를 끝내고 회식자리에 가기 전 '센스 있는 아랫사람'이 되려면 비싼 숙취해소제를 인원수만큼 챙기고 술자리가 시작하기 전에 한 병씩 따서 돌려야 했던 장면은 어디선가 지금도 재현되고 있을지 모릅니다. 숙취해소제라는 기묘한 제품이 존재하는 현실, 그리고 그 의미가 과음 후에 두통과 매스꺼움을 겪는 사람을 구하기 위한 것이 아니라, 엉뚱하게도 건실한 회사원이 되기 위한 '포션'처럼 인식되는 상황은 어느 문명의 기준으로도 정상이라 보기 쉽지 않습니다.

생산성 향상을 위해 누군가의 시간을 갈아 넣어야 한다던 과거 관습은, 문학 작품 속 지주들의 횡포보다 더 심하게 소작농을 괴롭히던 마름들, 공장의 작업반장, 그리고 회사의 '관리직'인 '부장님'을 향한 미움과 설움으로 응축되었습니다. 이제 새로운 문명은 생산성에서 인간의 시간이라는 제한된 자원에 의지하지 않습니다. 그렇다면 무언가를 만들기 위해 누군가를 착취할 필요가 없다는 새로운 현실에 적응하기 위해 우리는 새로운 관계성의 규칙을 모색하게 될 것입니다. 그 모색의 방법이 어떤 규칙으로 구체화될지 관찰해봅니다. 주 6일의 근무가 끝난 후, 팀의 단합은 사내 등산동호회로

굳게 뭉쳐졌습니다. 토요일 밤에 떠나 지리산 기슭에서 선잠을 자고, 다시 새벽에 뱀사골을 지나 천왕봉을 찍고 내려오는 강행군은 선발대 L 대리가 더 무거운 짐을 지고 빠르게 주파한 후, 다시 막걸리와 파전이 일품인 산자락의 식당에서 선배들을 맞는 예의범절로 강화된 것입니다. 자신도 그렇게 했기에 후배들에게 요구할 수 있었던, 그리고 그 '기본'을 지켜야 온전히 인사평가에서 손해 보지 않았던 그 시절의 기준은 새로운 문명에서는 찾아보기 어려울 것입니다.

'도리'라 불리던, 먼저 온 이를 수발들던 행동은 지금 만나고, 잠시 만나고, 다시 만나는 새로운 관계에서 에너지를 갉아먹는 구습으로 인식됩니다. 나이 든 이를 업고 길을 떠나는 중력계의 동행이 아니라, 무중력 상태에서 손잡고 유영하는 군무와 같이, 경량문명의 협업은 서로에게 짐이 되지 않는 영감의 교류로 자리 잡게 됩니다. 지난 시절의 도리를 찾는 이들과 빚진 것이 없는 이들 간의 교류는 그 착점을 찾지 못하고 공전하는 것입니다. 그리고 예전에 도리를 다한 자가 이제는 갚을 사람이 없는 청구서를 가지고 회한에 젖는 광경에서 우리는 새로운 문명의 시작점을 실감하기 시작할 것입니다.

바꿀 수 없는 것, 바뀌지 않는 것

《시대예보: 핵개인의 시대》에서는 모든 인간이 자립을 꿈꾸는 시대에 대해서 이야기했습니다. 《시대예보: 호명사회》는 조직은 작아지고 개인은 커지는, 각자의 이름이 주목받는 사회의 도래에 대해서 탐구한 것입니다. 여기에 더하여 인공지능의 비약적 발전은 저렴한 지능의 범용화를 가져다주며 에이전시가 사라지고 우리는 모두 각자의 업을 스스로 행하는 문명으로 진화합니다. 이러한 변화는 협력을 위해 모였던 대규모 집단을 해체시키고 단단히 고정되었던 조직의 분화를 이끌어냅니다. 가족의 점성이 옅어지며 핵가족이 핵개인으로 분화되고, 협업의 단위는 모둠에서 개인으로 축소됩니다. 조직 또한 단단히 결합한 고체에서 흐름에 따라 움직이는 액체 혹은 각자 자유롭게 확산하는 기체로 변화되는 것입니다.

인류학자 오가와 사야카小川 さやか 교수는 그의 책 《청킹

맨션의 보스는 알고 있다》에서 선진국의 국민은 산다는 것과 경제가 격리되어 있는 듯 살아가고 있다고 말합니다. 그에 반해 그가 관찰한 홍콩 청킹맨션의 탄자니아인들은 "'아무도 신용하지 않는 것'을 규칙으로 삼는 세계에서 누구에게나 열린 호수성을 기반으로" 살아가고 있다고 설명했습니다. 이 책에서 말하는 호수성은 서로 도움을 주는 상부상조의 의미에, '눈에는 눈, 이에는 이'라는 상호 보복의 의미까지 포함하는 개념입니다. 저자는 그렇기에 일정한 거리 속 배려를 시스템화해야 한다는 함의를 '사려 깊은 무관심'이라고 표현하며, 모두가 개인으로 분화된 성긴 사회 속에서 어떻게 함께 살아가야 할지 보여줍니다.

단단히 묶인 조직의 결속이 이완되며 얻게 되는 주체성과 그 반작용으로 잃게 되는 안정성의 길항작용은 모두에게 새로운 적응의 방식을 요구합니다. 무엇보다 각자는 자유 의지로 자신의 순간적인 효용을 설명하고 납득시켜야 합니다. 중세의 길드는 일정한 수준의 자격을 갖춘 이들의 연합체로 업의 수준을 유지하고 권익을 보호하는 일종의 카르텔로 운영되었습니다. 지금도 많은 직종에서 유지되는 이러한 조합 시스템은 일정한 품질 이상의 재화를 제공하는 이들에게 과당 경쟁을 자체적으로 제한하는 자구책을 제도화한 것입니다. 하지만 이 경우에도 자신의 브랜드를 만들고 알리는 작업은 꾸준히 이루어졌습니다. 이름을 문장으로 만들어 표식을 넣은 제품들이 그 인식의 상징으로 자리 잡은 것으로, 이 모든 행위는 결국 '영업'이라는 목표를 얻고자 한 것입니다. 고객을 찾고 신뢰를 얻어 단골을 만들고 싶은 생존의 욕구가 행위와 상징의 결합체로 남게 되는 것이 '브랜드'입니다.

　인스타그램에 요가를 가르치거나 퍼스널 트레이닝을 지도하는 전문가들의 계정이 늘어난 지도 벌써 10년이 넘어가고 있습니다. 단계별 수련법이나 건강 관련 주의사항뿐 아니라 맛집과 여행의 일상까지도 공유되며 '인플루언서'라는 새로운 직함으로 불리기도 합니다. 본업의 경쟁력을 강화하기 위해 시작한 계정은 그 자체가 미디어로 진화하며 '영향력'이라는 새로운 자본을 축적하게 됩니다.

　비교적 최근 등장한 소셜미디어 스레드는 유튜브, 인스타그램과는 다른 새로운 종류의 영향력 공간으로 나타나고 있습니다. 이미지나 영상 중심의 소셜미디어가 아닌 텍스트 중심의 소셜미디어이기 때문에 스레드의 사용자 비율과 토론장 주제는 다양한 전문직 중심으로 형성됩니다. 각자가 자신의 전문성과 노하우를 기반으로 긴 글을 친절하게 공유하는 '영업의 공간'이 형성됩니다. 스레드는 시대의 변화를 먼저 감지한 동시대인들의 새로운 호수성 그리고 호혜성이 테스트되는 공간이라고 볼 수 있습니다. 매년 새롭게 시장에 진입하는 신진들이 늘어나는 것에 비해 전체 인구는 늘어나지 않는 성숙한 시장에서는 성장이 정체되기에, 조직으로 편입되지 않는 새로운 전문가들은 자신의 홍보가 생존의 필수 도구가 되고 있습니다. 이들의 게시물 역시 자신의 업무 역량과 전문 분야에서의 조언을 넘어 적극적인 자기 홍보로 확대되고 있습니다. 선망받는 학력이나 유명인과의 친분, 심지어 자산의 크기까지 나열되는 정보 공개는 성취의 전시를 통해 잠재적 소비자의 신뢰를 얻고자 하는 전통적 광고의 문법을 모사하기도 합니다.

예전이라면 스포츠 클럽에 고용된 강사로 일하거나, 법률 회사의 구성원 변호사로 일하던 사람들이 이제 각자의 회사를 차리고 소비자 대상의 영업을 시작한 것입니다. 이전의 시스템에서 광고 집행의 주체는 그가 소속된 기업이었습니다. 큰 규모의 자본을 투입하고 전문적인 광고 에이전시를 고용해 회사가 원하는 메시지를 대중에게 대규모로 전파한 것입니다. 이제는 분화된 개인이 각자의 목소리를 나름대로 만들어 소수의 사람들에게 일상적으로 전달하는 게릴라식 침투 방식으로 광고와 홍보가 변화합니다. 큰 물량의 광고는 사라지고 작은 메시지의 일상적 교환으로 변화합니다. 그 메시지 역시 광고가 아니라 홍보의 문법으로 바뀌어나갑니다. 파는 것 또한 회사의 상품에서 개인의 서사로 변화하며 지난 세월의 흔적인 자신의 트랙 레코드가 새로운 고객을 끌어내기 위한 마중물이 됩니다.

문제는 법인은 인격을 가지지 않기에 변심에 따른 도덕적 책임과 비난의 대상자가 특정되기 어려운 데 반해, 개인은 온전히 혼자서 그 파고를 겪어내야 한다는 위험이 상존하게 되는 것입니다. 개인 간의 분쟁이나 다툼이 홍보를 위해 개설된 소통의 창구에서 논의되는 경우 각자는 손익을 넘어 명예의 실추에 따른 극한의 분쟁을 벌이는 사건이 끊임없이 발생하고 있습니다. 제삼자가 보기에는 그저 해프닝에 불과한 사건도, 더해지는 댓글과 다시 쌓이는 오해가 중첩되며 결국 소송으로까지 비화해 온라인상의 상처들이 늘어납니다. 심지어 경쟁하는 자영업자들의 질투와 시기에 의해 그 불길이 걷잡을 수 없게 커지기도 합니다.

에어비앤비는 새로운 변화에 맞추어 진화하는 사업모델을 확장하며 이러한 개인의 변화를 수용했습니다. CEO 브라이언 체스키Brian Chesky는 "모두가 AI를 바라볼 때 우리는 AI가 대체 못 하는 서비스에 집중"한다고 이야기합니다.

7,300명의 직원으로 42만 명이 넘는 직원을 둔 글로벌 대형 호텔 그룹 메리어트Marriott보다 큰 시가총액을 보여주고 있는 에어비앤비는 숙박 공유 플랫폼이라는 새로운 산업을 만들어냈습니다.[2] 가정집을 빌려주는 에어비앤비 사업모델의 장점은 합리적인 비용으로 인테리어가 훌륭한 숙소를 빌릴 수 있는 것입니다. 단점은 호텔이 제공하는 전문적인 서비스를 누릴 수 없다는 것입니다. 호텔 내 레스토랑의 미식 서비스나 마사지, 요가 레슨과 같은 부대 서비스는 수백 개의 객실에서 많은 고객을 맞이한다는 전제로 구비해놓은 편의입니다. 몇 개의 방만을 빌려주는 개인 숙소 제공자는 규모의 경제를 이루기 힘들기 때문에, 그러한 서비스는 근원적으로 불가능합니다. 그렇기에 그동안 호텔과 에어비앤비 사용자가 명확히 구분되어 왔습니다. 그러다 공유 경제라고 불리는 서비스 중개 플랫폼들이 확장되며 소비자들이 인적 서비스를 각 플랫폼을 통해 스스로 구매하는 일이 벌어지자, 에어비앤비는 자신의 플랫폼에서 여행자들을 위한 서비스 공급자들을 묶어내기 시작한 것입니다. 저택에서 퍼스널 트레이너를 청해 운동을 하거나, 친구들을 불러 멋진 다이닝을 즐길 수 있는 새로운 경험이 가능해지며, 에어비앤비는 호텔만 선호하던 신규 사용자를 확보할 수 있게 됩니다.

이 새로운 기회는 다시 새로운 산업을 만들어냅니다. 요리사를 꿈꾸던 사람에게 지금껏 기회는 호텔 레스토랑에 입사해 월급을 받거나, 큰돈을 들여 자신만의 레스토랑을 직접 여는 위험을 감수하는 것이었습니다. 하지만 이제 에어비앤비 플랫폼에 등록한다면 업장을 가지지 않은 상태에서 자기 사업을 운영할 수 있습니다. 현실에서는 부동산을 임차하고 인테리어에 큰 투자를 해도 시간이 지나 명성을 쌓게 되면 더 많은 임대료를 지불하라고 독촉받는 일이 비일비재합니다. 미슐랭 3스타를 받은 밍글스의 강민구 셰프도 창업 후 두 번이나 자리를 옮겨야 했다고 언급할 만큼 부동산의 압박은 업의 운명을 좌우합니다. 물론 완벽한 환경에서 자신만의 서비스를 제공하는 것이 품격과 명성의 근본이 될 것이지만, 그 이전 수련의 과정에서 생계와 경험을 쌓는 것을 새로운 기회를 통해 도모할 수 있습니다. 흥미로운 것은 에어비앤비의 파트너로 활동하기 위해서도 이전에 쌓은 명성이 필요하다는 것입니다. 호텔 레스토랑의 요리사로 일하는 것은 이미 일하고 있는 수석 셰프의 면접을 통과하면 가능합니다. 하지만 에어비앤비와 같은 플랫폼에서 지속적으로 선택받기 위해서는 자신만의 명성을 꾸준히 관리하고 고객과의 접점에서 지속적으로 좋은 평가를 받아야만 합니다.

음식 배달 플랫폼에서 댓글과 별점을 위해 작은 손편지와 서비스 메뉴를 제공하는 것과 같이, 자기 역량을 플랫폼을 통해 제공하고자 하는 모든 개인들은 매일의 기회에서 최선을 다해야 하는 일기일회의 태도를 내재화하도록 압력을 받습니다.

《시대예보: 핵개인의 시대》에서 이야기한 바와 같이 '자신을 파는' 행위는 작아지는 조직에서 떨어져 나온 많은 개인들에게 앞으로 더욱 중요한 일로 자리 잡게 됩니다. '자신을 파는' 행위의 주체가 무한대로 늘어나며 개인은 토머스 홉스Thomas Hobbes가 《리바이어던》에서 주장한 바와 같이 '만인의 만인에 대한 투쟁(bellum omnium contra omnes)'으로 빠져들 위험성이 존재합니다. 그 투쟁은 총과 칼을 든 무력의 겨룸이 아니라 각자의 매력을 무기로 소비자의 클릭을 갈구하는 선택의 쟁투로 승패를 가르게 됩니다. 위고비와 혈당관리기로 칼로리를 제한하고, 울쎄라와 리주란으로 피부를 관리하고, 요가와 헬스로 체형을 가다듬고, 전문 포토 스튜디오에서 찍은 프로페셔널한 사진을 프로필로 올리는 매력의 전시회가 시장에 직접 참여한 이들의 계정마다 열리고 있습니다. 이 모든 산업은 최근 급격한 성장세를 보이며 많은 이들에게 필수재로까지 다가오고 있습니다. 경량문명의 시대는 모두가 전문가를 자처하며 나름의 경력과 능력을 주장하는 사회로 빠르게 재편되고 있습니다. 오히려 AI의 자동화와 효율화가 다른 생산 영역을 압도하기에, 매력의 경쟁과 개인 중심의 서비스는 AI 시대에도 개인에게 남을 몇 안 되는 기회 영역이 될 것입니다.

각자의 업이 자신만의 자영업으로 분화되면서 바뀌는 첫 번째의 가장 빠른 변화는 스스로 모든 것을 처리하기 위해 자신의 능력을 증강하는 행위입니다. 각자가 사업의 주체인 자영업은 매출을 늘리기 위해 고용을 늘리거나 비용을 계속 증가시키면 순수익이 약화될 확률이 높기에, 사업 주체는 자동화와 지능화를 적극적으로 수용해 고객을 늘리고 비용을 절감할 수밖에 없습니다. 80대 고령의 택시 운전사가 전기차를 몰며 카카오 택시 앱으로 손님을 찾고 내비게이션 소프트웨어로 길을 찾은 후 신용카드로 결제하는 장면이 흔해지고 있습니다. 이처럼 돈이 관련된 일이라면 인간은 혁신의 수용에 주저함이 없습니다. 소비에 반응하기 위해 기술을 수용하는 것은 개인마다 차이가 있을 수 있지만, 생산을 위한 기술 수용은 그 경쟁에서 누락되는 경우 생존할 수 없기에 더욱 적극적이고 즉각적으로 이루어집니다. 결국 인간은 돈이 걸리면 모든 노력을 다한다는 사실을 다시 한번 확인합니다. 경량문명은 소비를 중심으로 형성되는 것이 아닌 생산 중심의 문명입니다.

두 번째 변화는 각자가 자기 노동의 템포를 조절해야 한다는 것입니다. 노동의 강도와 무관하게 정해진 월급이 나오는 것이 아니라, 일한 만큼 받는 자영업의 세계는 냉엄합니다. 근로자에게 야근과 잔업이라는 추가 노동의 압력은 삶의 균형과 노동권의 훼손이라는 사회적 비난에 직면하지만, 자신이 스스로의 고용주가 된 이에게 한가로운 휴일은 수입의 감소와 직결됩니다. 사회적 약속인 52시간제는 지속 가능한 풍요로운 삶의 전제로 합의되었습니다. 이후 주 4.5일, 혹은 4일제가 논의될 정도로 근로시간은 줄어드는 방향으로 가고 있지만, 영업의 시간만큼 보상받는 자영업의 시계는 사회적 합의와 무관하게 멈추지 않습니다.

개인사업자로 원청과의 관계를 정립하고 하루 10시간 이상의 노동으로 수입을 늘리고 있는 택배 산업의 종사자와 같이, 개별적인 금전적 보상만을 인센티브로 하는 오랜 노동이 관례화된 산업은 지금도 지속되고 있습니다. 이러한 업의 본질은 결국 '시간'을 파는 것입니다. '사이드 프로젝트' 혹은 '소득의 파이프라인'으로 불리며 부업을 넘어 N잡까지 확장되는 긱 이코노미 등 새로운 노동조차도, 큰 틀에서는

경량문명은

소비에 대한 것이 아닙니다.

생산과

협력 방법의

변화에 대한 것입니다.

시간을 파는 일을 벗어나지 못합니다. 그 구조하에서는 고용과 피고용의 관계가 아닌 자유 계약으로 합의된 시스템이지만, 개인에게는 한계가 분명한 불안한 확장이 시도되고 있는 것입니다.

문제는 이러한 확장은 지속 가능하지 않기에 '번아웃 burnout'의 위험성을 잠재적으로 내포합니다. 그 배경에는 급여라는 정해진 보상만 기대하던 시스템에 안주하지 않고, 스스로가 생산 주체로 증강된 개인이 성과의 보상을 온전히 가져가는 사회의 도래가 있습니다. 자신의 노력에 대한 인센티브가 즉각적으로 다가오는 시스템에서 새로운 보상체계에 의해 각성된 개인은 스스로를 착취하는 모드로 접어들 위험성에 노출되는 것입니다. 과로에 의해 소모되어 탈진한 이들이 경쟁의 대열에서 낙오하는 사례가 속출하며, 빠른 시간 내에 부를 이루고 경쟁의 레이스에서 자발적으로 내려오려 하는 이들의 모색도 두드러지게 보입니다.

'자기계발'이라 불리는 장르는 출판과 콘텐츠 산업에서 꾸준히 인기를 얻는 분야입니다. 자신의 업에서 경쟁력을 얻기 위한 역량 강화를 주로 다루는 내용에 최근 지속적으로 늘고 있는 키워드는 '부자'라는 단어입니다. 부자가 되기 위한 비법이나 부자가 된 사람들의 마인드를 가르쳐주는 내용들은 기존의 삶의 방향성을 유지하기 위한 경구와는 사뭇 다른 태도를 취합니다. 삶을 잘 살아가기 위한 태도를 알려주는 것이 아니라 결과로서의 부를 얻기 위한 방안에 대해 이야기하거나, 심지어 이미 부를 이룬 이들이 자신의 주관적인 신념을 설파하기도 합니다. 잘 살아가기 위해 부를 성취하는 것도 아닌, 부자가 되는 것 자체만이 목표가 되는 장르의 출현은, 지금의 무한 경쟁 후에 다가올 탈진을 경계하며 그 상태에 이르기 전에 경제 시스템을 탈출하려 꿈꾸는 것일 수 있습니다. 혹은 사회의 빠른 변화 속 계속 줄어드는 기회의 문이 닫히기 전에 자신만의 소도를 만들려는 절박함이 투영된 것일 수도 있습니다. 어느 동기일지라도 수단을 개의치 않는 목표의 추구는 자신만의 고유성을 훼손할 수 있기에 일반화될 수도, 혹은 성공의 확률을 높일 수도 없다는 것이 불편한 진실입니다.

세 번째의 변화는 새로운 외로움이 사회에 상수처럼 자리 잡게 될 것이라는 점입니다. 조직의 동료는 미우나 고우나 함께 일상을 보내는 친구와 가족 사이 어딘가로 마음속에 자리 잡고 있습니다. 때로는 야속하고 미워도 공동의 목표로 함께 생활하는 사이는 전우애가 싹틉니다. 안부를 묻고 식사를 챙기고 수다로 스트레스를 풀며 일하는 관계는 무엇보다 지루함과 외로움이 싹틀 시간을 제거합니다. 직장인의 희망은 휴일이고 꿈은 로또에 당첨된 후 퇴사라는 농담이 있지만, 어딘가에 매일 가서 누군가와 어울리는 것은 사회적 동물이라 불리는 인간에게는 어쩌면 축복일 수 있습니다. 어린아이들은 유치원에, 그리고 노인들은 주간보호센터에서 시간을 보내는 것처럼 누군가와 매일 만나고 상호작용하는 것은 고독감과 우울감을 물리치는 필수적인 자극입니다. 새로운 문명에서 조직이 분화되며 모둠이 작아지고, 개인까지 쪼개질 때 우리는 새로운 외로움의 급격한 확산에 당황하게 될 것입니다. 유튜브와 넷플릭스, 독서와 음악 감상만으로 외로움을 견딜 수 없음을 실감하는 이들은 새로운 결속을 시도해나갈 것입니다. 어쩌면 경량문명의 가장 유망한 산업은 외로움을 돕는 산업이 아닐까 합니다.

모두가 자영업으로 이루어졌던 산업혁명 이전의 개인들은 근대화와 함께 거대한 조직으로 귀속되었습니다. 그 후 글로벌 시장까지 영업을 확대한 거대한 기업들의 성장은 더 큰 규모의 고용으로 이어져 조직의 위세는 더욱 강해졌습니다. 확장된 조직의 크기만큼 늘어난 수많은 사람이 함께 일하기 위해서는 규칙과 지원이 세밀해지게 마련입니다. 컴퓨터를 고치는 일에도, 상품을 개발하는 일에도, 고객을 찾거나 사후 서비스를 제공하는 일에도 분업의 체계가 빈틈없이 준비되며 개인은 물 샐 틈 없는 지원 위에 자기 일을 위치시키게 되었습니다. 매끄러운 일 처리로 업무의 누수를 막고, 구성원이 바뀌어도 문제없이 처리하는 이러한 대규모의 시스템은 거꾸로 개인들을 전체를 바라보기 어려운 근시안의 식견으로 몰아갑니다. 무엇보다 조직의 지원 시스템 도움 없이 원활한 서비스를 제공할 수 없는 사람들이 늘어나게 됩니다. 모든 것을 잘하기 위해 조직이 많은 것을 준비할수록, 그 안의 각자는 어떤 것도 스스로 할 수 없는 상태로 전락하는 것입니다. 분업의 장점이 개인에게는 관점의 제한으로 다가옵니다.

공장의 직공이 아니라 스스로 공장장의 역할로 증강되어야 하는 새로운 문명이 밀려오고 있습니다. 가장 큰 고민은 그 새로운 공장의 모습은 아직 나타나지 않았기에 그 역할이 무엇일지 스스로 깨달아야 한다는 것입니다. 경량문명은 개인이 증강되는 호명사회의 인자들이 유기적으로 결합하는 문명입니다. 그 안에서의 협업의 대상자로 선택받기 위해 스스로를 갈고닦는 세련된 자영업의 개인들이 출현합니다. 그들은 전체를 바라보고 자신의 쓸모를 현행화하는 작업을 꾸준히 하는 부지런한 완전체로 성장할 것입니다.

섬세함, 기계에 맞설 무기

    2000년대 초반 신용카드 회사의 광고문구였던 "부자 되세요"라는 말은 그 시절 한국 사회를 흔들었습니다. "식사 하셨습니까"로 시작하던 인사는 서로의 끼니를 챙길 만큼 궁핍하던 시절을 반영합니다. 세끼를 제대로 챙기기도 어렵던 시절이 드디어 끝나는 서막을 '부자'가 되라는 문장으로 TV에서 듣게 된 이들은 격세지감을 느꼈습니다. 비슷한 시기 다른 신용카드 회사는 "아버지는 말하셨지 인생을 즐겨라"라며 소비를 죄악시하던 분위기를 반전시키려 했으니, 사회의 변화를 향한 에너지는 이미 응축되어 있었고 샴페인의 뚜껑은 그때 열렸다는 것을 돌이켜 볼 수 있습니다. 그렇다면 부자가 우리 모두의 꿈처럼 언급되는 지금 세상에서, 한 개인은 돈을 많이 벌 수 있을까요?

    한 사람의 노력은 한 사람의 일상에서 소용됩니다. 빵을 굽는 이는 빵을 구워 그것을 주변에 팔아 생계를 꾸려나갑니다. 하루 종일 일해 구워낼 수 있는 빵의 개수는 한정되어 있습니다. 반죽을 치고 오븐을 데우고 다시 조심스레 살피며 노릇한 빵을 만드는 일은 나의 근육과 시간의 합작입니다. 하나의 몸으로 하나의 오븐을 살피는 것도 쉬운 일은 아니라서 그 생산량은 어쩔 수 없이 정해집니다. 뿐만 아니라 빵을 먹을 이들 역시 한정되어 있습니다. 마을마다 살고 있는 이들은 정해져 있고, 따뜻한 빵을 전할 수 있는 거리 역시 몇 km에 불과합니다.

그가 더 많은 돈을 벌려면 어떻게 해야 할까요? 먼저 만드는 빵의 개수를 늘려야 합니다. 가장 손쉬워 보이는 방법은 빵 굽는 사람을 고용하는 것입니다. 문제는 혼자서 빵집을 열 수 있을 만큼 숙련된 이가 나를 위해 일할 확률이 낮다는 것입니다. 그가 창업해서 벌어들일 수 있는 기회소득을 보전해주어야 할 텐데 그만큼의 소득을 나눠준다면 규모를 키우고 투자해서 벌어들이는 수익의 증가는 기대하기 어려워집니다. 이런 이유로 예전의 도제 시스템은 일종의 학교처럼 운영되었습니다. 어릴 때부터 견습생의 신분으로 일을 배우며 낮은 급료와 교육을 상계한 시스템은 동업자가 아닌 제자의 양성으로 관계의 정산을 이루었습니다. 고된 훈련과 노동은 나중에 가게를 물려받거나, 자신의 이름을 내건 가게를 차리는 것으로 보상받았습니다. 이 역시 이연된 보상 시스템으로 설명할 수 있습니다. 하지만 이제는 그만큼 장기적 관계를 서로 약속하기 힘들어질 만큼 사회가 단속적 관계로 빠르게 변하고 있습니다. 짧아진 관계는 노동권의 보호로 인해, 그리고 기예를 전달할 수 있는 자가 반드시 스승일 필요가 없는 이유로, 도제 시스템은 빠르게 쇠락하고 있습니다.

예전 중세 도시에서는 빵집이 대를 이어가는 집안의 천직과 같았습니다. 높은 온도로 오븐을 데우기 위해 땔감을 많이 사용하는 빵 굽는 일을 가정에서 각자 하는 것은 경제적 이유로 금지되었습니다. 대신 영업권을 받은 제빵사는 한 도시 안에서 빵 굽는 직업을 독점적으로 보장받았습니다. 빵의 무게와 가격은 영주에 의해 통제되었고, 그 사회적 책무를 어기는 제빵사는 법률에 의해 처벌받기까지 했습니다. 직업을 공동체를 위한 분업 시스템으로 바라본다면 각자의 직분을 지키는 것은 사회적 효율화의 일환이 된 것입니다. 지금 시대로 바라본다면 많은 직업이 공적 기관과 같이 인식된 것입니다. 이런 시각으로 바라본다면 한 직업이 큰돈을 번다는 것은 공동체의 관점에서는 불합리한 일로 간주될 수밖에 없습니다. 빵집 주인이 더 많은 돈을 벌기 위해 무게를 속이거나 가격을 올리면 도시 안의 사람들이 그만큼 사회적 비용을 더 많이 지불하게 되기 때문입니다.

기술의 발전으로 직업의 생멸 주기가 빨라지면서 실업과 실직이 일상화되자, 변화의 충격을 맞이한 사회는 모두에게 전직을 독려하며 다시 누군가의 직업을 위태롭게 만듭니다. 아직 직업을 갖지 못하거나 실직의 상태인 사람들을 위해 국가는 내일배움카드를 만든 사람들을 대상으로 5년 동안 최대 500만 원의 강습을 무료로 제공합니다. 이러한 국가 주도의 전직 프로그램들이 제빵 기술을 무료로, 혹은 지원금까지 제공해가면서 가르치고 있습니다. 그 과정을 거친 이들이 모두 제과 명장이 되어 누구나 인정하는 최고의 빵을 만드는 것은 아닙니다. 사계절 온습도의 변화를 살피며 불과 싸우는 명장의 손맛을 불과 몇 개월의 과정에서 쉽게 배운다는 것은 불가능한 일이기 때문입니다. 문제는 이렇게 많이 공급된 제빵사 자격증 보유자들이 제빵사라는 직업의 처우를 낮추게 된다는 것입니다. 프랜차이즈 빵집에서 새벽부터 빵을 구워내는 이들이 받는 급여는 무한정 공급되는 제빵사 자격증의 숫자에서 이미 상한선이 그어집니다. 그러다 보니 그만큼 섬세하지 않은 고객들이 쉽게 찾는 목 좋은 상권마다 프랜차이즈 빵집들이 자리 잡습니다. 인구가 늘지 않는 한국에서, 저속노화라는 키워드가 가파르게 오르고 있는 상황에서, 탄수화물이 주성분인 빵을 무한정 팔 수는 없습니다. 따라서 오래 수련하지 않아도 금세 얻을 수 있는 자격증의 보유자가 제한 없이 늘어나는 지금의 시스템으로는 그 누구도 큰 수입을 기대하기 어렵습니다.

그렇다면 아직 존재하지 않는 시장을 새롭게 개척하는 것은 어떨까요? 드론 교육이나 3D 프린터 조작법처럼, 국가가 생각하는 '미래 첨단 기술'을 배우고자 하는 사람들에게 국가는 교육비 면제뿐 아니라 출퇴근의 교통비까지 지급하며 전직을 위한 기술의 재무장을 독려합니다. 이렇듯 새로운 기회를 찾는 이들을 위한 지원이 늘어날수록 '유망한 직업'을 원하는 이들의 숫자 역시 늘어나며 다시 수요공급의 법칙에서 공급이 초과되는 문제가 발생합니다. 새로운 산업은 초기 수요가 한정적이기 마련인데 자격증을 최근에 얻은 수많은 이들이 기회를 얻기 위해 서로 경쟁합니다. 그 누구도 전문가가 아닌 이들이 쟁투하면 단가의 하락은 당연한 수순으로, 시장이 부재한 상태에서의 인력의 과다 공급은 적정 보상의 기준을 낮추게 됩니다. 보상이 낮은 산업에는 우수한 인재가 참여할 동기가 줄어들면서 어느덧 '유망 산업'은 꽃이 피기도 전에 지는 아이러니가 반복됩니다. 심지어 시장이 아직 자리 잡지 않았음에도 자격증은 세분화되기도 합니다. 드론교육지도사 1·2급, 드론항공촬영전문가 1·2급, 농업드론방제사, 초경량비행장치조종자 등 수많은 자격증이 사람들에게 희망을 주고 있지만, 유튜브에서는 인간의 조종이 필요 없는 자율형 군집 드론이 곧 나올 것이라는 비관적 뉴스가 따라오는 것은 당연한 수순입니다.

재취업이 갈수록 어려워진다는 뉴스에 불안해진 직장인들이 자격증을 준비하며 일상적 불안감을 잠재우고 있습니다. 평생 직업을 위해 고시 준비에 청춘을 투자하던 청년들의 노량진 학원가는 전직을 꿈꾸는 중장년들의 자격증 학원들로 대체되고 있습니다. 포털 사이트에는 한 달 만에 1급을 취득할 수 있다는 광고글이 가득할 만큼 자격증으로 보호받는 직업은 이제 빠르게 신뢰를 잃고 있습니다. 사회에 발행되는 자격증이 늘어나자 마치 통화량이 늘어나면 화폐의 가치가 폭락하는 것처럼 자격증의 환금성이 떨어지게 됩니다. 문제는 여기서 멈추지 않는다는 것입니다. 실제 자격증 취득 후 산업에 적용할 수 있는 것은 아니라는 정서가 사회에 팽배하게 되면서 더 많은 불필요한 교육과 훈련에 소중한 자원이 소요됩니다. 실제로 쓰기 위해서가 아니라 무엇이라도 하고 있다는 효능감을 느끼기 위해 자격증을 준비하고 취득하는 일이 반복되는 것입니다. 어릴 적 일일 학습지를 하던 이들이 성인이 되어 다시 외국어나 한자 공부를 하기 위해 '어른이 학습지'를 하는 것처럼, 실질적 효용이 크지 않을 것을 알면서도 내가 멈춰 있지 않다는 것을 느끼기 위해서라도 다시 '생성형 AI 사용 자격증'을 준비하게 되는 것입니다. 40분간 15문항을 70점 이상의 점수로 통과한 이들에게 '평생 유지'할 수 있는 'AI 사용 능력 자격증'을 부여한다는 정체 모를 민간기관의 달콤한 블로그를 바라보며 솔깃해진 이들은 다시 자격증의 숫자를 늘려나갑니다. 서로 연관되지 않은 자격증을 십수 개씩 늘려가는 이들을 위해, 그간 모아온 자격증을 넣는 '대용량 자격증 보관 수첩'까지 상품으로 나올 만큼 우리의 마음은 지푸라기를 잡고 싶은 이들처럼 불안정해갑니다.

1800년 10억 명에 머무르던 세계의 인구는 2020년 80억 명에 육박하며 8배 가까이 늘어났습니다. 인구가 늘어나는 속도에 비례해 지난 200여 년간 새 옷을 입고 세끼를 먹고 여가를 즐기는 산업은 꾸준히 성장해왔습니다. 이제 그 증가세가 둔화되고 있습니다. 새로운 생명이 태어나는 일이 급속히 줄어들면서 고령화의 구조가 사회의 모든 분야에 동시에 다가오고 있습니다. 유엔 추계에 따르면 전 세계 평균 합계출산율(TFR)은 1963년 5.3명대에서 2023년 2.2명대 수준으로 빠르게 하락했습니다.[3] 특히 경제협력개발기구(OECD) 회원국 대부분은 합계출산율(TFR) 2.0 이하이며, 한국·일본·독일 등은 1명대 초중반 혹은 그 이하로 내려간 상태입니다.[4] 전 세계 인구는 여전히 증가하고 있지만, 증가 속도는 장기적으로 감소하고 있습니다. 그러다 보니 계속 늘어나기만 하던 시장의 정체 조짐이 시작됩니다. 결혼식장은 장례식장으로, 유치원은 '노치원'으로 리노베이션되듯, 한국의 육아와 교육 시장의 신규 진출자들은 위축되고, 케어 서비스와 실버타운과 같은 고령자 대상의 산업에 더 많은 자원이 투입되기 시작합니다.

정체된 시장에 대비하기 위해 자동화를 통해 효율을 높이려는 시도가 이어집니다. 노동력 부족과 고령화에 대비하기 위해서도 자동화의 도입이 빨라지며, 한 사람이 가져갈 수 있는 부가가치의 증가세 역시 줄어들 수밖에 없습니다. 뿐만 아니라 자동화의 혜택은 단기적으로 효율을 높이지만, 이 또한 기술이 보편화되며 전 세계에 범용화되면, 한계생산성의 극적인 상승 역시 제한됩니다. 시장의 정체로, 효율이 극대화되며 국제적 경쟁이 격화되자 다시 개인의 보상이 제한되는 악순환에 빠지게 될 수 있음을 이해할 수 있습니다.

그렇다면 결국 개인은 큰돈을 벌 수 없다는 결론에 다다르게 됩니다.

　누군가가 탕후루를 팔며 유명해지면 많은 이들이 먹습니다. 그러다 소문이 나면 수천 명이 탕후루 가게를 차리게 됩니다. 그리고 수요가 늘며 공급이 달리면 탕후루를 공장에서 만들어서 제공하는 후방 산업이 나옵니다. 뿐만 아니라 탕후루를 집집에 배달하는 전방 산업이 활성화되며 플랫폼은 배달 수수료와 중개 수수료, 그리고 광고비까지 요구합니다. 전방과 후방 산업에 매출의 상당 부분을 나눠야 하는 구조에서 개인은 취약해질 수밖에 없습니다.

　매우 한정된 사람들만 선발하는 어려운 시험을 통과해야 자격이 주어지는 직업이 아닌 다음에야, 그리고 수련의 과정이 힘들고 길어서 끝까지 마친 사람이 드문 직업이 아닌 다음에야, 혹은 그 직업의 업무가 너무나 힘들어 체력과 담력이 초인적이어야 하는 직업이 아닌 다음에야, 직업의 안정은 누구도 보장할 수 없습니다.

　논리적 사고와 추론의 능력을 갖추고 특정 분야에서 산업의 경험과 지식으로 무장한 산업은 그래도 물리적 자동화의 파고에서도 살아남아 왔습니다. 지식 산업이라 불리던 이 분야 역시 자동화의 범주에 빠르게 포함되기 시작했습니다.

판례를 살펴보고 법조문을 작성해주는 업무나 복잡한 금융상품의 설계와 적용의 시뮬레이션을 수행하는 업무, 심지어 그럴듯한 시나리오나 카툰을 만들어내는 업무에 이르기까지, 지적 노동에 해당하는 분야 역시 속속 AI 도입 효과가 입증되기 시작하며 사람들은 장기 교육의 투자 대비 효과에 의문을 갖게 됩니다. 이들은 곧 자신과 자녀의 진로에 대해 혼란을 느끼게 될 수밖에 없습니다.

시장에 공급되는 참여자의 수를 제한하여 직업의 위계를 만들어온 권위주의는 빠르게 해체되고, 기술의 혁신으로 와해되는 직업에서 밀려난 이들의 전직을 도우려 다시 다른 직업에 인력 공급을 늘리는 도미노 현상은 모든 직업을 불안하게 하는 연쇄작용을 만들어내고 있습니다.

확실한 것은, 이 현상이 궁극적으로 인류의 수고로움을 줄여줄 것이라는 점입니다. 소와 쟁기로 천천히 갈아내던 예전 농부의 목가적 삶은, 바라보는 이에게는 평온함을 주지만 당사자들에게는 고역이었습니다. 높은 해와 마른 땅에서의 지열을 묵묵히 견디며, 소도 농부도 이 생의 각박함을 벗고 싶었을 것입니다. 트랙터와 드론으로 무장한 미국 농부들은 고소득 자본가로 성장할 만큼 예전 농사의 질곡을 넘어서 혁신을 향유하고 있습니다.

불과 100년 만에 이룬 이 성장의 과실은 풍요로운 먹거리와 높은 소득으로 농부와 인류에게 혜택을 주었지만 그사이 자본화에 실패한 소농들은 노동자로, 혹은 도시의 빈민으로 전락하게 되었습니다. 이처럼 전환기의 아픔은 특정 시대를 살아가는 이들에게는 인생의 비극으로 다가올 수 있습니다. 한국의 1997년 외환 위기에 구조조정의 아픔을 겪은 이들이 그 이후 새로운 기회를 얻지 못해 삶 자체가 흔들려 재기에 실패한 이야기들은 수많은 드라마와 영화에서 가족 해체의 원인으로 서사를 만들어내고 있습니다. 간과할 수 없는 것은 그 당시 외환 위기가 아시아 몇 개국에 한정된 문제였다면 지금의 동인은 전 세계적인 시장 둔화와 인류사의 큰 발견으로 야기된 기술 혁신에서 비롯된 것입니다. 단순히 한 지역에 그치지 않은, 지능을 기반으로 이 행성을 지배해온 종의 가장 우수한 특성을 모사하고 때로는 능가할 듯한 능력의 출현은 품앗이처럼 서로 돕던 현생 인류에게 협업의 방식을 송두리째 재고하도록 강권하고 있습니다.

다시 빵 만드는 일로 돌아가서 생각해봅니다. 사람을 늘리는 것이 어렵다면 기술의 발전으로 생산력을 늘리고자 합니다. 예컨대 반죽 만드는 기계를 도입할 수도 있습니다. 아니면 공장에서 반죽을 만들어 와서 구워내는 일만 할 수도 있습니다. 더 나아가 아예 공장에서 만들어온 빵을 팔 수도 있습니다. 여기서부터가 문제의 시작입니다. 공장에서 만들어낸 빵을 파는 곳을 빵집이라 부를 수 있을까요? 빵 판매점이라고 한다면 동네 세탁소에서도 그 일을 능숙하게 해낼 수 있습니다. 오히려 24시간 내내 판매하는 편의점이 빵을 팔기에 더 적합한 장소일 수 있습니다. 늘 열려 있고, 더 많은 물건을 팔고 있으니 다른 물건을 사러 온 사람들이 빵 하나쯤 더 집어가는 행운을 기대할 수 있기 때문입니다. 실제로 옆 나라 일본의 경우 생크림빵부터 시작해서 디저트용 롤케이크에 이르기까지 매일 소비되는 신선한 빵들이 편의점에서 팔리고 있습니다.

콜드체인과 수시 배송으로 무장한 유통회사가 신선식품까지 곳곳에 수 시간 내에 배송하면 이제 오늘 만든 빵도 배달할 수 있을지 모릅니다. 그렇다면 모든 유통 업체는 순식간에 제빵사라는 직업을 와해시킬 수 있습니다. 자신의 노동력의 한계로 제한된 수입에 만족하지 못한 제빵사가 스스로의 직업을 증강하려는 시도를 했더니, 오히려 대량생산의 투자와 물량에 의해 본인의 직업이 사라지는 아이러니한 현실을 마주하게 된 것입니다. 그에 맞설 방법은 하나입니다. 다시 원래의 업으로 돌아가는 것입니다.

직접 채취한 천연 효모로 빵을 만드는 일본의 '다루마리' 빵집이 만들어진 것은 2008년입니다. 그 빵집은 지바현에서 오카야마현을 거쳐 돗토리현으로 옮기며 전원생활을 즐기고자 하는 구성원들에게 주 4일제와 합리적 급여를 제공하는 방식으로 운영해오고 있습니다. 빵집 주인 와타나베 이타루는 다음과 같이 말했습니다. "자본주의 사회에서는 잘 팔리는 물건을 누군가가 금방 흉내 내고, 공급 과다로 가격이 내려가게 된다", "이후 기업들은 이익을 높이기 위해 원자잿값을 낮추고 화학물질 등을 다수 사용해 싸구려 상품이 나오게 되는 결과를 가져온다."[5] 다시 말해, 대량의 산업으로 발전하는 범용성의 확장은 이윤을 위해 질적 하락이 수반되는 악순환을 가져오기 때문에, 초기 장인 정신으로의 회귀가 개인으로서의 활로를 열어줄 수 있다는 이야기입니다.

다루마리 빵집은 소도시에서 영업하지만 전국에서 몰려드는 사람들이 그 고장의 활력을 불어넣어 주고 있습니다. 뿐만 아니라 인터넷을 통해 전 세계에서 주문이 밀려들며 작은 고장의 한계를 넘어서고 있습니다. 빵집의 매출에만 머무르지 않고 지역경제의 활성화에 기여하도록 2022년에는 빵과 맥주를 즐기며 휴식을 취할 수 있는 새로운 호텔을 운영하며 더 많은 사람들이 더 오래 머물도록 독려합니다.

　여기서도 가장 중요한 부분은 확장이 아니라 본업의 경쟁력입니다. 빵을 사러 온 김에 맥주를 즐기고 호텔에 머무르는 것이지 처음부터 맥주를 마시고 호텔에 가기 위해서 돗토리현까지는 오지 않을 것이기 때문입니다. 맥주라면 삿포로에, 호텔이라면 호시노야가 더욱 적당한 목적지가 될 것입니다. 이럴 때 다루마리 빵집의 본원 경쟁력은 어떻게 확보할 수 있을까요?

　그 중심에는 섬세함이 필수적으로 자리 잡고 있습니다. 건강한 빵을 만들기 위해 천연 효모균이 존재하는 자연환경을 찾아 풍토가 좋은 지방에 내려갈 정도의 섬세함입니다. 뿐만 아니라 건강한 빵을 만들기 위해 구성원들의 휴식과 정서적 안정을 보장하는 배려의 태도가 필요합니다. 그 결과로 만들어지는 상품을 전 세계 모두가 사랑하고 구입하지는 않을 것입니다. 그렇지만 건강과 환경, 그리고 인간 존중에 대한 철학을 가진 소비자들이 믿고 구매할 수 있는 상품으로 자리 잡으며, 팬을 기반으로 성장하는 다루마리 빵집의 명성은 나날이 커져가고 있습니다. 단계를 허투루 하지 않는 긴 공정의 생산과, 그를 위해 착실히 준비하는 삶의 방식에 동의하는 이들로부터의 지지와 응원만으로도 작은 빵집은

지연, 혈연, 학연의

주어진 관계를 뒤로하고

각자가 자신의 의지로

협업 파트너를 정하는 경량문명

지속 가능성을 잃지 않으며 매일을 살아가고 있습니다.

결국 그 섬세함은 기계가 따라올 수 없는 나만의 강점으로 승화합니다. 《시대예보: 호명사회》에서 설명한 바와 같이 AI가 효율을 추구한다면, 인간은 충실함으로 본인의 존재 의미를 밝히게 됩니다. 그리고 그 대상 역시 섬세한 인간을 향합니다. 미묘한 차이를 이해하는 감도가 높은 고객은 팬이 되어 소비와 응원으로 지지하는 관계를 형성합니다. 섬세함은 그 자체가 상품이 되고 끊기지 않은 인연의 고리가 됩니다.

경량문명의 새로운 규칙

　　새로운 문명이 도래하면 호기심과 두려움이 교차합니다. 근대에 증기선을 타고 온 피부색이 다른 이는 화포로 무장한 채 개항을 청했습니다. 칼로 무장한 이는 화약을 이기기 어렵습니다. 다름이 용인되는 것은 대등함을 전제로 합니다. 어느 한쪽의 우월함이 명확하면 상대는 우월한 쪽의 자비에 기대야 합니다. 그리고 그 결과는 대부분 기대와 달랐습니다. 그 이유는 우월한 이가 굳이 상대를 배려할 필요를 느끼지 못했기 때문입니다.

　　조선에서 대한제국을 거치며 일제 강점기로 흐르던 시기, 지식인은 과거제도의 몰락과 함께 좌절을 겪었습니다. 입신양명의 수단이 사라지며 그간 받았던 교육과 그 쓰임에 대한 근원적 회의가 그 시대의 위인을 무겁게 짓눌렀습니다. 이처럼 전환기는 그 시대를 살아낸 사람에게 상실의 아픔과 적응의 혼란을 강제합니다. 사회의 구조가 변화하는 순간

개인들은 기존의 가치가 무너지는 아노미 현상과 새로운 기회의 모색이라는 주체적 행동의 실천을 동시에 경험합니다. 그 실천은 기존의 가치관을 전복하기 마련이라 새로운 문명으로 이전하고자 하는 이들은 일상적 낯섦을 경험할 수밖에 없습니다. 몸 안에 남은 이전 문명의 흔적과, 아직 전향하지 않은 기존 문명의 인연들과의 관계는 그에게 더 큰 적응의 에너지를 요구합니다.

상투를 자르는 단발령에 지역의 유생들이 항거하며 소를 올리거나, 서원 철폐령에 격렬히 반발해 집단 상소와 시위를 벌인 것과 같이, 변화의 물결에 저항하고자 했던 이들의 모습에서, 전환기에는 이전 체제를 고수하려는 움직임 또한 결코 작지 않았음을 알 수 있습니다.

하지만 문명의 쟁투 속, 더 우월한 문명이 득세하게 되면 기존의 문명이 가졌던 특성과 고유한 전통은 이전의 가치와 추종을 잃게 됩니다. 우월한 것에 대한 찬미와 동경은 그 의미를 넘어 상징의 체계에서도 선망의 대상이 되는 것을 이해할 수 있습니다. 다시 말해 기능적으로 우월한 동인으로 작용하는 특징뿐 아니라 그저 다름에 불과한 양식과 행위까지도 우월한 경쟁력을 가진 문명에서 온 것들이 더욱 선호되는 일이 벌어지는 것입니다.

현대에 들어 청바지와 통기타로 대표되는 1970년대의 유행은 제2차 세계 대전 후 비약적으로 발전한 미국의 문화와 생활양식이 선망된 것입니다. 한국의 복식이나 음악의 사조가 열위에 처한 것에만 기인한 것이 아니라, 전쟁 후 원조해준 부유한 국가가 지닌 삶의 방식 전체가 선망의 대상이 되며 어떤 것이든 그 국가에서 온 것이라면 따라 하고 싶어하는 정서가 만들어진 것입니다. 이러한 정서가 널리 퍼져나가면 더욱 새로운 문명이 기존 문명의 여러 분야에 영향을 미치는 변화가 가속됩니다.

이 책에서 말하는 문명의 기준은 재화 생산의 방법입니다. 신문명은 생산성의 비약적인 혁신에서 발아했습니다. 그리고 그 혁신은 더 가벼운, 더 손쉬운 협력 모델에서 시작되었습니다.

이전의 산업화는 에너지의 효율적 활용을 위해 집적된 노동력이 한데 모이는 집합적 근로의 방식을 요구했고, 통근의 고단함과 표준시의 정의라는 유산을 남겼습니다. 인간의 생리적 한계로 세끼를 먹으며 출퇴근하는 중량문명적 방식은 극단적 지능화로 사람이 존재하지 않는 어두운 공장의 생산 혁명과 경쟁할 수 없습니다. 뿐만 아니라 전이가 가능한 지능으로 복합 지능을 구현한 경량문명은 단계별 숙성의 시간을 압축해 기존 문명의 선형적 발전을 지수적인 증가로 압도합니다.

이제 시작하는 문명의 특징은 인간 지능과 인공지능의 교대 협력 시스템이 늘 깨어 있는 협업을 완수하는 것입니다. 그리고 저출생으로 증가세가 둔화되는 인간 지능의 빈자리를 무한대 복제가 가능한 인공지능이 넘치도록 채워나갈 것이라는 명확한 사실이 더해집니다.

인구가 많지 않고 삶의 질이 우선시되는 북유럽의 일상은 저녁 5시에 종료합니다. 8시간의 노동이 끝나면 정비와 휴식을 위해 모두가 일하지 않습니다. 인간의 지속 가능한 삶을 서로 배려하기 위해 합의한 규칙은 각자의 속도를 늦추는 선택과 같습니다. 그런데 만약 '삶'이 존재하지 않는 개체가 일할 수 있다면, 그리고 그 개체에 '권리'가 존재하지 않기에 무한대의 일을 부탁할 수 있다면 어떤 일이 벌어지게 될까요? 그 상상에서 우리의 다음 세상이 펼쳐지게 될 것입니다.

일을 위해서 반드시 모든 이들이 모이지 않는 세상, 자동화된 대행의 범주가 늘어나며 집중의 시기가 집약되는 세상, 그리고 시간의 점유가 줄어들며 더 많은 협력이 가능해지는 세상이 다가옵니다.

새로운 문명의 특성이 반영된 기본 규칙은 무엇일지 생각해보면 다음과 같습니다.

경량문명의 그라운드 룰ground rule

1. 우리는 지금 만납니다.
2. 우리는 잠시 만납니다.
3. 우리는 다시 만납니다.

첫째, 우리는 지금 만납니다. 예전 오랜 기간 숙련의 준비가 필요하던 시기는 저물고 있습니다. 도제로 대표되는 장기간의 수련은 한 개인이 생산의 역할을 부여받기 전에 필수적으로 해야 하는 통과의례였습니다. 물레를 이용해 도자기를 빚거나, 풀무질로 달궈진 쇠를 내리쳐 칼을 만드는 것뿐 아니라, 엑셀과 포토샵을 능숙하게 쓰기 위해서라도 각자는 시간과 노력을 경주해야 했습니다. 그만큼의 장기적인 투자는 그의 직업을 수행하기 위한 최소의 역량을 내재화하는 필수적인 요건이었고, 그 투자의 총량이 클수록 경쟁의 밀도를 낮추는 해자가 되었습니다. 새로운 문명에서는 이러한 기예가 모사되어 저렴한 가격에 공급됩니다. 그렇다면 오랜 기간의 준비를 마친 소수가 어렵게 협업의 대상을 찾아내고 함께 무엇인가를 도모하던 관행이 와해됩니다. 이미 그 분야에 조예와 완성도 있는 감각을 확보한 이들이, 준비 기간을 필요로 하지 않고 바로 만나 평생 함께 연주해온 오케스트라 단원처럼 합을 맞추고 협연하는 모습이 펼쳐집니다.

둘째, 우리는 잠시 만납니다. 생산의 전 분야가 잘게 쪼개지고, 새로운 엔진에 의해 자동화되며, 실제 사람이 만나서 협력하는 시간의 점성은 옅어지기 시작합니다. 협력의 농도가 옅어지는 것이 아니라 집중의 강도는 더 세지지만 실행의 모든 단계를 사람이 관여하지 않는 생산으로 접어드는 것입니다. 이러한 변화 속, 업무의 밀도 역시 높아질 수밖에 없습니다. 수채화를 그리는 작업을 예로 든다면, 지금까지는 비어 있는 도화지에 연필로 스케치를 한 후 무념의 상태로 그 안의 색을 채우는 것이 일상적이었습니다. 이 시스템에서는 전체 작업을 집중해 기획하는 단계와 손의 감각에 의존하는 단계로 나누어, 후반 작업에서는 상대적으로 기획과 논리보다 수작업의 숙련이 중요했습니다. 새로운 방식에서는 채색의 단계가 자동화되며 상시적으로 집중하고 기획하는 단계만 인간에게 주어질 수 있습니다. 다시 말해, 잠시 만나 계속 집중하고 곧 헤어지는 협업의 방식이 일반화될 것임을 이해할 수 있습니다.

셋째, 우리는 다시 만납니다. 단속적 관계로 협업이 일상화되면 인연의 수는 늘어납니다. 그리고 사람에게 요구하는 덕목은 인공의 지능이 닿지 않는 더욱 추상적이고 가치적인 사고를 심화하는 것이 됩니다. 이미 전문성을 가진 이들이 수많은 협업을 하며 그 과정에서 소중한 인연을 만나게 되면, 헤어지는 아쉬움은 다시 만날 약속으로 남게 됩니다. 인공지능에 더 많은 일상적 업무를 부탁하며 사람과 협력하는 빈도는 상대적으로 줄어듭니다. 그리고 인공지능의 역량을 넘어서는 정서적, 직관적 능력을 겸비한 사람의 통찰은 효용을 넘어 경이로운 배움을 선사할 수 있기에 사람과의 관계는 더욱 신비롭고 귀한 체험으로 격상될 것입니다. 문제는 일방의 호감만으로 관계가 유지될 수 없다는 사실입니다. 집합적 생산이 유일한 방법이었던 전 문명은 생산의 모둠이 필연적으로 집단이었습니다. 때로는 결이 맞지 않는 사람과 식사를 하고 때로 술잔을 기울이며 삐걱대는 관계를 눙치고 조율해나가던 시절에는 수직적 위계에서 빚어지는 정서적 상처가 마음에 흉터처럼 자리 잡곤 했습니다. 이제 각자의 자발적 의사를 전제로 하는 찰나의 협업이 기본이 되며 모두는 선택받을 수 있는 사람으로 인지되기 위해 노력할 수밖에 없습니다. 별점으로 승객과 운전사가 서로를 평가하는 차량 공유 플랫폼과 같이, 우리는 일상적 생산의 체계에서 누락되지 않기 위해 형식적이건 진심이건 서로를 배려하는 행위와 문화를 갖게 됩니다.

이 세 가지를 기반으로 한 규칙이 만들어지는 사회에서 각자는 어떤 태도를 가지게 될 것인가 이해해봅니다.

먼저 '지금 만나는' 사회 속, 배제되지 않기 위해 각자는 미리 준비할 것입니다. 이제 '뜨는 산업'의 경험과 역량을 급하게 준비하는 것은, 공부하지 않고 시험을 보는 것처럼 불가능한 것입니다. 자신의 호오를 기반으로 이미 축적된 역량이 그의 고유한 경쟁력으로 산정되는 사회가 옵니다.

다음으로 '잠시 만나는' 사회에서 역할을 다하기 위해서는 협업의 시간 내내 전력을 다할 것입니다. 매번 타자 한 명이 공격하는 야구에서는 더그아웃의 선수들이 음료수를 마시기도, 동료를 응원하기도 하며 자신의 차례 전에 휴식을 취합니다. 하지만 새로운 시스템에서는 동시에 아홉 명의 타자가 각자에게 뿌려진 공을 쳐내는 상시 집중의 모드를 맞이합니다.

마지막으로 '다시 만나는' 사회에서는 서로에게 상처를 주지 않고 다시 반가운 얼굴로 만나기 위해 최선을 다하게 됩니다. 그러한 자발적 협업의 상태에 어울리지 않는 조합은 지속되지 않고 반복되지 않을 것입니다. 서로에게 '쿨한' 안녕을 고하며 다른 기회를 빠르게 찾아가는 새로운 규칙이 일상화될 것입니다.

경량문명의 그라운드 룰에 기반한 우리의 자세
1. 우리는 지금 만납니다, 준비가 되신 분만.
2. 우리는 잠시 만납니다, 전력을 다할 분만.
3. 우리는 다시 만납니다, 마음이 맞는 분만.

결국 경량문명은 각자가 자신의 의지로 자신의 협업 파트너를 정하는 문명이라 정의할 수 있습니다. 지연, 혈연, 학연과 주어진 관계에 좌우되지 않는, 동적인 협력 시스템이 경량문명인 것입니다.

가장 큰 문제는 이러한 새로운 규칙이 이전 문명에서 자란 이들에게는 낯선 것을 넘어 불편한 것으로 인식될 수 있다는 점입니다. 예를 들어 직업의 선택을 위해서 큰 조직을 선호하는 경향은 대마불사라는 사자성어로 계속 각인되어 왔습니다. 구성원의 숫자가 많고 현재 매출의 규모가 큰 기업이 안정적일 것이라고 믿는 이들은 자신의 커리어도 그 길로 선택해야 한다고 믿었습니다. 하지만 경량문명에서는 구성원의 수가 작은 기업이 상대적 경쟁에서 유리합니다. 그렇다면 대마불사라는 사자성어는 대마필사로 새롭게 정의될 수 있습니다. 큰 것에 편승하는 것보다 각자가 자신의 장점을 극대화하고 기여의 지분을 늘려나가는 것이 새로운 문명에서 더욱 큰 경쟁력을 만들어나갈 것입니다. 이처럼 오래된 믿음의 성어들이 유효성을 다하며 격언의 문장이 무력화되면, 각자는 혼란의 단계로 접어들 수밖에 없습니다. 고치기 어려운 병을 얻게 된 환자가 자신의 불운을 인식할 때 부정>분노>타협>우울>수용의 단계를 거치는 것과 같이 기존 문명의 경험자들은 새로운 문명을 수용하기 위해 상당한 심리적 적응의 단계를 밟아가게 될 것입니다.

그 적응의 단계에서 갈등을 줄이고 새로운 규칙의 더 빠른 습득을 위해서 해야 할 일은 새로운 문명의 사람들과 함께 생활해나가는 것입니다. 외국어를 배우기 위한 다양한 방법들이 제시되지만 가장 빠른 방법은 그 문화권의 사람들과 함께 살아보는 것입니다. 어학연수나 유학의 경험을 통해 얻을 수 있는 것은 수업 시간에 배운 문법과 활용 예제에만 머무르지 않습니다. 파주 등 교외에 자리 잡고 모든 학생들이 경험하게 했던 영어 캠프는 디즈니랜드의 열화된 형상과 같이 해외의 풍광을 모사했지만, 외국인 크루들과의 한정된

경량문명의 새로운 규칙

우리는 지금 만납니다, 준비가 되신 분만.

우리는 잠시 만납니다, 전력을 다할 분만.

우리는 다시 만납니다, 마음이 맞는 분만.

대화는 이용자들에게 제한된 체험만 허락했습니다. 하지만 불과 몇 시간의 경험만으로 외국어를 능숙하게 배우기는 불가능하다는 것을 우리는 너무나 잘 알게 되었기에, 이제 영어캠프라는 단어는 퇴락한 건물과 함께 우리 기억 속 추억으로만 자리 잡았습니다.

단기 연수와 캠프를 넘어서 해외에서 장기 체류하며 본격적으로 삶을 경험하는 어학연수나 워킹홀리데이라는 선택지도 있습니다. 홈스테이를 하며 호스트와 이야기를 나누고, 방과 후 친구들과 함께 하는 나들이 속에서 그 문화권의 관습과 일상의 패턴들을 발견하고 익혀나가는 과정에서는 새로운 문화를 자기 몸 안으로 수용하는 단계가 가속화됩니다. 해외의 작업 현장에서 직접 노동하며 현지 사회의 경제 활동에 참여하는 것으로 그 사회의 규범과 실전적 관습을 체득하게 됩니다. 마치 아기가 주위를 모사하며 문자에 대한 이해 없이도 언어를 배우는 것처럼, 새로운 문명의 네이티브들과 함께 생활한다면 그들의 삶을 따라 하고 적응하는 방법을 자연스럽게 익힐 수 있을 것입니다.

신입생을 위한 새내기 오리엔테이션이나 군대의 부트캠프와 같이 새 규칙, 새 관계에 대한 길잡이가 이전의 문명을 겪은 이들에게 적응을 위한 필수 단계처럼 제공될지도 모릅니다. 그리고 그 중심에는 먹고 마시고 자는 소비 생활이 아닌, 무언가 가치를 만드는 생산의 과정이 자리 잡게 됩니다. 앞서 이야기한 것과 같이 이 책 속 경량문명은 자원과 생산의 분배에 대한 이야기로, 그 구분은 생산의 방식에 방점을 두고 있기 때문입니다.

문명의 경계가 지리적 구분이 아닌 시간 축으로 나뉘는 지금의 변화는 인류사에 유례가 없는 방식입니다. 산업혁명의 경험 역시 과학 혁신의 인프라와 지식재산권의 보상체계가 확보된 유럽의 일부 국가에서 시작되었듯, 지역과 시간으로 나뉜 혁신의 비동시성은 지금껏 유지되었습니다. 하지만 이제 전 세계가 긴밀한 연결로 이어지며 개발도상국의 갑남을녀들도 스마트폰으로 증강된 지금은, 그 혁신의 선명한 나눔이 전 지구의 모든 인류에게 공평하고도 쓰라리게 다가올 것입니다. 그렇다면 상대적으로 먼저 태어난 이가 더욱 시급하게 현행화의 부트캠프에 참여해야 합니다. 뮤지션 알란 파슨스 프로젝트The Alan Parsons Project는 1982년 〈올드 앤드 와이즈Old and wise〉라는 제목의 노래를 발표했습니다. 나이가 들며 현명해지는 자신에 대한 발견을 담은 노래입니다. 이제는 오히려 경력을 이미 많이 쌓았을수록 노래 속 가사와는 정반대로 나이가 든 사람부터 더 시급히 새로운 기준을 습

득하기 위한 교육을 받아야 하는 시기가 다가오는 것입니다. 그리고 당연히 그 교육의 교사는 AI 시대에 태어난 AI 네이티브 사람들이 될 것입니다. 그들이 이전 문명의 사람들에게 친절히 가르쳐줄 동기와 아량이 있기를 희망해야 할 것입니다.

미야자키 하야오宮崎駿 감독의 영화 〈그대들은 어떻게 살것인가〉에는 한 세계가 기울고, 또 다른 세계가 태어나는 장면이 그려집니다. 무너져가는 탑을 지키려는 노인과, 새로운 세계를 향해 나아가는 소년 마히토의 대비입니다. 마침내 노인은 소년의 선택을 믿고, 오래된 질서의 붕괴를 받아들입니다. 기존 구조를 계속 붙잡기보다, 새로운 발판을 스스로 만드는 용기, 경량문명의 시작은 바로 이 선택에서 출발합니다.

경량은 단순히 무게의 문제가 아닙니다. 가치 체계의 재구성이고, 관계 방식의 혁신입니다. 무엇보다, 지속 가능성을 향한 설계입니다. 더 적게 소유하고도 더 넓게 연결되는 삶, 덜 복잡하지만 더 깊이 있는 질서, 무엇보다 서로에게 덜 바라며 더 위하는 자세, 이것이 경량문명의 언어입니다.

사람이 만든 기술이 구조를 가볍게 만들고, 사람의 지혜는 의미를 더합니다. 그렇게 우리는 무거운 세계의 질곡을 넘어 더 가벼운 문명으로 향하고 있습니다.

첫 비행을 앞둔 당신에게

이제 속박과 의존을 벗습니다.

편대를 이룬 동료들과 함께,

각자의 비행을 시작하는

시대가 열립니다.

이 글은 대륙을 넘어가는 비행기에서 쓰고 있습니다. 비행에도 와이파이가 지원되니 노트앱 노션에 입력된 원고를 불러내어 원고 마지막 부분을 정리할 수 있습니다. 장거리 비행을 위해 영화를 태블릿에 다운로드해 오던 시절이 불과 얼마 전인데 이제는 그런 수고스러움이 필요 없게 되었습니다.

비행기에서는 그래도 쉴 수 있었는데 이제 다 끝났다는 한 기자의 푸념이 떠오릅니다. 취재처 어디에 가서도 신문사의 온라인 시스템에 접속해서 기사를 송고하는 것이 직업이라 도통 쉴 수 없는 바쁜 일상을 보내다, 와이파이가 안되는 비행기에 타면 그래도 한숨 돌릴 수 있었는데 이제 그마저 어렵게 되었다는 이야기입니다.

이제 우리는 항상 접속해 있는, 언제나 쉴 새 없이 연결되는 세상으로 향하고 있습니다. 전업 투자자로 살아가고 있는 사람들 또한 한국의 주식 시장뿐 아니라 미국 시장도 신경 쓰느라 밤낮으로 깨어 있다는 고충을 털어놓습니다. 심지어 불이 꺼지지 않는 가상 자산 시장까지 참여하며 그들의 신경은 불철주야 항진되어 있습니다. 언제나 깨어 있는 엔진은 과열되기 마련입니다.

땅 위에 쌓아 올리던 무거운 문명이 지고 하늘로 향하

는 가벼운 문명이 시작합니다. 힘들면 잠시 쉬어갈 수 있는 땅 위의 문명인들과 달리 하늘 위 문명의 주인공들은 바람을 타고 쉴 틈 없이 살아가야 합니다. 이렇듯 긴 비행을 준비하는 현실적인 전략은 '짐을 줄이는 것'입니다. 먼 거리를 날아가기 위해 무게를 줄이는 것은 물리법칙에서 기인하지만, 무언가를 줄여나가는 것은 심리적으로도 언제든, 무엇이든 할 수 있는 여유를 허락합니다.

미지의 여행을 위해 불안을 덜고 싶은 이들은 필요성이 확실치 않은 물건을 잔뜩 챙기곤 했습니다. 하지만 여행에 익숙해진 이들은 단출한 배낭 하나로도 순례길을 완주할 수 있습니다. 불안감을 이겨내려 모든 것을 가방에 넣던 사람들은 어느 순간, 가방이 아니라 마음이 무거웠다는 사실을 알아차리게 될 때가 있습니다. 옷을 줄이고 장비를 줄이고, 결국 선택의 수를 줄이며 우리는 더 멀리 날 수 있게 됩니다. 경량문명의 여정은 무거운 도구를 더하는 것이 아니라 불필요한 걱정을 덜어내는 훈련에서 비로소 시작됩니다. 가방의 무게보다 마음의 무게가 먼저 가벼워져야, 비로소 날 수 있게 됩니다.

2000년이 오기 전, 인도행 비행기에서의 기억이 떠오릅니다. 낯선 대륙으로 가는 비행기는 서로 다른 피부색을 가진 사람들로 빈자리가 없었고 금연 칸과 흡연 칸은 얇은 커튼으로 구분되어 있었습니다. 장시간의 비행에 담배를 쉬지 않고 피우는 사람들의 연기로 비행기 안은 가득 차 있었습니다. 그때와 비교하면 쾌적함의 정도는 비교할 수 없습니다. 지금 기내의 세련된 디자인과 청결한 환경은 예전 담배 연기로 찌든 시트와 극명히 대비됩니다.

그렇다고 해서 비행의 모든 환경이 좋아지기만 한 것은 아닙니다. 지금보다 운항 시스템이 첨단화되지 않았을 터이지만 그 시절 비행은 흔들림이 적었습니다. 이제는 안내등이 점등되지 않아도 상시 안전벨트를 매야 할 만큼 터뷸런스가 빈번해지고 있습니다. 갑자기 기체가 급강하해 다치는 사람들이 속출할 만큼, 기후변화는 비행의 환경을 바꿔놓았습니다. 여정의 쾌적함을 얻고 비행의 위태로움도 얻은 이 상황은 지금 우리의 삶과 다르지 않습니다. 인공지능, 초연결, 초협력의 클라우드, 이 모든 것은 우리 삶의 변화를 추동합니다. 급격한 변화로 급락과 급상승이 일상화되는 삶은, 일상을 풍요롭게 해주는 동시에 우리의 직업을 흔들고 있습니다. 생존을 위해, 그리고 자존을 위해 또 어떤 기여를 사회에 돌려줄 것인가 늘 고민해야 하는 삶은 적응의 멀미를 상시화하게 될 것입니다.

장거리 비행에서 제공되는 식사는 출발지가 아닌, '도착지 시간'을 기준으로 준비됩니다. 출발지의 밤이 깊었음에도 아침 식사가 나오고, 피곤이 몰려와도 커피를 권유합니다. 비행기 안의 사람들은 아직 도착하지 않은 목적지의 시간에 맞추기 위해 현재의 감각을 거슬러 조율합니다. 경량문명을 살아가게 될 이들도 같습니다. 새로운 문명의 구성원들은 지금 자신이 서 있는 자리가 아니라, 앞으로 닿을 지점을 향하며 몸과 마음을 닦아나갑니다. 지금의 피로는 미래의 리듬에 자신의 삶을 조율하려는 노력입니다. 경량문명의 비행은 단순히 점과 점을 잇는 이동이 아니라 새로운 시간의 감각을 익히는 적응과 같습니다.

지금 제가 타고 있는 비행기 안에는 여행의 목적을 모르는 탑승객도 있습니다. 바로 아기들입니다. 그들은 이 여정의 목적지가 어디인지 알지 못한 채 비행기에 올랐습니다. 이 소중한 존재들은 그저 기내의 진동과 소리에 따라 울고 웃고 잠이 듭니다. 그들이야말로 불확실성 앞에 민감하면서도, 결국 가장 잘 적응하는 존재들이라 할 수 있습니다. 경량문명이 품은 진짜 희망은 그들로부터 출발합니다. 지금의 목적보다도, 그 비행 자체가 자연스레 몸에 익은 이들이 경량문명의 네이티브가 됩니다. 우리는 그들에게 안전한 착륙

만이 아닌 비행의 기억을 물려주어야 합니다. 출발지에서 목적지에 이르는 항로를 알려주는 것에 머무르기보다, 그들에게 자유로운 비상의 경험을 전해야 합니다. 도달하는 삶이 아닌, 늘 비상하는 삶으로 우리 문명이 변화하기에 그들에게는 창공이 곧 삶이 될 것이기 때문입니다.

오늘 14시간의 비행 후, 수백 명의 사람들과 함께 안전하게 목적지에 닿기를 희망합니다. 흔들리는 비행 중 기내 방송이 흘러나오곤 합니다. 하지만 기장의 낮은 목소리는 늘 잘 들리지 않습니다. 기내의 잡음 속에 섞인 기장의 안내를 해석하려 애쓰면, 결국 핵심은 다음과 같습니다. "이 비행기는 목적지에 안전하게 도착할 예정입니다." 현재 어디를 날고 있는지, 어떤 어려움이 있는지 우리는 상세히 알 수 없습니다. 그래도 그의 차분한 목소리에서 우리는 마음을 놓고 인내할 수 있습니다.

경량문명의 시대, 우리 모두는 서로에게 기장이 됩니다. 흔들림 속에서도 확신을 가지고 이륙을 감행할 수 있도록, 바람 속에서 차분하게 고도를 유지할 수 있도록 서로에게 침착한 목소리로 방향을 말해주어야 합니다.

간혹, 순조롭던 비행 끝에 도달한 공항에서 착륙 허가가 지연되기도 합니다. 도시는 가까워졌지만 활주로는 열려 있지 않습니다. 거대한 기체는 하늘을 맴돌며 시간을 끌고, 목적지는 눈앞인데 닿지 못한 채 우리는 허공에 머물게 됩니다. 경량문명이 새롭게 열리는 이 시대를 맞이한 우리는 이런 지연을 받아들여야 합니다. 모든 것이 빠르게 흐르는 듯 보이지만, 끝은 언제나 예측보다 늦게 오기도 합니다. 저마다의 사정은 각자 다른 속도를 만들고, 누군가에게는 빠른 변화가 어느 곳에서는 예정된 지연을 만들어내는 것입니다. 그 시차에 당황한 이들의 조급함은 방향을 잃게 하고, 세상의 변화를 의연하게 맞는 이들의 유연함은 비행을 연장시키지만 결코 길을 잃지 않습니다.

이제 이 비행은 모두에게 일상화될 것입니다. 그리고 그 세상에서 가장 필요한 것은 자율, 자존, 자립이며, 이는 모두 홀로서기 위한 준비입니다. 이제 홀로 선 것에만 머물지 않고 홀로 날아야 합니다. 홀로 선 핵개인은 이제 홀로 날기 위한 준비를 시작합니다. 가볍고 단단한 뼈와 근육이, 먼 거리를 날아가야 할 체력과 정신력이, 그리고 더 긴 비행을 위한 신념과 판단력이 있어야 합니다. 경량문명의 개인은 날아오르고 혼자 헤쳐나가는 스스로 비행하는 자유인입니다.

중력을 거스를 힘과 바람을 탈 수 있는 유연함과 높이 솟구칠 용기와 멀리 날기 위한 끈기를 가져야 합니다. 땅을 갈며 곡식을 기르기 위해 얻어야 했던 힘은 지구력과 협동력이었습니다. 이제 멀리 날기 위해 자율과 거리를 확보하고 끈끈하게 섞여 있는 것이 아니라 편대를 지어 함께 헤쳐나가야 합니다.

홀로 선 핵개인이 새롭게 날갯짓을 시작합니다. 두려움은 편대를 지은 용기 있는 동류의 힘찬 날갯짓으로 털어버립니다. 땅의 질곡을 창공의 바람으로 씻어냅니다. 자유롭고 싶은 개인은 속박과 외로움을 상계하고 자신만의 비행을 시작합니다. 저 역시 이 비행 후 다시 저만의 비행을 준비하려 합니다.

출처

프롤로그

1 https://leanaileaderboard.com/

1장

1. https://www.hankyung.com/article/202504087469i
2. https://www.hankyung.com/article/2024120393867
3. https://www.chosun.com/economy/tech_it/2025/02/11/ZWK-WJJLIIRA23HRNDHJMN7YLQY/
4. https://www.sedaily.com/NewsView/2GNS3ANWBA
5. https://www.hankyung.com/article/2022082324881
6. https://www.sciencetimes.co.kr/nscvrg/view/menu/248?searchCategory=220&nscvrgSn=224217

2장

1. https://imnews.imbc.com/news/2024/econo/article/6662108_36452.html
   https://www.mk.co.kr/news/economy/11033455
2. https://www.cio.com/article/4004908/인력-20는-ai로-대체하라···기업-이사회-ceo에-조직.html

3. https://www.instagram.com/jose_safety

4. https://www.globalmediainsight.com/blog/youtube-users-statistics/

5. https://business.google.com/us/think/search-and-video/2025-you-tube-predictions-neal-mohan/)

6. https://www.mk.co.kr/news/it/11353588

7. https://news.kbs.co.kr/news/pc/view/view.do?ncd=8229383

8. https://www.chosun.com/international/international_general/2024/07/18/DN4NP7AXLFHJVJOR3BWJL66EPM/

9. https://www.news1.kr/world/northeast-asia/3386779

10. Brooks, F. P. (1975). The mythical man-month : essays on software engineering. Addison-Wesley Publishing Company. (ISBN 0-201-00650-2)

11. https://biz.chosun.com/science-chosun/medicine-health/2025/01/06/UYRFPVQJGVHGTOX6COIKAOO23U/

3장

1. https://www.chosun.com/site/data/html_dir/2008/07/22/2008072201107.html

2. https://about.gitlab.com/company/

3. https://www.data.go.kr/data/15107731/standard.do

4. https://news.mt.co.kr/mtview.php?no=2024091001145711323

5. https://www.chosun.com/economy/tech_it/2025/04/23/GXLHQTJK2FDYHDWMSKOTZ6ZUUE/

4장

1. https://www.hani.co.kr/arti/economy/marketing/921957.html

2. https://www.yna.co.kr/view/AKR20240308153400030

3. https://theguru.co.kr/news/article.html?no=76324

4. https://www.joongang.co.kr/article/25275596

5. https://www.moe.go.kr/boardCnts/viewRenew.do?boardID=294&board-Seq=96027&lev=0

6. https://biz.chosun.com/topics/topics_social/2024/05/02/3RJ5S-G2MQBHRJA3CEZYGXAANTA/

5장

1. https://news.sbs.co.kr/news/endPage.do?news_id=N1008083027&

2. https://www.hankyung.com/article/2025051802651

3. https://data.worldbank.org/indicator/SP.DYN.TFRT.IN

4. https://www.yna.co.kr/view/GYH20250226000900044

참고도서

《경험의 멸종》 크리스틴 로젠 지음 | 이영래 옮김 | 어크로스 | 2025년

《그냥 하지 말라》 송길영 지음 | 북스톤 | 2021년

《듀얼 브레인》 이선 졸릭 지음 | 신동숙 옮김 | 상상스퀘어 | 2025년

《리바이어던》 토머스 홉스 지음

《세계 끝의 버섯》 애나 로웬하웁트 칭 지음 | 노고운 옮김 | 현실문화 | 2023년

《시대예보: 호명사회》 송길영 지음 | 교보문고 | 2024년

《시대예보: 핵개인의 시대》 송길영 지음 | 교보문고 | 2023년

《엔비디아 젠슨 황, 생각하는 기계》 스티븐 위트 지음 | 백우진 옮김 |
알에이치코리아 2025년

《오픈 이노베이션》 헨리 체스브로 지음 | 엠와이소셜컴퍼니 | 2021년

《제로 투 원》 피터 틸, 블레이크 매스터스 지음 | 이지연 옮김 | 한국경제신문사 | 2014년

《중산층 연대기》 호미 카라스 지음 | 배동근 옮김 | arte | 2025년

《청킹맨션의 보스는 알고 있다》 오가와 사야카 지음 | 지비원 옮김 | 갈라파고스 | 2025년

시대예보:

경량문명의 탄생

초판 1쇄 발행 2025년 9월 11일

초판 8쇄 발행 2026년 1월 28일

저자 송길영(forecastofthetimes.com)

펴낸이 허정도

편집장 임세미 | **편집** 반은정, 서기슬(itandesire.com)

도반 눈치리스(noonchiless.com)

아트디렉터 김인철(101-plus.kr)

마케팅 신대섭, 김수연, 배태욱, 김하은, 이영조 | **제작** 조화연

펴낸곳 주식회사 교보문고

출판신고 제2008-000090호(2008년 12월 5일)

주소 경기도 파주시 문발로 249

전화 대표전화 1544-1900 | 주문 02)3156-3665 | 팩스 0502)987-5725

ISBN 979-11-7061-311-4 03320